Catalyst Code

媒密码

——世界最具活力公司的战略

〔美〕戴维·S.埃文斯　著
理查德·施马兰西

陈英毅　译

商务印书馆
2011年·北京

Catalyst Code

The Strategies Behind the World's Most Dynamic Companies

Copyright 2007 David S. Evans and Richard Schmalensee.

Published by arrangement with Harvard Business School Press.

图书在版编目(CIP)数据

触媒密码/(美)埃文斯,(美)施马兰西著;陈英毅译.
—北京:商务印书馆,2011
ISBN 978-7-100-06966-3

Ⅰ.触… Ⅱ.①埃…②施…③陈… Ⅲ.企业管理 Ⅳ.F270

中国版本图书馆 CIP 数据核字(2010)第 022999 号

所有权利保留。

未经许可,不得以任何方式使用。

触媒密码
——世界最具活力公司的战略

〔美〕戴维·S.埃文斯 著
理查德·施马兰西
陈英毅 译

商务印书馆出版
(北京王府井大街36号 邮政编码 100710)
商务印书馆发行
北京瑞古冠中印刷厂印刷
ISBN 978-7-100-06966-3

2011年11月第1版　　开本 700×1000 1/16
2011年11月北京第1次印刷　印张 17
定价:40.00元

商务印书馆—哈佛商学院出版公司经管图书翻译出版咨询委员会

(以姓氏笔画为序)

方晓光　盖洛普(中国)咨询有限公司副董事长
王建铆　中欧国际工商学院案例研究中心主任
卢昌崇　东北财经大学工商管理学院院长
刘持金　泛太平洋管理研究中心董事长
李维安　南开大学商学院院长
陈国青　清华大学经管学院常务副院长
陈欣章　哈佛商学院出版公司国际部总经理
陈　儒　中银国际基金管理公司执行总裁
忻　榕　哈佛《商业评论》首任主编、总策划
赵曙明　南京大学商学院院长
涂　平　北京大学光华管理学院副院长
徐二明　中国人民大学商学院院长
徐子健　对外经济贸易大学副校长
David Geohring　哈佛商学院出版社社长

致中国读者

哈佛商学院经管图书简体中文版的出版使我十分高兴。2003年冬天,中国出版界朋友的到访,给我留下十分深刻的印象。当时,我们谈了许多,我向他们全面介绍了哈佛商学院和哈佛商学院出版公司,也安排他们去了我们的课堂。从与他们的交谈中,我了解到中国出版集团旗下的商务印书馆,是一个历史悠久、使命感很强的出版机构。后来,我从我的母亲那里了解到更多的情况。她告诉我,商务印书馆很有名,她在中学、大学里念过的书,大多都是由商务印书馆出版的。联想到与中国出版界朋友们的交流,我对商务印书馆产生了由衷的敬意,并为后来我们达成合作协议、成为战略合作伙伴而深感自豪。

哈佛商学院是一所具有高度使命感的商学院,以培养杰出商界领袖为宗旨。作为哈佛商学院的四大部门之一,哈佛商学院出版公司延续着哈佛商学院的使命,致力于改善管理实践。迄今,我们已出版了大量具有突破性管理理念的图书,我们的许多作者都是世界著名的职业经理人和学者,这些图书在美国乃至全球都已产生了重大影响。我相信这些优秀的管理图书,通过商务印书馆的翻译出版,也会服务于中国的职业经理人和中国的管理实践。

20多年前,我结束了学生生涯,离开哈佛商学院的校园走向社会。哈佛商学院的出版物给了我很多知识和力量,对我的职业生涯产生过许多重要影响。我希望中国的读者也喜欢这些图书,并将从中获取的知识运用于自己的职业发展和管理实践。过去哈佛商学院的出版物曾给了我许多帮助,今天,作为哈佛商学院出版公司的首席执行官,我有一种更强烈的使命感,即出版更多更好的读物,以服务于包括中国读者在内的职业经理人。

在这么短的时间内,翻译出版这一系列图书,不是一件容易的事情。我对所有参与这项翻译出版工作的商务印书馆的工作人员,以及我们的译者,表示诚挚的谢意。没有他们的努力,这一切都是不可能的。

哈佛商学院出版公司总裁兼首席执行官

万季美

由衷地感谢
我们的妻子给予我们的
爱与支持

致　谢	1
第一章　何谓触媒?	**5**
触媒与反应物	6
触媒的迅速发展	9
利用触媒反应创造价值	10
何时二比一好	16
破解触媒密码	26
第二章　建立触媒战略	**29**
行动 1:创造价值主张	31
行动 2:帮助搜寻和提供信息	39
行动 3:设计规则和标准	43
触媒间的竞争	46
建立成功的触媒组织:框架	47
第三章　识别触媒社区	**55**
任务 1:识别相互需要的明显不同的群体	58

任务 2：确定这些群体在多大程度上相互需要以及
　　　　为什么需要 ……………………………………… 69
任务 3：看一看还有谁正在服务于这一社区 …………… 76
任务 4：将多面商业模式与单面商业模式进行比较 …… 79
平台社区与触媒框架 ……………………………………… 83

第四章　确立价格结构 ……………………………… 85

任务 1：为准入和使用分别设立单独的价格 …………… 89
任务 2：设定价格以平衡来自所有各方的需求 ………… 92
任务 3：起初的定价要为以后的缓慢增长留有余地 …… 94
任务 4：有时候需要为顾客的加入而报答他们 ………… 97
任务 5：定价要考虑长期利润 ……………………………103
定价与触媒框架 ……………………………………………106

第五章　设计成功的触媒组织 ………………………109

任务 1：吸引多样的顾客群体 ……………………………113
任务 2：促进交往 …………………………………………121
任务 3：将交易成本减至最小 ……………………………126
任务 4：触媒的设计要考虑到未来的发展演变 …………130
设计与触媒框架 ……………………………………………133

第六章　关注获利能力 …… 137

任务1：研究行业历史 …… 141
任务2：通过预测增强获利能力 …… 149
任务3：预知竞争者的行动 …… 154
任务4：协调内、外部的利益 …… 160
赢利路径与触媒框架 …… 164

第七章　策略性地同其他触媒企业展开竞争 … 167

任务1：理解触媒竞争的动态性 …… 171
任务2：探寻来自于不同商业模式的竞争 …… 178
任务3：借力打力，发动攻击 …… 183
任务4：考虑合作 …… 190
策略性地竞争与触媒框架 …… 193

第八章　试验和演进 …… 195

任务1：懂得何时当第一以及何时做一个跟随者 …… 198
任务2：有控制的增长 …… 204
任务3：保持成果 …… 208
任务4：为下一步做好打算 …… 210

任务 5：当心麻烦 ·· 216
试验、演进与触媒框架 ··· 219

第九章　破解触媒密码 ··· 223

经久不衰的触媒企业 ·· 224
触媒的时代 ·· 227
破解触媒密码 ··· 231

补充阅读 ·· 237

注释 ··· 239

作者简介 ·· 257

译后记 ··· 259

致　　谢

这本书是我们在 2000 年左右开始的一段旅程的终点。我们深深地感谢那些帮助我们踏上这段征程的人以及沿途曾帮助过我们的许多人。该旅程以我们与我们在法国图卢兹大学(University of Toulouse)的同仁琼·查尔斯·罗切特(Jean-Charles Rochet)和琼·蒂罗尔(Jean Tirole)的讨论为开端。他们对于"双面企业"有很深的洞察力,对于这一点,你将在接下去的正文中了解到更多。他们关于这一议题的理论研究的早期成果使我们受益匪浅。重要的是,他们发现,这些"双面企业"并不遵循许多传统的经济法则。大约在同一时间,我们开始对他们已识别出的这一重要的新型商业模式进行了研究,并开始收集相关资料。通过与我们的这两位图卢兹大学的朋友的讨论,我们的研究得以不断充实。

我们决定在 2004 年年底着手开展一项长期研究项目,以图理解这些所谓的双面企业取得成功的原因,并打算将我们的研究结果编撰成书。为了弥补这一新兴的理论在文献方面的不足,我们需要研究遍及全球的大量的企业,既通过二手资料去进行研究,也通过对关键人物的个人访谈来深入了解其中的一些企业。我们求助于市场平台动态公司(Market Platform Dynamics)来承担大部分的基础研究工作,我们两人

致谢

的咨询工作都与该公司有关联。这项任务由市场平台动态公司的总经理卡伦·L.韦伯斯特(Karen L. Webster)负责领导。该公司的主要团队成员包括柯丝蒂恩·沃尔顿(Kirstyn Walton)和特里·谢(Terry Xie)。他们得到来自LECG咨询公司的梅利莎·迪贝拉(Melissa DiBella)和劳拉·吉(Laura Gee)的多方面的协助。我们非常感谢这一团队的辛勤工作和为之所付出的努力。我们要特别提到卡伦,他从许多方面完善了我们的撰写计划,为本书接下去的正文的基本内容和风格作出了重要贡献。

我们从对众多商界人士的访谈中获得了益处,这一点夸不谦谈。所有这些访谈都是非正式的,在本书行文过程中我们很少引用具体的谈话。然而,许多人愿意花时间与我们交谈的友好态度帮助我们加深了理解(几乎所有的访谈都是由作者亲自进行的)。在此,我们按字母顺序列出我们与之交谈过的人的名字,就不透露他们所属的公司:J.阿拉德(J. Allard)、拉吉·阿明(Raj Amin)、布赖恩·阿博加斯特(Brian Arbogast)、戴维·阿伦奇克(David Aronchick)、蒂姆·阿廷杰(Tim Attinger)、罗比·巴赫(Robbie Bach)、凯茜·巴伦-塔姆莱兹(Cathy Baron-Tamraz)、迈克尔·鲍林(Michael Bowling)、杰拉尔德·卡瓦纳(Gerald Cavanagh)、艾伦·西特伦(Alan Citron)、达拉斯·克莱门特(Dallas Clement)、迈克尔·克林顿(Michael Clinton)、戴维·科尔(David Cole)、克里斯塔·戴维斯(Christa Davies)、迈克尔·迪林(Michael Dearing)、苏珊娜·德尔贝恩(Suzanne DelBene)、克里斯·唐莱(Chris Donlay)、查尔斯·菲茨杰拉德(Charles Fitzgerald)、戴维·弗里尔(David Frear)、布赖恩·加拉格尔(Brian Gallagher)、罗伯特·戈德堡(Robert Goldberg)、克劳德·格林(Claude Green)、艾伦·哈珀(Alan Harper)、斯科特·哈特菲尔德(Scott Hatfield)、詹姆斯·希利(James Healy)、卡尔·平野笃志(Carl Atsushi Hirano)、加藤菜莱子(Nanako

致谢

Kato)、兰迪·科米萨(Randy Komisar)、拉里·克雷默(Larry Kramer)、米切尔·库尔茨曼(Mitchell Kurtzman)、埃德·利克蒂(Ed Lichty)、史蒂夫·利夫利克(Steve Lifflick)、戴维·内格尔(David Nagel)、夏野刚(Takeshi Natsuno)、玛莎·纳尔逊(Martha Nelson)、克雷格·纽马克(Craig Neumark)、雷·奥齐(Ray Ozzie)、戴维·佩恩(David Payne)、威尔·普尔(Will Poole)、保罗·斯坎伦(Paul Scanlan)、沃伦·施利希廷(Warren Schlichting)、埃米·史蒂文森(Amy Stevenson)、萨莉·萨斯曼(Sally Sussman)、德怀特·威瑟斯庞(Dwight Witherspoon)、戴维·扎斯洛夫(David Zaslav)。我们特别感谢与他们之间的这些坦诚的谈话，因为这些谈话不仅为我们提供了确凿的信息，还帮助我们形成和检验了在本书中所讨论的一些战略性议题。我们希望能够与读者分享来自这些杰出人士的观点，以获得新的信息。

本书所论述的一些研究成果是我们与哈佛商学院及市场平台动态公司的教授安德烈·哈格(Andrei Hagiu)合作完成的。安德烈也是市场平台动态公司的成员之一，而且是我们《看不见的发动机——软件平台是如何驱动创新和改变行业的》(*Invisible Engines: How Software Platforms Drive Innovation and Transform Industries*, Cambridge, MA: MIT Press, 2006)一书的合著者。那本书详述了我们在软件平台方面的研究工作，我们在本书中对软件平台也进行了一定程度的讨论。我们还与 LECG 咨询公司的霍华德·张(Howard Chang)在支付卡行业的研究方面进行了多年的密切合作。我们从霍华德那里获取了关于支付卡行业的许多见解，并一直依赖于他这些年来已开展或指导过的这方面的研究。我们的朋友和同事是对我们的这项研究工作的支持和鼓舞的极好来源。他们并不一定在任何事情上都赞同我们的观点，这正是同他们一起工作的快乐的一部分。毫无疑问，最终成果无论可能含有什么缺陷，所有责任均由我们自己来承担。

第一章 何谓触媒？

口渴之前先挖井。

——中国谚语

1949年的一天,弗兰克·麦克纳马拉(Frank McNamara)正在曼哈顿的一家餐馆吃午餐。当咖啡喝到一半的时候,他忽然意识到自己忘记带钱包和支票簿了! 在那个时代,现金和支票是付款的唯一方式。在等待妻子前来救急的工夫,麦克纳马拉想出了一个卡片计划——消费者可以将某种卡片出示给商家,以作支付之用。其实,他的想法只有一半是新的。在此之前,许多百货商店和其他商家已经向它们较固定的顾客发放了一种金属的"记账牌",这些顾客可以先出示这一"身份",以后再付账单。但许多商家,尤其是餐馆,并不提供这种信用服务,人们通常必须在他们光顾消费商家自己的账单上签字。麦克纳马拉意欲创新之处在于,创造一张单一的卡片,使许多商家都接受这张作为记账之用的卡片。

在他那次尴尬的午餐之后,麦克纳马拉创建了大莱俱乐部(Diners Club)。他的这一新公司向曼哈顿数百名手头宽裕的常住居民发放信用卡片(当时卡片是用厚纸板制作的)。那些幸运的卡片领受者不必付出任何代价,他们只是被告知,他们将按月为他们的花费支付一次账单。

第一章

大莱俱乐部说服餐馆（最初只有14家）接受这种起付账作用的信用卡片，并要求这些餐馆向大莱俱乐部支付食客每次用餐费用的7%，以作为这家新公司的报酬。他的计划奏效了：持卡人纷纷在餐馆记账用餐，而餐馆对由此得到的方便及食客增加的光顾次数心存感激。

大莱俱乐部创办一年后，麦克纳马拉与330家餐馆、旅店和夜总会，以及42 000名持卡人成功签约。[1]自那以后，持卡人必须向大莱俱乐部支付5美元的年费，其价值差不多相当于他们因每月只需支付一次账单而从中得到的免息周转款的价值。大莱俱乐部的大部分利润是从商家那里赚来的，商家仍然必须向大莱俱乐部支付其每次营业收入的7%。随着越来越多的持卡人吸引了越来越多的商家，而越来越多的商家拉动了越来越多的持卡人，这一俱乐部迅速成长起来。到1956年，几乎有5 400万美元（相当于2005年的3.15亿美元）的交易是通过这些信用卡片发生的，接受这种卡片的商业机构从波士顿到安克雷奇（Anchorage）到大溪地岛（Tahiti），几乎遍布整个美国。[2]

在整个20世纪50年代，大莱俱乐部经营良好，但当它的成功吸引了诸如美国运通公司（American Express）这样更有创新性的进入者时，大莱俱乐部渐渐失去了优势。然而，麦克纳马拉这一关于便于商家和消费者之间进行交易的卡片的想法，引发了一个庞大的全球产业，这一产业提供世界范围内被广为接受的信用流通工具，并为它的许多参与者带来了巨大利润。在麦克纳马拉忘记带支票簿的55年之后，美国消费者使用他们的9.6亿张借记或信用卡之一，在490万家商业机构，记账消费达2.5万亿美元之多！仅美国的银行，就单从发行信用卡这一项业务中赚得330亿美元的利润。[3]

触媒与反应物

与许多伟大的创新者一样，大莱俱乐部意识到，市场中存在一种巨

何谓触媒？

大的未加开发的价值之源。商家和消费者希望彼此之间能够更加便捷地进行交易,但他们无法依靠自身来做到这一点。如果某人把他们聚集到一起,每一方都将从中受益。麦克纳马拉通过劝说商家和消费者成为同一社团的会员,恰好做到了这一点。这种新型的俱乐部方便了商家和消费者之间的相互交易。而卡片是这一俱乐部获得成功的关键要素。

大莱俱乐部是一种经济触媒(见"经济触媒")。这种经济触媒,在经济发展的历史上不是第一次出现,也不会是最后一次出现。微软公司的Windows操作系统可能是我们这个时代最无所不在和最知名的经济触媒。2004年,那些出售以Windows系统为运行基础的应用软件的公司在全球范围内获得了420亿美元的收入。[4]然而,微软公司并没有因为这些公司使用自己的权威技术来驱动它们的应用软件而向它们收取费用,虽然微软在编写和修补Windows上面已经花费了数十亿美元。那些向家庭或小公司出售电脑的电脑制造商,要获准在它们的机器上安装Windows系统,每受许一次平均须花费92美元的许可费。[5]这远远低于它们在许多其他应用程序上付出的成本。这种认真设计的业务和定价模式是经济触媒的典型代表。它帮助比尔·盖茨成为世界上最富有的人。

经济触媒

经济触媒。经济触媒是这样一种实体:(a)它有两组或更多组顾客群体;(b)这些顾客群体在某种程度上相互需要;(c)但这些顾客群体不能靠自身力量获取来自他们之间相互吸引的价值;(d)这些顾客群体依赖某种触媒来推动他们之间的价值创造。营利性企业、合资企业、合作社、标准定制团体和政府机构都是触媒的运营者。

触媒反应。触媒反应是经济中一种创造价值的过程,这种价值是通过推动两组或更多组相互依赖的顾客群体之间的交往而创造的。

第一章

今天，如果你浏览《福布斯》(Forbes)世界富豪排行榜，你将会发现，通过开发或领导触媒组织而发家致富的人还有很多。一些人，如 eBay 公司的创建者皮埃尔·奥米迪亚（Pierre Omidyar）或谷歌公司（Google）的创始人拉里·佩奇（Larry Page）与谢尔盖·布林（Sergey Brin），他们都通过巧借互联网革命的力量创造出有价值的触媒企业而变得富有起来。但许多触媒是深深植根于旧有经济之中的。艾尔弗雷德·陶布曼（Alfred Taubman）凭借购物中心发了财，购物中心是将购物者和零售店主这两组顾客带到一起的另一种经济触媒。还有一些人，如西尔维奥·贝卢斯科尼（Silvio Berlusconi）、鲁珀特·默多克（Rupert Murdoch）、肯尼思·汤姆森（Kenneth Thomson），是从广告支持的电视和报纸中发财致富。电视和报纸是这样两种触媒：它们通过提供有趣味的内容来吸引一组顾客（读者），同时向另一组顾客（广告客户）销售读者的注意力。

触媒是如何起作用的呢？在化学上，触媒是一种能够促成或加速两种（或更多）其他物质之间的相互反应的物质。这一反应一般会产生一种比创造它的反应物更有价值的物质。而触媒在这一过程中并不会消失。因此，它能够以很小的成本创造出很大的价值。

在商业上，触媒促成或加速两组或更多顾客群体之间的反应。这些顾客群体彼此相互吸引。他们在某种程度上相互需要。但如果没有触媒，这两组群体可能永远也不会聚集到一起。由成功的经济触媒引入的创新，本质上是一种使两组群体更容易地聚到一起并彼此交往的方式。触媒不逼迫它的顾客群体相互交往。相反，它创造便利，并创造能够吸引双方和使双方受益的有吸引力的平台。譬如，在大莱俱乐部的例子中，餐馆和就餐者都意识到付账卡所具备的媒介性功能的好处。而且，正如在化学上一样，当商业上的触媒把两组不同的群体聚合到一起之后，触媒的功能仍然存在。它可以以相对较少的附加成本继续创造显著

何谓触媒？

的价值。

触媒的迅速发展

一旦你认识到什么是经济触媒,你将看到,触媒在许多行业中发挥着越来越大的作用。就像心理学家有时采用的图案认知谜题一样,要辨认出某种触媒是很困难的,除非你知道要寻找的是什么。你将会发现,拍卖行、金融交易所和夜总会都是触媒。Palm OS 掌上电脑操作系统、索尼公司的 PlayStation 游戏机、TiVo 公司的数字视频录制器以及 i-mode 这一在日本最受欢迎的无线互联网服务,也都是触媒。

虽然一些经济触媒与商业本身一样古老,但在未来几年中,我们可能会看到,触媒在经济中发挥的作用日益突出。的确,当今经济所创造价值的一个很大部分目前是来自触媒和它们的社区。这一局面是上世纪最后 1/4 世纪三个相互关联的技术发展的结果。

第一个技术发展是计算机处理和存储成本的显著降低。这些前所未有的价格下降,使得运营诸如维萨卡网络和汽车拍卖行这样的平台更加便宜、更加有效。由曼海姆(Manheim)经营的汽车拍卖行,是世界上最大的汽车拍卖公司。

第二个重要的技术发展,是通讯成本的显著降低及宽带连接的快速普及。这方面的发展,使得不同群体的人们彼此交往更加容易,不管地点如何。结果,人们可以跨越很远的距离轻松地进行交易,或筹备虚拟的集会场所,以便用以聊天、交换信息或创建社区。像 eBay 公司这样的触媒企业,正是有效利用了这一技术发展成果的结果。

第三个技术发展,大概也是最不为人所知的技术发展,是软件平台技术的兴起。然而,软件平台不仅充当将不同群体的人聚到一起的触媒,它们日渐成为许多业务的运营引擎。[6] 例如,当我们想到 TiVo

9

第一章

　　数字视频录制器和Xbox游戏机时，我们倾向于关注它们的有形方面，即我们插入和打开的硬件。但软件才是这些产品和许多其他产品的核心。这些软件平台的触媒性功能在于，把产品从仅仅是有趣的主意转变成强有力的业务，这些业务能够重塑现有的行业，并建立起新的行业。

　　除其他方面外，这些新技术的发展使得解决新触媒所面临的"先有鸡还是先有蛋"这一经典问题变得容易了。为使大莱俱乐部的付账卡获得成功，弗兰克·麦克纳马拉需要使餐馆老板相信，将有足够多的潜在顾客想要使用这种卡。与此同时，他必须让就餐者相信，大多数餐馆都愿意接受这种卡。你如何让双方立刻都接受这一想法？一个成功的经济触媒必须找到一种几乎能够立刻赢得市场上双方支持的方法。

利用触媒反应创造价值

　　为一项成功的经济触媒找到一个适当的公式要比为一项普通的业务找到一个适当的公式困难得多，大多数触媒业务都遭受了失败。即使支付卡行业对人们的日常生活产生了深刻影响，并为其参与者带来了大量的利润，也并没有像某些触媒创建者所预见的那样，出现蔚为壮观的支付日。在经济反应物之间发起一项触媒反应并对其进行有效的管理，需要智慧、耐力和一套能够稳健而又灵活执行的合理的商业策略。

　　麦克纳马拉当年寻找到了7/0方案，即从商家那里收取7%的费用，并且实际上不向持卡人收取任何费用。7/0方案使大莱俱乐部这一触媒反应得以启动和保持下去。他是如何想出这一方案的，我们今天就不得而知了。但是，如果他当时没有想到这一巧妙的方案，那么加入大莱俱乐部的商家就会太少，不足以吸引持卡人，或者加入大莱俱乐部的

何谓触媒？

持卡人很少,不足以吸引商家。或许他也找到了使这两组群体一起加入他的俱乐部的另一方案,但在那一方案下,他无法获得足够的利润来使他的系统发展壮大。

1961年,即美国运通公司大张旗鼓地闯入支付卡行业3年之后,由于现金几近枯竭,该公司准备退出这一行业。但随后它在策略上尝试进行了一个戏剧性的转变:通过把年费从6美元提高到8美元,抬高了针对持卡人的价格。[7]这一价格恰好能使美国运通卡有利可图而又不至于将持卡人赶走。这一触媒反应因而得以维持。以这次的灵活转移为基础,美国运通公司继续主导支付卡行业20余年。而它的较不灵活的前辈大莱俱乐部却渐渐衰败下去。今天,大莱俱乐部是作为花旗集团(Citigro)所拥有的一个补缺品牌而存活的。相似的命运也降临到另一家主要的早期进入者头上。康拉德·希尔顿(Conrad Hilton)于美国运通公司进入支付卡行业的同一年开办了Carte Blanche支付卡业务。但该支付卡不久就被讥笑为Carte Rouge(一种调味用的葡萄酒。——译者注)。这就是为什么其孙女帕丽斯(Paris)只是一个旅馆女继承人的原因。

为避免支付卡曾遭遇的失败命运,就必须研究一下成功的触媒是怎样创造价值的。日本大阪的Tu-Ba咖啡厅,是一家专为单身男女寻找约会对象而设立的新型俱乐部。这个俱乐部也可被看做是正在运营的触媒反应中的一个非常清晰的范例。在俱乐部里面,男士和女士分别坐在玻璃隔板的两边。如果一位男士看中一位他喜欢的女士,就让侍者给这位女士送去一张表达自己爱意的小纸条。如果这位女士对这位男士也感兴趣,他们可以在俱乐部里相聚,或离开俱乐部到其他地方约会。这种爱情俱乐部注定是大受欢迎的,它以触媒中常有的三种方式提供了价值。第一,它帮助两类截然不同的顾客找到了彼此。它是一个媒人。第二,它为每一个顾客提供了他可能感兴趣的若干其他顾客。它是一个

11

第一章

受众召集者。第三,它让顾客享有聚集的便利。它能做到成本最小化。

做媒、召集受众和尽量减少社区运行成本是触媒的核心功能。表1-1提供了一个触媒企业的简短列表,这些触媒企业分别在不同程度上执行着这三项功能,从而为它们的顾客创造了价值。让我们简要审视一下其中的每一项功能。

表1-1 触媒的类型

做媒者	受众召集者	成本最小化者
目标:促进交易	目标:汇聚眼球	目标:提高效率
eBay 公司	《巴黎竞赛画报》(Paris Match)	掌上电脑操作系统(Palm OS)
雅虎交友网站 Yahoo! Personals	谷歌公司	Windows 操作系统
巴士底市集(Marché Bastille)	康德纳斯出版公司(Condé Nast Publications)	Symbian 公司
MySpace.com 网站	TiVo 公司的数字视频录制器	索尼公司的 PlayStation 游戏机
曼海姆汽车拍卖行(Manheim Auto Auction)	里德爱思唯尔集团(Reed Elsevier)	Xbox 游戏机
东京御台场(Odaiba)	《华尔街日报》(Wall Street Journal)	SAP 公司的企业软件
纳斯达克股票市场(NASDAQ)	英国广播公司(BBC)	Linux 操作系统

何谓触媒？

做媒者

做媒者不仅对于约会和婚配行当来说是重要的,他们还是经济中大部分领域得以运转的推进器。

曼海姆汽车拍卖行1945年创建于德国的同名城市曼海姆。它现在在美国、欧洲、亚洲和太平洋地区的124个地方以及互联网上组织拍卖活动。诸如汽车租赁公司之类的车队拥有者,也渐渐喜欢到这些拍卖行向汽车批发交易商销售他们的汽车。汽车通过传送带被运送到拍卖行。大约每45秒钟,就会落槌一次,从而结束对于一辆车的竞价过程。曼海姆汽车拍卖行不只是帮助买方和卖方找到彼此,它还致力于维护每一方的诚信,并调解双方之间可能产生的任何争议。

自从有了乡村市场以来,就有了帮助买方和卖方进行交易的机构和企业。它们有的提供一个买方和卖方可以见面并相互交易的集会场所。如果你住在巴黎,你可以在星期二和星期天的早晨去巴士底市集,从许多在那里拥有货摊的农民购买你可能想要吃的任何东西。如果你想购买或出售股票期权,国际证券交易所(International Securities Exchange)提供了一个可以进行在线交易的虚拟的集会场所。

交换被认为是人类历史上经济进步的最主要的推动力。它也是人类交往的最古老的形式之一。与爱情不同的是,它仅仅涉及到简单的数学。比方说,买方A愿意为一辆1988年的保时捷(Porsche)911跑车支付17 000美元;卖方B拥有一辆这样的车,并希望以14 000美元的价格卖出。假定A和B互相寻找到对方并做成交易花费了1 000美元,那么,他们有2 000美元的价值可用以在他们之间进行分割,正如图1-1所示。

国家之间、人与人之间、企业之间的交换不断产生这些额外的价值。

第一章

图1-1 触媒如何创造价值

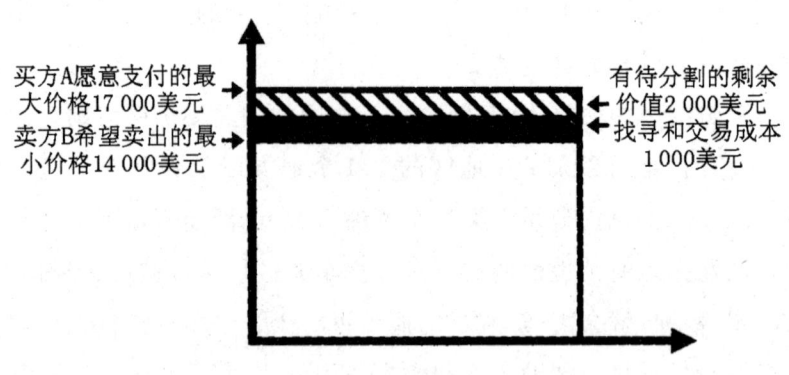

受众召集者

《着色的梦想》(Painted Dreams)是美国第一部肥皂剧。每个周日，爱尔兰裔美国寡妇莫伊尼汉(Moynihan)、她的女儿，以及在她家寄膳宿的年轻女同伴之间，有一段15分钟的对话，这段对话发生在其女儿与女同伴动身去旅馆上班之前。芝加哥一家名叫WGN的广播电台在1930年首次播出了《着色的梦想》这一肥皂剧。这一节目是广播电台在20世纪20年代晚期和30年代早期为吸引年龄在18岁至49岁之间的女性听众而付出的诸多努力之一。广播电台认为，如果它们能够集结起这样一群听众，它们的节目将引起家用清洁剂制造者、化妆品生产商和包装食品生产商的关注，而这些企业可能是最佳的潜在广告客户。WGN首先与一家生产人造黄油的清洁剂制造商进行接触，要求该制造商为它们的节目提供赞助，最终，蒙哥马利·沃德公司(Montgomery Ward & Company)为WGN的节目提供了赞助，该公司当时是美国最大的百货零售商。《着色的梦想》给人以极大的启示。肥皂剧成为广播电台、电视

何谓触媒？

台吸引为宝洁公司、通用食品公司和其他家用产品制造商寻求目标人群的主要方式之一。

广告主希望购买可能对其产品感兴趣的消费者的注意力。他们不能靠自己来轻易做到这一点。媒体公司通过为人们提供内容而购买受众。内容可以是杂志上的一篇文章、日报上的体育版面、一项互联网搜索或一个电视节目等。媒体公司也试图将广告主特别想要的受众汇聚起来——如年轻的Y一代、郊区的老妈妈或漂泊的渔夫。

许多触媒起到了召集受众的作用。对受广告支持的媒体来说，汇聚眼球是它们所做的主要事情。但召集受众对许多其他组织来说是一项核心竞争力。一名走进Tu-Ba咖啡厅的女士，希望若干有吸引力的男士也在咖啡厅里。一家走进曼海姆汽车拍卖行的汽车批发商，也许希望能碰上许多菲亚特汽车销售商，以便充实其存货清单。

成本最小化者

你刚刚为你的Xbox游戏机购买了由电艺公司（Electronic Arts）开发的游戏《拳击之夜》（*Fight Night Round*）。当你把DVD插入你的游戏机后，系统将自动更新机器的操作系统。微软公司已经把实现这一功能的代码授予了电艺公司。更新一下操作系统，一般会使你的机器能够运行更复杂的游戏。Xbox游戏机一直不断地向代码增加新的特征，以便你和你所玩的游戏可以尽可能地施展身手。

让游戏开发商把这一代码包含在DVD中，使Xbox游戏机获得了一种将这些最新代码分发给用户的有效手段。你从中受益了，因为你可以玩更复杂的游戏。电艺公司获益了，因为《拳击之夜》因而可以依赖已更新过的最新代码。

就像许多触媒一样，Xbox游戏机正通过建立供其社员共享的设施而帮助它的社区。这避免了重复，降低了成本，促进了交易。例如，

第一章

Xbox游戏机有一种代码块,这种代码块使游戏者之间的网络沟通成为可能。每一家想允许游戏者相互交流的游戏制造商都可以使用具有那一特征的代码块,并因此无需花费编写代码的成本。用户在他们的机器上安装这种代码块,然后每一游戏就都可用了。Xbox游戏机是建立在一种软件平台基础之上的。共享设施是那些创造软件平台的公司所履行的关键职能之一。

消除重复并因此使成本最小化,不是唯有软件触媒为创造价值才去做的事情。大莱俱乐部凭其1950年建立于曼哈顿的、用于处理食客与餐馆之间交易的集中化网络而做到了这一点。商家避免了拥有其自身收款系统的成本,而持卡人避免了每次就餐都必须带卡的麻烦。曼海姆汽车拍卖行也是一家成本缩减者。买方和卖方得以分享其设施,并避免了在全世界范围内四处寻找卖方和买方的成本。在美国摩尔购物中心(Mall of America),商户们从管道、电线和购物中心建筑物的其他共享部分受益,也从免费停车中受益,商户们的所有顾客都可以享受免费停车的优待。而购物者因购物中心内有如此多的紧挨着的商户而受益。

何时二比一好

为破解触媒密码,你需要从理解单面企业与多面企业之间的深刻差异开始。单面企业过去一直主导着整个经济和商业的历程。而关于多面企业,你将在本书中对其有更多的认识。

单面企业用它们销售的每一产品迎合的只是一种基本的顾客类型。雷诺公司(Renault)为驾驶员制造车辆。德勤公司(Deloitte & Touche)向上市公司提供审计服务。餐馆为就餐者提供膳食。亚当·斯密(Adam Smith)的《国富论》(*The Wealth of Nations*)中所描述的制针工厂最终关注的是需要针的顾客。当然,这些企业的顾客之间有一些不同,并且,许多单面企业销售多种产品。一些人想要卡车而不是小轿车,一些人想要税收服务而不是审计服务。假设雷诺公司的轿车和卡车顾客为两组不同的群体是有效的,但雷诺公司仍然只为单一客户群提供服务,因为它的核心业务与促进这些群体之间的交往无关。如果它放弃轿车业务,其卡车顾客并不会自动消失。而如果 Tu-Ba 咖啡厅停止其吸引男人的努力,它将不会吸引到女人,并将因此而破产。

单面企业存在于一个线性的世界中,这种线性的世界可以由人们所熟知的供应链很好地加以描述,如图1-2所示。一个制造商从各种供应商那里购买零部件,这些供应商转而从这一链条更上游的其他供应商那里购买零部件和原材料。这个制造商把购买的零部件加工成完工产品,然后将其产品卖给批发分销商。批发分销商再转而把产品供应给零售商店。零售商店又把产品卖给消费者。这一过程中的每一供应商和分销商都为其付出的服务索要一个价格,这一价格需要足以抵补它的成本并有所盈利。如果这个制造商能够使这一链条运作得更有效,它就可以降低成本,降低售价,保证更大的销售量,从而赚取更高的利润。戴尔公司就是成功地实施了这一秘诀的年轻企业之一。

图1-2 传统的单面企业

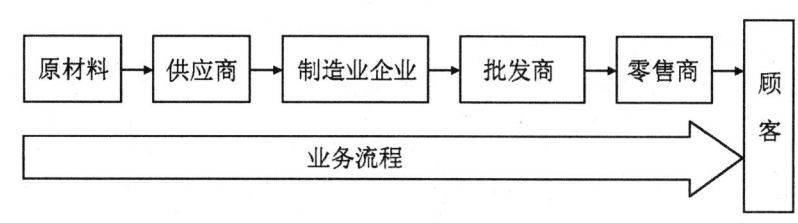

组成这条供应链各个环节的企业基本上是可以互换的。对于美国

第一章

的连锁超市驻步购物连锁店(Stop & Shop)来说,燕麦的种植者是谁,或者有多少燕麦种植者是无关紧要的。它只希望出售桂格燕麦片。消费者并不关心雷诺公司从哪家供应商那里获取钢板,或者从多少家供应商那里获取钢板。轿车购买者或燕麦片购买者也不相互关注——只要轿车或燕麦片足够多,能够保证他们毫不费力地得到该产品,而且只要这些产品的制造商能够达到足够的规模经济,以便给产品定一个适当的价格,就可以了。处在这条供应链的中间位置的制造商只有一个是面向顾客的,这些顾客就是制造商为之提供物品和服务的人或企业。

触媒都是多面的。它们迎合两组或多组基本的顾客类型,这几组不同的顾客确实彼此需要,并依靠触媒将他们带到一起(见"关于双面企业的新经济学")。

关于双面企业的新经济学

威廉·巴克斯特(William Baxter)是人们所知的最早对触媒拥有学术洞察力的人。他是斯坦福大学的一名法学教授,因将经济学应用于法律问题、尤其是应用于反垄断领域而知名。他当时正在致力于一起反垄断案件的研究,这起案件涉及到交换费的问题。交换费就是在每次交易中由接受卡的商家所属的银行向发卡银行支付的费用。巴克斯特认识到,如果商家和持卡人没有聚到一起并相互交易,就不会有任何有价值的产品;交换费是被用于平衡这两组群体的需求的。他写了一篇文章,发表在1983年的《法律和经济学月刊》(Journal of Law and Economics)上。巴克斯特后来成为美国反垄断局局长,以设计出用于审定企业兼并是否具有反竞争后果的基本的法律和经济指导方针而闻名遐迩,这些指导方针今天仍然被美国

何谓触媒？

政府所使用。

  差不多20年之后,两位居住在法国图卢兹的世界著名经济学家——琼-查尔斯·罗切特与琼·蒂罗尔着手对交换费进行数学分析,并扩展了巴克斯特的工作。他们深刻地领悟到,他们的模型与许多其他企业有关,如约会俱乐部、购物中心和视频游戏。他们创造了"双边市场"(two-sided markets)一词,用于指代这样的行业。2003年,他们关于这一主题的开创性文章被发表在《欧洲经济学学会月刊》(*Journal of the European Economic Association*)上。自那以后,双边市场成为经济学中最热门的研究领域之一,是无数学术论文和会议探讨的主题。双边市场观点的核心就是触媒。

  触媒及其顾客群体构成了一个动态系统,生存在一个非线性的世界中,如图1-3所示。发生在一种类型顾客中的变化会影响到另一种类型的顾客。触媒通过处于其社区中的不同顾客群体成员间的反应而创造价值,这种反应是受到控制的,但往往是强有力的。所有的触媒都不仅仅只有一面是面向其顾客的。

图1-3 触媒企业

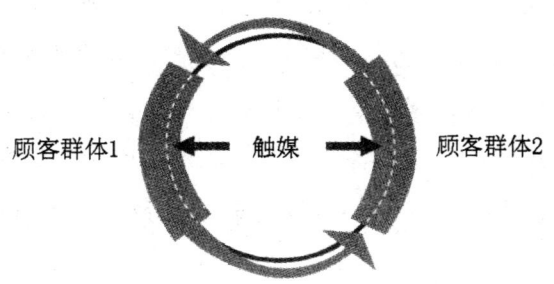

第一章

　　以报纸为例。如同一个单面企业,报纸拥有一条供应链。例如,它必须购买纸张,它也必须要有分销商。但与线性企业不一样的是,它面向两组彼此很不相同的顾客。一方面,它面向的是广告客户,广告客户关注的是看到其广告的读者的数量和类型。另一方面,它面向的是读者,读者主要对关于新闻、体育、艺术和其他特别报道的文章感兴趣。报纸同时向这两组顾客提供服务,并以此向他们收取费用。

　　报纸的成功在很大程度上不是依赖于从其供应链中挤出的最后一分钱,而是依赖于对由广告客户和读者所组成的社区的培育。它必须每时每刻地考虑这两组顾客群体的相互依赖。或许它可以通过降低收费标准和增加广告数量来提高其广告收入。然而,相对于报纸其他内容的广告数量的增加可能会赶跑读者。同样,或许它可以通过提高报纸预定价和报摊价位来增加它来自读者的收入。但这可能导致读报人数的减少,并降低该报对广告客户来说所具有的吸引力。双面企业处于将其两组明显不同的顾客群体连接在一起的旋涡式力量的中间。而且,一些触媒要考虑的不仅仅只有两面。

　　PalmSource 公司为移动电话、个人数字助理(personal digital assistants)和其他手持电脑设备开发掌上电脑操作系统(Palm OS)。该操作系统向用户提供服务,这些用户包括为其编写应用软件的软件开发商、运用该系统驱动其手持设备的硬件制造商,以及那些购买以 Palm OS 为驱动软件的设备的用户。那些购买了以 Palm OS 为驱动软件的设备的顾客,关心的是诸如日历、数字闹钟或电子游戏之类的应用软件。应用软件开发商关心的是有多少顾客拥有这样的设备,或设备制造商能够卖出多少这样的设备。而设备制造商关心的是应用软件的可得性,因为更多的应用软件意味着以 Palm OS 为驱动平台的设备对用户来说将是更值得拥有的。

　　无论什么时候,当一个企业具有多于一个的顾客面时,游戏的规则

何谓触媒？

就改变了。该企业必须对这些顾客面之间相互吸引的力量作出解释,它也必须就如何启动和控制这些顾客面之间的触媒反应做好规划。这使想要成为触媒的企业是个重要的教训:你应该通过认真识别彼此有价值的顾客群体并理解他们为什么彼此有价值来推动你的企业的发展。

常言道:对于一个手持铁锤的人来说,这世界看上去就像一颗钉子。类似地,一旦某些人理解了触媒所做的是什么,对他们来说,所有的企业看上去都像触媒。例如,我们有时听到有人说,超市是触媒,理由是:它们帮助把消费者和生产者聚到一起,并通过这样做而获取利润。这一观点是有问题的,其原因在于,生产者主要关心的是把商品出售给超市。譬如,只要驻步购物连锁店向宝洁公司支付其所出售的汰渍洗衣粉的货款,宝洁公司就并不关心这一食品杂货店如何向顾客推销它自己。而对驻步购物连锁店来说,它集中精力于吸引购物者进入到它的店中,同时,去供应商那里获取它需要销售的东西。驻步购物连锁店不必过多担心关于吸引供应商的问题。

可以把超市与高端美术馆作一下对比。当有人走进美术馆并购买了一幅画时,美术馆便将卖画所得与艺术家分成。而如果该幅画没有卖出,就由艺术家将其取回。为吸引富有的艺术爱好者进入其展室,美术馆必须拥有能够迎合这些艺术爱好者的品位并能吸引他们掏钱购买的艺术作品。在将其画作提供给美术馆之前,最好的艺术家必须相信,该美术馆拥有吸引购买者的很好机会。美术馆就是触媒。它们努力把艺术家与购买者这两方吸引到它们的平台中来。

在许多情况下,单面企业与多面企业之间的界线并不总是截然分明的。单面企业有时会通过将自身至少部分地转变为触媒而获得成功。譬如,沃尔玛公司(Wal-Mart)刚起步时,如同一个传统的零售商。它从供应商那里购买商品,然后把商品转售给顾客。然而,经过这么多年的

第一章

发展之后,沃尔玛公司已经可以运用其众多商店中所拥有的庞大的可用货架空间以及其高效的销售和分销系统去吸引那些想要接近其数百万顾客的供应商,并诱导这些供应商向其提供可帮助吸引消费者的独特产品。商品流通过程中的大部分风险落回到制造商的身上。那些其产品不能以足够快的速度离开货架的制造商,就失去了进入沃尔玛这一平台的机会。因此,沃尔玛在一定程度上已经从一种单面的零售分销商模式转向了双面的购物中心模式。许多老练的超市都沿着与此相同的方向发生了转变。表1-2提供了一些关于单面企业和双面企业以及介于两者之间的企业的具体例子。

表1-2 单面企业与双面企业

单面企业	双面企业	正向双面企业转变的单面企业
肯德基购买供应品并将其制成膳食,以供进店的人享用。顾客并不知道也不关心鸡是来自哪里,而养鸡场也不关心是谁把鸡吃了。	在17世纪的伦敦,爱德华·劳埃德(Edward Lloyd)的咖啡馆把从事航运的生意人和那些对承保航运人的冒险事业感兴趣的保险商人联系在一起。	硅谷的咖啡馆正成为创业者与风险投资人之间极好的集会场所。
苹果公司的iPod/iTunes媒体平台把音乐从主要的出版商那里转售给想要在他们的iPod机上播放这些音乐的消费者。	微软公司的数字媒体软件平台依赖硬件生产商来生产数字音乐播放器,并依赖内容提供商来发行可播放的音乐。	Google视频搜索引擎向消费者销售数字视频服务。它也提供一个在线交换场所,人们可以通过这一场所上传视频资料,并与那些可能会对这些视频资料感兴趣的购买者会面。

（续表）

威廉·H.史密斯（William H. Smith）是一个机场售书商。他从出版商那里购进图书和杂志，然后把这些图书和杂志卖给来到其店中的消费者。	《时尚》（Vogue）杂志通过其文章和广告吸引对时尚敏感的读者，并吸引那些想要触及这类读者的时尚产品的广告客户。	亚马逊网上书店（Amazon.com）一开始是通过在网上向消费者销售图书起家的。现在，其营业收入的大约1/3来自其所经营的网上购物中心，在这一购物中心，卖者可与买者进行交易。
西尔斯卡（Sears card）使购物者能够在西尔斯公司以及其他联属商店购物和付款。西尔斯公司与持卡人签约，通过向持卡人贷款而赚取利润。	万事达卡国际组织经营着一个全球支付卡系统，数百万持卡人可通过这一系统与数百万商家进行交易。	沃尔玛公司向其顾客发行信用卡，这些信用卡也可在属于发现卡网络（Discover Network）的其他商家使用。
DIRECTV公司买进电视节目，并使订购其卫星服务的用户能够收看到这些电视节目。	福克斯电视台（Fox TV）购进和开发能吸引观众的内容，这些观众转而会吸引广告客户。	TiVo公司推出一项以数字视频录制器为基础的服务，该服务使用户能够下载电视节目，并允许用户跳过商业广告。它正向广告客户推销其用户群，让广告客户可以有选择地放映的长时广告。

在许多业务情形中，在单面和双面战略之间认真地作出选择是很重要的。当然，有些企业没有任何选择。如果你想开办异性约会业务，你最好既服务于男人，又服务于女人，这样，你必须是一个触媒。但其他企业可以就它们是否想要追求一种双面战略作出选择。例如，付费电视（Pay-TV）和卫星无线广播表示，它们可以在不依赖广告客户的情况下开办媒体公司。它们识别出一种单面战略，并在追求之。同样，最初的Palm Pilot掌上电脑有意识地依赖一种单面的业务模式。从硬件设备，

第一章

到应用软件,到操作系统,Palm 公司制造每一样东西,并且只关注于向最终用户销售这些东西。它与第三方软件开发商没有关系,而且,在推出其产品之前,也没有努力去培植那种关系。但是,随着 Palm Pilot 掌上电脑变得越来越受欢迎,以及 Palm OS 的成熟,Palm 公司开始巴结独立的软件售卖者,它自身变成一个触媒,致力于将用户与软件开发商带到一起。

企业何时应当是多面的,它们应当服务于哪一个顾客群体,它们何时应当外包、何时应当自给,都是我们在下面要探讨的关键话题。

利润模式

2005 年,索尼公司在全世界范围内卖出 1 620 万台 PlayStation 2 视频游戏机。[8] 其游戏机部门在 2004 年获得 35.7 亿美元的利润。[9] 与许多一般企业相比,对索尼公司和其他触媒来说,要判断出这些利润来自哪里,是一个更为复杂的问题。那一年,人们每买一台 PlayStation 游戏机,向索尼公司支付的价格大致在 150 美元到 250 美元之间,具体数目取决于他们是何时购买的,以及是从哪个零售商那里购买的。索尼公司并没有直接从游戏机上面赚很多,因为它是以接近于制造成本的价格出售这些游戏机的。但人们要为他们的游戏机购买游戏,出版商每卖出一份游戏,索尼公司可从中获得大约 8 美元。仅 Rockstar Games 公司制作出版的热门游戏《侠盗飞车:圣安德列斯》(*Grand Theft Auto : San Andreas*)这一项,就卖出了 900 多万份。

通过这些事实,你很可能会很容易得出这样的结论:索尼公司是从游戏中赚取利润,而不是从游戏机中赚取利润的。从某一角度说,这种观点是正确的,如果把收入与直接运营成本进行比较,你会发现,游戏开发商实际上正在贡献着所有的利润。但从另一角度,也是更基本的角度说,这种观点是错误的。如果索尼公司没有劝说数百万的人去购买这种游戏机,那些游戏开发商就不会作出这种投资并向索尼公司支付这种构成索尼公司大部分收入的特许权使用费。如果索尼公司没有以如此低廉的成本制造出如此好的游戏机,如果索尼公司曾试图从游戏机销售中获取更多的利润,它就会杀掉这只能够下出游戏使用费这种金蛋的鹅。

从这种思考利润来源的方式中,我们可以得出一条用于设计触媒组织的重要经验。在发奖金的时候,索尼公司的哪一位雇员应该得到更优厚的奖励呢?是负责处理与游戏开发商的许可交易并迅速敛集了公司当年大部分利润的那位女士吗?抑或,是主管游戏机制造部门并积极支持公司销售游戏机的目标、但在运营上仍然略有亏损的那位男士吗?这两位雇员对于企业的成功来说都是重要的。但这位制造部门的主管也许对企业的贡献更大,即使他的部门显示出亏损状态;而且,也许正是他的工作,使负责许可交易的部门主管的工作变得十分容易。

通过对许多触媒的全面观察,可揭示出它们如何赢得利润的清晰模式。它们是通过向参与触媒反应的顾客收取费用而获取收入的:杂志收取订阅费;许多信用卡公司向持卡人收取年费;证券交易所往往向证券商收取会员费;单身俱乐部收取入场费;游戏机制造商因它们制造的游戏机而收取费用。(触媒并非都是谋求利润的。见"作为非营利组织的触媒")。

作为非营利组织的触媒

触媒并不总是由营利性企业来经营的。

政府过去经营着某些最古老的触媒,如罗马广场(The Roman Forum)。为提高收入,城市和乡镇仍然部分地经营着集市。在法国图卢兹的两个较大停车场 Place des Carmes 和维克多·雨果广场(Place Victor Hugo)的一楼,每周七天,每天从大清早到午后,熙熙

第一章

> 攘攘地挤满了鱼贩、卖菜者、屠夫和其他商贩。政府仍然制造钞票，并常常染指支票——钞票和支票是最主要的货币触媒之中的两个。
>
> 　　商业协会有时会努力为商家与购物者的集聚建立一种令人愉悦的区域。1907年成立于纽约的第五大道协会（the Fifth Avenue Association）把维持与第五大道购物体验有关的特征作为它的使命。它禁止小商小贩入内的举措、私人保安以及垃圾清理计划，目的都在于吸引和保留这一区域的高档商店与高雅购物者。

　　触媒也因顾客参与而向顾客收取费用，并因此获得收入。许多触媒只是对成功的介入的收费。房地产经纪人在完成一桩交易时，会向卖方收取一笔佣金。拍卖行在高价卖出一幅画作时，往往向买者和卖者双方收取佣金。持卡人无论在什么时候完成一次交易，商家都要支付一定费用。门户网站通常根据点击观看广告的网民的数目来收费。

　　一条重要的模式在于，许多触媒向某些顾客群体收取的价格低于用于支持那些顾客的直接成本。对某些顾客群体常常根本就不收费：触媒这样做，是为了诱使这些顾客群体加入社区或与社区的其他成员交往。PalmSource公司向软件开发商收取的费用很少，美国运通公司给予持卡人很好的待遇，索尼公司向游戏机购买者索要的价格也不是很高。这些低价格间接导致了利润，因为它们帮助建立起一个支持触媒反应的社区。

破解触媒密码

　　那些发现了强有力的触媒反应机会并能以创新性的和训练有素的方式利用那些机会的创业家，可以为聚集在一起的不同群体提供巨大的

何谓触媒？

利益，并为他们自身创造相当可观的利润。但正如我们在本章中已经提示过的，触媒遵循其自身独一无二的组织和行为模式。就像那些率先认识到什么是触媒的经济学家一样，如果你试图运用传统的战略分析工具去分析或解释触媒战略，你将会受到制约。其中一些必要的概念，诸如网络效应，暂时被派上了用场。[10]但是，为理解触媒成功的真正原因是什么，以及它为什么会繁荣起来，就要使用崭新的概念，并忘掉旧有的思维方式。本书将向你展示破解触媒密码的方法。它将帮你识别从中可能产生触媒性力量的、由不同反应物所构成的社区。它将描述在建立和维持有利可图的触媒反应方面被证明是成功的双面企业战略。它也将向你传授一些革命性的商业原则，这些商业原则将帮助你在新的环境下实施复杂的定价、设计和组织技巧，一些最伟大的触媒曾运用这些定价、设计和组织技巧去改变市场，为它们的社区提供价值，并为它们自身创造财富。

本书不只写给那些寻求进入新的业务领域或寻求发展其现有业务的创业家，它也写给那些作为触媒社区的一部分、与触媒一起工作的企业。例如，诸如电艺公司这样的视频游戏制造商，必须与诸如索尼 PlayStation 游戏机这样的触媒一起工作。而且，如果你投资于一个被（或有可能被）经济触媒塑造的行业，或作出有关这样的行业的报道，或为这样的行业而工作，或代表这样的行业，本书将揭示使触媒合为一体的力量。如果没有人再光顾的"死去的购物中心"那样，它们的触媒反应将逐渐衰弱。

在作出以上解释的过程中，那些渴望更好地理解其触媒伙伴，或那些在其生活的其他部分里与触媒相互作用的读者将会了解到，这些非凡的企业是如何既为社会创造价值，又创造出非同寻常的亿万富翁的。为帮助读者理解这一过程，下一章，我们将以审视触媒如何履行它们的核

第一章

心功能,并以描述触媒框架作为开始,了解为建立一个成功的触媒组织而必须要完成的一些任务。

第二章 建立触媒战略

第一条原则:永远不要赔钱。
第二条原则:永远不要忘记第一条原则。
——沃伦·巴菲特(Warren Buffet)

8分钟约会公司是美国一流的高速约会提供商。单身男女在一家大众餐馆聚集在一起。然后,他们与随机选择的异性成员进行一对一的交谈。每次参加活动的人员一般为8男8女,每对男女的谈话持续8分钟。8分钟交谈之后,单身男女重新搭配,更换约会对象。在这期活动结束后,他们登录网站,确认自己希望再次见到的人。每当两个人彼此提到对方,8分钟约会公司会把对方的联络方式分别告知这两个人,以便他们可以自行安排第二次约会。每位高速约会参加者为这一服务大约支付35美元,包括注册费、餐饮费,以及有时一些意想不到的费用。至2006年底,这一服务在全美80多座城市开办,已完成超过5 000次的高速约会活动;在它创办之后的头6年里,共有215 000多名男士和女士参与其中。[1]

2001年于美国波士顿创办了8分钟约会公司的汤姆·贾菲(Tom Jaffee)为启动和维持其触媒反应而履行了三种活动。他与他的合伙人通过使男士和女士参加他们举办的活动而建立了触媒社区。他们没有

第二章

什么服务可以提供，除非他们能够使足够的男士和女士参与这种高速约会活动。通过安排同步约会以及随后通过把事后彼此喜欢的约会对象联系在一起，他们激发了参与此活动的男士和女士之间的交往。他们也通过各种各样的细则来管理这一由男士和女士组成的社区。例如，为"保持交谈的自在和安全"，在活动期间，每对男女不能索要自己心仪伙伴的联系信息。[2]

这三种活动——建立、激发和管理，创造和维持了大多数成功的触媒反应。例如，谷歌公司已经促使广告客户和信息搜寻者使用它的技术。它已开发出复杂的方法，用于增加那些能够注意到自己所关心的广告的人数。通过惩罚信息承办商和那些企图在其复杂的算法上玩把戏的广告客户，它也在某种程度上确保了信息搜寻者得到最相关的信息。2006年初，谷歌公司因宝马公司涉嫌操纵搜索结果，而将宝马网站从搜索结果中剔除出去。同样，美国运通公司促使商家和持卡人使用一种共同的装置——塑料卡，以作付款和收款之用。为刺激交易，它为商家提供关于交易技术方面的帮助，并给予使用运通卡的持卡人以一定的优惠。它订立规则，以保护商家免受欺诈性用卡之害，也向持卡人提供商家一定会交付商品的保证。

为建立社区，触媒通过劝说、定价和产品设计创造了价值主张。为鼓励交往，它们提供帮助顾客彼此有效联络在一起的信息。而为管理社区，它们设计出规则和标准，这些规则和标准帮助顾客了解什么是期望他们做的，并限制"糟糕的交往"。图2-1强调了这些触媒活动。审视触媒是如何成功或不成功地履行了这些活动以及履行这些活动所使用的战术，将为如何建立、刺激和管理一个有利可图的触媒反应提供基本的经验和教训。

行动1：创造价值主张

正如亚里士多德在公元前382年所观察到的："人在本质上是一种社会动物"。[3] 经济和社会交易将人们捆绑在一起。人以及由人所组成的企业，在不断地交换物品和服务，并不断地将物品和服务从较低的使用价值转向较高的使用价值。同样重要的是，人们通过爱情和友谊，持续不断地相互交换价值。触媒促进了这些交易。这就是触媒的价值源头，是触媒在经济中的角色之所在，也是触媒的利润从中喷涌而出的源泉。

图2-1 触媒活动

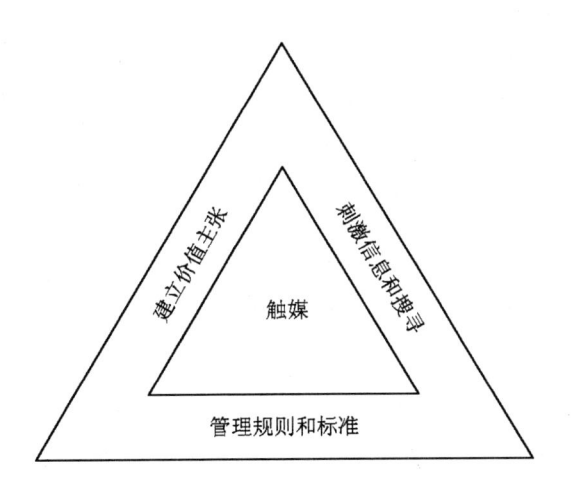

（三角形图：建立价值主张／刺激信息和搜寻／管理规则和标准，中心为"触媒"）

为钱财或爱情创造价值

在东京，从每天清晨4点开始，每周6天，有6万多人前来筑地中央批发市场（Tsukiji Central Wholesale Market，后简称"筑地市场"）购买

第二章

和销售海鲜。每年,经筑地市场转手的海鲜价值超过6 000亿日元(大约相当于55亿美元),重量约达100万吨。[4]

居住在东京大都市区的810万居民所消费的大部分鱼都是通过筑地市场——这一世界最大的鱼市场进行交易的。当购鱼者刚刚来得及看完鱼之后,早晨6点,铃声响起,拍卖开始了。买鱼者和卖鱼者走到每种鱼的指定区域。一个被称做serinin的持证上岗的拍卖师在指定区域每隔大约15分钟引导新一轮的竞价。每一个serinin都为某家拍卖行而工作,该家拍卖行受托对鲜鱼进行销售。

大部分鱼被卖给了交易商,交易商把从竞拍中购得的鱼在他们自己的货摊上转售。通过参加竞拍,交易商可以向做寿司的厨师以及需要量小到不能在拍卖场上成批购买的其他人提供一种购买选择。[5]

这种贸易平台创造出巨大的价值。以拍卖师和拍卖场为核心,筑地市场在两三个小时内就解决了一个很大的协调和匹配问题。鱼被高效地从捕鱼者手上移到了吃鱼者手上。而且,通过这一过程,每一条鱼被放在了那些愿意为它出最高价格的人的手中。

为描述"市场"是如何创造价值的,亚当·斯密在其1776年的《国富论》中创造了"看不见的手"一词。从那以后,市场看起来差不多都是抽象的。在大多数经济和商业文章中,市场被看做是一种抽象物。筑地市场带回这样一个事实:市场是真实的。它散发着鱼腥、臭汗和重型机械的气味。许多市场,如同东京鱼市场一样,被编织在经济织物之中。

斯密之手并不是那么难以见到:你只需去寻找使斯密之手发挥作用的触媒。有助于促进交换的触媒遍及人类的历史。今天,它们包括诸如索斯比(Sotheby's)这样的拍卖行、德意志证交所(Deutsche Börse)这样的金融交易所、芝加哥期货交易所(Chicago Board of Trade)这样的商品交易所,如中国的阿里巴巴这样的在线市场,以及所有那些离"新泽西收费公路"(New Jersey Turnpike)不远的购物中心。这些机构使市场发挥了作用。交换取得了中世纪的炼金术士所没能取得的：它从无创造了有；它奉上了谚语中所说的"免费的午餐"。[6]为人们之间的物品互换创造了价值。

寻找爱情也是如此。帮助男人和女人寻找婚姻伙伴是最古老的事务之一。在古代中国，媒人就像今天的投资银行家。准新郎家往往聘请一位媒人，以便为他们的儿子找到一位合适的新娘。当媒人找到了一个相互合意的对象，她便在两家之间磋商"交易"。这位做媒者以一封订婚信和一份订婚信物作为开始。随后她定出新郎家同意付给新娘家的"新娘价格"。女方家对新娘价格的接受，连同男方家列出的一份礼物清单，标志着这场订婚交易的达成。之后，媒人帮助两家商定一个吉祥的结婚日期，并通过在最终的婚礼仪式上迎接新娘而完成她的工作。

中国人的婚配制度看起来也许像另一种形式的交换。但该观点忽略的一点是：婚姻、友谊与和谐的价值是从人们彼此所持有的相互吸引中产生的，并且是从他们因彼此共处而获得的价值中产生的。在接受婚配对象并为一桩婚姻交易商定"条款清单"的过程中，中国家庭为他们的孩子考虑到了相伴的益处。它并不像是出售家里的公牛。

许多社会最终决定给予男孩和女孩在与谁结婚方面更大的发言权。做媒者开始直接为男女双方撮合。其他机构应运而生了——从19世纪法国的正式舞会到20世纪60年代曼哈顿的单身俱乐部。一些人认为，于世纪之交出现的高速约会，在许多国家都属于相亲寻爱方面最重要的创新。当然，另外一些人把星巴克公司（Starbucks）提高了整个年轻一代的咖啡饮用量看做是世纪之交的一个标志。

增强价值主张的战术

大多数触媒通过三种战术增强价值。这些战术包括发展社区、设计产品和确定价格。

第二章

发展社区。盖伊·川崎（Guy Kawasaki）是一个伟大的布道师（见"'布道师'的演变"）。他没有宣讲什么超强的力量，也没有开办教堂，或治愈不可医治的人。这位日裔美国人负责发动了一群现代信徒：热衷于使用苹果 Macintosh 操作系统来开发应用软件的程序员。当然，今天，Mac 机已转变成一种仅由不到 4% 的个人计算机用户使用的缝隙产品。但成为一个缝隙产品总比销声匿迹要好，销声匿迹是苹果公司在上世纪 80 年代早期的大多数竞争对手的命运。这些由川崎所发动的热诚的追随者使苹果公司存活了足够长时间，最终得以创造出 iPod 音乐播放器。

软件布道师成为个人计算机革命的重要因素。微软公司的布道师也许不如苹果公司的布道师优秀，但他们在建立和完善软件开发商社区方面更为成功。开放源代码布道师遵循了川崎的传统，即创造对于特定的软件平台的近乎信徒般的忠诚，而这种忠诚正在动摇全球的计算机行业。

"布道师"的演变

布道师在激励外部"团队"以支持一个触媒组织的全面成功方面能够发挥关键作用。

"evangelist"（布道师）一词来自通俗希腊文"eu-angelos"一词，意思是指"带来福音的人"。它最初被应用在宗教背景下，认为"福音"是由基督的四个使徒——马太（Matthew）、马可（Mark）、路加（Luke）和约翰（John）以及其他宗教历史人物的讲道和著述带来的。设计福音的目的，是为了帮助布道师赢得追随者并集结起一大批信徒，而这些追随者和信徒可以继续鼓舞其他人。这是世界上的许多宗教在开始时所采用的手段，也是它们得以存活下来的原因。

> 在20世纪80年代中期,盖伊·川崎在另一种较少有宗教意味、但或许同样强有力的背景下创造了"布道师"一词的用义。这位加州大学洛杉矶分校的MBA毕业生受雇于苹果公司,负责劝说软件和硬件开发商为Macintosh平台编写软件。这听起来容易,但想想当时的挑战吧:IBM公司每销售出10台PC机,苹果公司才只能销售出1台Mac机。不过,对盖伊来说,这并不难。
>
> 正如他所说,"当我看到一台Macintosh能够做什么的时候,阴云散去,天使开始歌唱。4年来,我坚持不懈地向软件和硬件开发商宣讲Macintosh,并倡导反对IBM在世界范围内的支配地位。"[7]就像任何布道师一样,他信仰他的"事业"。而且,就像任何布道师一样,他使其他人也持有同样的信仰。苹果公司的净销售收入从1983年的9.83亿美元增长到1987年的26.61亿美元,4年间差不多增至原来的3倍。在这种能力之下,盖伊·川崎所从事的远不只是营销或公关工作。他协调了苹果公司平台社区中不同群体的利益。

经验教训

- 就像发动一场集会那样发展一个社区。
- 使顾客真正感受到他们隶属于某种对于他们的经济或个人生活来说有力量的和有意义的东西。

创建社区是触媒创造和获得价值的主要方式之一。还是考虑一下交换吧。当你出售某种东西的时候——无论它是房子还是你的芭比玩具收藏品,最终你关心的是得到最好的价格,即扣除交易成本之后最好的净价。尽管存在这一事实,即成百上千的人可能会通过多重上市服务

第二章

系统（Multiple Listing Service）看到你的房屋，或成千上万的潜在购买者可能会看到你的玩具收藏品，在线拍卖服务只是达到结果的一种手段。你只打算与其中一人进行交易。但是，感兴趣的潜在购买者越多，平均起来，你得到的价格将越好。

例如，房地产经纪人已经加入了创建多重上市服务系统的队伍，通过多重上市服务系统，房地产经纪人可以把房源跨区域地告知其他房地产经纪人（以及与其他房地产经纪人有接触的购房者）。美国全国不动产经纪人协会（the U.S. National Association of Real Estate Brokers）已经建立了一个名叫 Realtor.com 的网站，专门提供方便的在线上市服务。

经验教训

给予一组顾客群体的每一成员接近另一组顾客群体的许多成员的机会。为维持某种触媒反应，双面企业必须为每一面建立受众群。

设计产品。触媒总是会提供一个供社区成员聚集的真实或虚拟的场所。毫不奇怪，"俱乐部"或"平台"这样的字眼通常被用来描述许多我们现在认为是触媒的企业。

考虑一下某些受欢迎的集会场所吧。几乎一夜之间，MySpace.com 成为 16 岁至 34 岁年龄段的人网上的集会地。芝加哥期货交易所（Chicago Board of Trade）里面有 21 个期货交易场，买方和卖方在那里交换各种各样的商品，包括玉米、大豆和小麦。每个交易场的面积大约是 1 100 平方英尺，尽管大豆交易场的面积要稍大一些。美国摩尔购物中心足有 250 万平方英尺大，零售商和购物者在此相聚并进行交易。巴黎的 Eurofit's Club House 大约有 500 平方英尺，是许多单身男女跳舞、饮酒和交际的地方。

一些集会场所提供社区成员间的间接接触点。譬如,持卡人与商家会在大莱俱乐部设立于曼哈顿帝国大厦(Empire State Building)内的结算设备前"相遇"。在仔细审查了代表应收或应付的小纸条之后,大莱俱乐部的员工把款项支付给商店,并对消费者开出账单。

随着计算机和通讯技术的发展,虚拟集会场所渐渐变得常见起来。eBay社区的买方和卖方"相聚"在一个服务器中心,并主要通过互联网与这一平台相连。

既然宣教只能做到建立起一个社区,将这些集会场所设计好是很关键的。一些".com"公司的确具有令人难忘的广告,但它们失败了,因为即便是不寻常的广告也不能把一个无力的价值主张销售出去。苹果公司和微软公司在宣教方面花费很大,但它们在研发对最终用户和应用软件开发商来说都具有吸引力的、功能强大的操作系统方面花费得更多。它们的布道师有好产品去卖。

经验教训

设计你的真实或虚拟集会场所,以便该集会场所可以充当对两组顾客群体来说皆具吸引力的价值主张的基础。

确定价格。制定正确的价格对触媒来说是绝对重要的。如果价格制定错了,你的企业甚至不会有任何进展。记住,价格的设定必须处于这样一个水平:既能吸引来自每一方面的足够的顾客,又要与为双方用户所创造的价值主张成适当的比例。如果你不能做到这一点,没有哪方会认为参与你的触媒反应是值得的。而且,如果你不能制定正确的价格,你就不会赚到利润。为理解如何定价,你必须抛开你可能已经学到

第二章

的通常单面的企业的知识。

不存在关于触媒定价的固定模式。许多企业遵循了信用卡的(＋/0)模式——向其中一组顾客收取费用,让另一组顾客免费进入"俱乐部",或至少对他们的收费低于为他们付出的成本。购物中心不因顾客进入其商城而向他们收取费用,甚至还为他们提供免费停车场所和一些不定期的娱乐活动。苹果公司不向使用其 Mac OS X Tiger 操作系统中极其珍贵的源代码的应用软件开发商收取费用。你也可以通过 Google 搜索引擎免费搜索信息。

传统商业经济学和营销学课程中的定价讨论通常几乎无一例外地聚焦于单面企业。教科书告诉我们,这些企业为他们出售的每一产品寻找超过边际成本的最优加价。就其本身而言,这一分析不存在任何错误,但对双面企业来说,它是十分不完整的。弗兰克·麦克纳马拉当时本可以使人们为他们所持有的、对他的大莱俱乐部来说十分关键的记账卡付出一些。当然,这样一来,参加的人就会少一些,但他将会得到来自持卡人的更多的利润。然而,如果他当时这样做了,他就会遭受来自商家的打击。在持卡人较少的情况下,一些商家将不愿经受加入俱乐部和接受记账卡的繁琐。事情还会更糟。大莱俱乐部进而会失去对持卡人的吸引力,因为他们可以使用其记账卡的地方变少了。一些人会拒绝使用该卡。这种向下的螺旋还会继续下去。

同样,eBay 公司向在其拍卖网站上登录物品的卖家收取统一比率的在线拍卖费用,但对网上物品的浏览和选购是免费向具有互联网连接手段的任何人开放的。当 eBay 公司提高卖家在 eBay 网站进行拍卖的费用时,一些商家非常不满。不少商家打算停止在 eBay 网站上登录物品,而把物品转到 eBay 的竞争对手网站上去拍卖,或干脆创办他们自己的网站。然而,在某些情况下,提高价格为的是影响卖家的行为。据 eBay 公司 CEO 所言,较高的销售费用意味着较少的劣等产品会被挂到网上来销售,从而将改善网站对于买家而言的总体质量。而这反过来又将通过吸引更多的买家而使高质量的卖家受益。

经验教训

专注于为所有各方平衡价格。双面企业必须使双方都参与,并保持适当的比例。它们必须使双方保持适当的平衡。为做到这一点,它们可能不得不把对于一组顾客群体的价格降到增量成本以下,以获得足够的顾客数量,从而可以吸引另一组顾客群体。关于定价的讨论还有很多,我们将在第四章详细讨论。

行动 2:帮助搜寻和提供信息

如果每个人都知道他应该与谁相配以达成一桩有利可图的交易或形成一种绝妙的关系,如果寻找那种匹配是容易的,社会将不需要触媒。完美的信息和无成本的搜寻将导致连一个双面企业也找不到的极乐世界。触媒之所以大量存在,是因为搜寻是艰难的,信息是有成本的;触媒在困难的搜寻过程中提供帮助,并向其社区成员提供信息。

寻找完美匹配

谷歌公司已经使搜寻成为一门重要的生意和一项热门的技术。它有许多竞争对手,都试图找到用于从世界各地硬盘上的巨量数字信息中寻找某种信息的更好技术。不过,数千年来,搜寻一直处于触媒组织的核心。

乡村集市所做的往往不只是把蔬菜摊归类到一个区域和把鱼摊归类到另一个区域,它还承担了少许帮助搜寻的功能。男人和女人不仅在

第二章

夜总会互相寻找,尽管通过参加一个特定的俱乐部,他们可以提高遇见自己希望找到的那类人的几率。同样,美国的广告主和读者部分地通过在《全球主义者》(Cosmopolitan)、《户外生活》(Outdoor Life)和许许多多其他出版物之中进行挑选而寻找对方,挑选何种杂志依他们所要寻找的对象而定。

第一次有记载的拍卖发生在公元前500年的巴比伦,涉及男人对婚姻伙伴的出价竞买。最美丽的女人首先被报价,然后是下一个,依此类推。随着拍卖的继续,一些女人不得不自己提供嫁妆以吸引配偶。古代佛教的僧侣过去常常通过拍卖已逝僧友的财产来筹集款项。正如我们已经看到的,从精美艺术品到鲜鱼,每样东西都受由触媒所组织的拍卖的支配。eBay公司把拍卖带到了大众面前。许多物品被通过二价拍卖方式在eBay网站上出售。竞买者可以持续输入较高的出价直至拍卖结束。产品由出价最高者购得,但支付的是出价第二高的竞买者报出的价格。

现代金融交易所使用不同的机制。在一些交易所,买方和卖方以电子化的方式提交各种指令,计算机把它们彼此匹配起来。当交易频繁的时候(比方说,对于花旗集团的股票交易),这种帮助买方和卖方找寻彼此的方法运作良好,而拍卖通常对于不频繁的交易[比如对于伦勃朗(Rembrandt)的画品交易]是可行的。在另一些交易所,做市商或交易专员通过持续不断地报出他们愿意买入或卖出的价格而为市场提供流动性。他们从其买入和卖出价之间的价差中获利,买入价和卖出价之间的价差就是所谓的买卖价差。

婚介业应用了许多寻觅技术。其范围从现代夜总会与19世纪舞会中的"交际"法,到徒步游走的乡村媒人,再到计算机化的自动配对。高速约会避免了交际中的随机性(更不必说压力了),节约了寻觅的时间。人们基于一次短暂的约见来判定他们是否喜欢或不喜欢另一人。在高速约会方式下,你可以在几分钟之内作出决定,而不是在开胃食品前忍受与在你心中已被否决的约会对象共同吃完一顿饭的痛苦。你可以在当期活动结束不久就迅速得知与约会对象是否相互感兴趣,而不是等候电话。

经验教训

- 搜寻具有某些数学特征,触媒创办者与其投资人应当对这些数学特征作出解释。
- 在达到某一点之前,越多越好。如果你考虑更多的选择对象,你更有可能寻找到一个好的报价或一位好的配偶。然而,搜寻是要花费时间和金钱的。触媒需要建立起一个足够大的社区,以确保参加者有足够的选择机会。
- 在达到某一点之后,多并不好。带有实际集会场所的触媒在增加社区规模方面面临两个问题。让更多的人加入进来最终会导致社区过于拥挤。这就增加了搜寻的难度。扩展集会场所的规模可以减少拥挤,但会使搜寻更加耗时。在搜寻问题上,触媒面临着收益的规模递减。有时,你可以从更多的观察中得到额外的价值,而观察成本却往往大于得到的价值。这就是为什么大多数人不去看遍我们可能会购买的所有可能的房屋、不去找遍我们可能会得到的所有工作、不去寻遍我们可能会与之发生浪漫故事的所有伴侣的原因之一。
- 分类有助于搜寻。有效率的搜寻要求缩小可能性范围,把不必要的努力减至最小。为做到这一点,触媒有必要提供分类机制。筑地中央批发市场、曼海姆汽车拍卖行和《全球主义者》杂志都帮助它们的顾客缩小其选择范围。筑地市场通过使不同的鱼在不同

第二章

的摊位出售而做到这一点,《全球主义者》杂志通过拥有能够吸引某类女性的内容来做到这一点,该类女性是某些广告客户希望向其销售的对象。表2-1总结了这些原则及其含义。

表2-1 触媒的搜寻准则

视角	含义
人们希望有选择的机会。	社区必须足够大,以便向参加者提供足够的选择机会。
搜寻需要花费时间和金钱。	提供过多的选择机会会产生固有的收益递减问题。
分类有助于缩小可能性范围。	触媒必须帮助顾客有效率地进行搜寻。

提供信息

皮埃尔·奥米迪亚(Pierre Omidyar)在1995年创办了一个名叫AuctionWeb的网上跳蚤市场。一幅早期的网页列出了Marky Mark的内裤、一个铁制的钓鱼钩、一辆装备长梯的消防车和一个玫瑰色的大酒杯。买方和卖方是基于诚信相互交易的,因为对于这种一人操作的方式来说,没有办法去监视商品是否真的是Marky的内裤或对玫瑰色大酒杯出高价的投标人是否会食言。大多数人表现良好,但有些人的表现并不好。买方和卖方的信息是缺乏的。

一年以后,奥米迪亚创建了反馈论坛(Feedback Forum)。人们可以对他们的交易伙伴提出表扬或发出抱怨。AuctionWeb随后发展成eBay公司。在你完成一次交易以后,你被要求按照五星等级标准对作为交易对方的买家或卖家作出评定,并提供评论意见。买家和卖家在其所有交易中的得分被不断累积起来并大张旗鼓地予以公布。这就提供了关于未来交易伙伴可靠性的有价值的信息,并可起到监管社区的作用。

其他触媒通过直接监管其社区来提供信息。例如,为保证质量,大众约会场所从那些合乎要求的人中选择与会者,而不是向与会者收取更多的费用。这样的控制越严格,人们对这些俱乐部中的社群的质量就越有信心。

经验教训

用可靠的信息润滑你的真实或虚拟集会场所,以使顾客寻找最好的交易和朋友的过程更加顺畅。

行动3:设计规则和标准

触媒创建出社区,而社区需要管理,以免其发展成无秩序的混乱状态。虽然人们通过交换和关系相互受益,他们也通过欺诈、盗窃或在别人努力的基础上搭便车而相互伤害。触媒必须鼓励人们相互帮助并防止他们彼此伤害。触媒制定规则和实施惩罚,触媒宣扬行为标准。

平台规则

如果政府不实施合同法、财产法和其他法律,市场制度就会崩溃与之一样,触媒反应通常要求参加者能够彼此信任。

最复杂的规则和规章大概要数那些由有组织的交易所所使用的规则和规章了。譬如,所有的交易所都制定了反对"抢先交易"的规则。当接到一位客户的大笔买入指令的经纪商在执行客户指令之前利用其自有账户进行买入操作,从而驱动价格微升,然后对其自有账户进行卖出

第二章

操作，并私吞由此产生的利润时，就发生了抢先交易的违规行为。虽然禁止这种做法会直接伤害到经纪商，但这会使买方更加确信他们将可能得到最好的价格，并由此增强该交换的总体价值主张。

对交易所进行治理的规则很难说是一种现代发明。古老的罗马拍卖是由钱庄主（argentarius）进行组织和管理的。10 世纪时，布鲁日（Bruges）、香槟（Champagne）和其他北欧城市的庙会都有着严格的规则。有人对供出售的物品进行检查，并谴责劣等品或腐坏变质的物品。筑地市场和曼海姆汽车拍卖行也都有担当类似角色的管理者。

万事达卡国际组织制定了会员机构所发行的信用卡卡片外观的规则，以便为 Master Card 这一共享品牌提供相当程度的一致性，以及防止会员机构不适当地使用这一品牌。该体系也定有处理有争议的交易的规则。当发生争议时，收单银行会有偏袒其顾客（商家）的动机，而发卡机构将会偏袒它们的顾客（持卡人）。该体系所制定的规则试图在这些竞争性的利益之间找到一种平衡，以增加该体系整体上的吸引力。

经验教训

触媒必须定有防止其社区成员不公平地相互利用的规则。

约定标准

直到大约公元前 7 世纪，买方与卖方之间的交换通常是建立在以物易物的基础上的——用 4 头公牛交换 1 名女奴就是荷马（Homer）所描述的这样一种交易。较老练的商人可以以他们所拥有的无论什么形状和尺寸的珍贵金属来作交换。吕底亚（Lydia），一个在现今土耳其境内的古老王国，因发明了由固定比例的金银混合物铸造的钱币而常常受到赞誉。这些金银币提供了一种记账单位和一种简便的交换手段。通过创造一种标准,吕底亚人促进了横跨区域的交换,这一区域最终向西延伸到意大利,向东延伸到波斯。

货币是一种触媒类的事物。古代城邦通过贬低它们的通货,即通过随着时间的推移减少其铸币中珍贵金属的含量,而从货币中赚取利润。现代政府通过印制钞票和推动通货膨胀而更有效率地做到了这一点。但是,当且仅当买方和卖方愿意使用和持有货币时,货币才能够助长触媒性的反应。许多古代城邦的钱币之所以未能成为标准,是因为当它们被贬值的时候,它们的价值随着时间的流逝而下跌。雅典的德拉克马(Athenian drachma,古希腊的银币名。——译者注)四个世纪以来统治了南欧和东亚的绝大部分区域,因为它建立起具有始终不变的银含量的声誉。

现代支付网络通过规则、规章和品牌建设来建立标准。持卡人知道,他们可以在所有标有"Amex"标志的商家使用他们的美国运通卡。作为它与商家的合约的一部分,美国运通公司要求商家接受所有的美国运通卡。商家知道,如果它们接受作为支付之用的美国运通卡,美国运通公司将会向它们偿付持卡人的赊购款。美国运通公司也拟定了针对商家或持卡人对某个账单发生争议情形下的基础性规则。

对别的触媒来说,标准是关键的战略。Windows 操作系统对应用软件开发商是有价值的,因为应用软件开发商知道,超过 90% 的个人计算机用户已把这一操作系统安装在他们的计算机上,或可能购买一台使用 Windows 操作系统的计算机。它对用户是有价值的,因为用户知道,有许多应用软件将与 Windows 操作系统配套衔接,而且有许多应用软件开发商正继续为 Windows 操作系统编写新的应用程序。

正如这个例子所暗示的,标准常常是用于塑造相互一致的期望的。一家应用软件开发商预料到,如果它为 Windows 操作系统编写应用程序,它会拥有许多用户;一名用户预料到,如果他购买一台装有 Win-

第二章

dows操作系统的计算机,将会有许多应用软件可供使用。一名买主预期许多卖主会接受他作为支付之用的维萨卡;一家卖主预期许多买主会出示一张维萨卡,以作支付之用。当购物者走进一幢高档的购物中心时,他们预期会发现像威廉姆斯-索诺玛(Williams-Sonoma)这样的商店,而在高档购物中心租赁场地的商户预期会吸引富有的顾客。到得克萨斯主题的骑士酒吧(Texas-themed Rodeo Bar)去的曼哈顿单身男女期望遇见的人群与那些到时髦的Bungalow 8夜总会去的曼哈顿单身男女所期望遇见的人群是不同的。

经验教训

标准提供了一种创建虚拟集会场所、塑造期望和建立社区的途径。

触媒间的竞争

触媒即使有效履行了到目前为止所描述的三种活动,也不能避免一个最基本的威胁:竞争。大多数触媒要与其他触媒或单面企业争夺顾客。而且,正如开创性的触媒将确立已久的行业一扫而空一样,今天业已建立的触媒面临来自新触媒和未知触媒的严重威胁。当它们实施为社区创造价值的战略、并为其自身赚取利润时,它们必须警惕四周蓄意破坏其计划和夺取其顾客的竞争对手。

我们将在第七章较深入地审视触媒之间竞争的性质。可是,此时当我们思考建立一个成功的触媒所涉及的战略时,强调一下触媒所面临的竞争的一些独有特征是值得的。一种可能性是,顾客在同一时间使用两家或更多家相互竞争的触媒。经济学家把这种情形叫做多属行为(Multihoming)。我们在广播网络间的竞争中一直会看到这种情况:广告客户使用多个网络,消费者观看多个网络。另一方面,大多数电脑用户是单属(single-home)的:他们要么使用 Mac 机,要么使用装有 Windows 操作系统的 PC 机,而不是两者都用。顾客产生多属行为越容易,当触媒的价格和产品发生变化的时候,他们转换卖主就越容易。

第二个独有特征是,触媒可能会面临来自具有非常不同的商业模式的企业的竞争。我们曾经提到,以广告客户为支撑的广播电台已经面临来自拥有订金收入的卫星无线广播提供者的竞争。同样,以不同的商业模式服务于不同群体的交叉型触媒(intersecting catalysts),会发现自身在为其中一个群体的业务而战。地方报纸向所有的分类广告客户收取费用,并以低于成本的价格把报纸卖给读者。相比之下,Craigslist 网站通常允许消费者免费张贴广告,而只向雇主收费。任何人可免费浏览其在线列表。当 Craigslist 网站开始从城市报纸那里偷取分类广告收入时,其中一些报纸通过建立它们自己的在线广告网站予以回应。

一个触媒组织所面临竞争的性质在决定经由价值主张、产品设计、定价和社区管理来作出回应的最好方式的过程中是关键的。

建立成功的触媒组织:框架

那些发现了建立强有力的触媒反应的机会并能以创新性的和训练有素的方式利用那些机会的创业者,可以为被他们聚集在一起的不同群体提供巨大的利益,并为他们自身创造相当可观的利润。那些追求引人注目的价值主张、制定清晰的规则和标准、提供完善的搜寻和信息效力的创业者可能正好走在通往一个成功的触媒组织的道路上。但并非总是如此。Alta Vista,是较早期的在线搜索引擎之一,在一个当时被广泛认为是快速增长的领域里看起来是一位领袖。但是,置身于康柏公司旗下的它试图把自身转变成一个雅虎公司(Yahoo!)的克隆品,而并不专

第二章

门经营它做得最好的方面。它不具备能够击退市场领导者雅虎公司的任何优势,与此同时,它的"加强版"主页疏远了它的老用户。由于没有足够的价值去吸引网民或广告客户,它的经营一直困难重重,它的技术被廉价出售了。后来者谷歌公司专注于搜索技术并找到了广告支持的搜索模式,这种搜索模式一直为它的增长提供力量。

再看看 Chemdex 公司的例子。在上世纪 90 年代末期被认为是最有前途的 B2B 企业之一的 Chemdex 公司,看到了在建立可供生物科技公司与它们的供应商进行电子交换场所方面所蕴藏的利润。合适的价格吸引了 24 000 名供应商提供 170 万件产品。[8] 不幸的是,它没有一个针对市场另一面的适宜的价值主张。大多数生物科技公司更关心它们的供应商的可靠性,而不是供应商的多数产品的价格。一种关键的试剂到货晚了两三天,或到货的试剂有质量缺陷,这实际上会造成非常昂贵的代价。为应付这样的风险,生物科技企业更喜欢长期的个人关系,而不是由一个网站提供的匿名的点击和购买。在短暂地被估价为 100 亿美元之后,至 2000 年年末,像成千上万的其他误入歧途但一时被高估的企业一样,Chemdex 公司渐渐被人们所遗忘。

成功的触媒不会如魔法般地产生。它们需要一个认真构建的框架,这一框架在创办人建立该企业的过程中起到路标或行车图的作用。不过,虽然所有的触媒必须处理大体上相同的问题,答案却是异常多样的。将顾客群体吸引在一起的力量、顾客需求的性质、技术和竞争状况,这些因素只是将一种触媒与另一种触媒区分开来的诸多因素的一部分。

触媒的共同点在于,它们促进了彼此需要的不同顾客群体之间的交往。纳斯达克股票市场帮助股票的卖方和买方互相找到对方。[9] 雅虎交友网站 Yahoo! Personals 为寻找约会和结婚对象的人做到了同样的事情。《妮基塔》(*Nikita*)——一本专门针对年轻女性的日本杂志,帮助时装广告客户找到想要那种风格的时装的女性,并帮助那些女性学到了更多的关于时尚产品的知识。苹果公司的 Mac OS X Tiger 操作系统提供编程服务,这可以帮助 Mac 机的应用软件开发商与用户以较低的成本相互交易。

这些触媒当中的每一个都有一个居支配地位的功能。纳斯达克股票市场主要是一个做媒者,就像筑地中央批发市场和 8 分钟约会公司一样。《妮基塔》主要是建立受众,就像谷歌公司和福克斯所做的那样。Mac OS X Tiger 主要专注于向软件开发商和用户提供有效的编程服务;对于 Palm OS 掌上电脑操作系统和被广泛使用的手机软件平台 Symbian 操作系统来说,情况同样如此。然而,这些触媒之中没有一个是纯种的动物。纳斯达克股票市场建立受众并提供一个使交易成本最小化的交易平台。《妮基塔》致力于一种特殊的匹配:某一类型的年轻女性与她们喜欢购买的产品之间的匹配。它使找到那些女性的花费更少,尤其对于广告客户来说。Mac OS 操作系统的建立对于 Mac 机软件开发商来说,可得到 Mac 机用户这一受众群体,反之亦然。

在将这一复杂性记于心中之后,我们就已创建了一个触媒框架,如图 2-2 所示,这一框架在展示了对于一个触媒的成功来说必不可少的六个基本要素的同时,又是灵活的,足以容纳在触媒身上发现的广泛的多样性。在接下去的几章中,我们将更深入地探查这些要素中的每一个,识别每一要素中有助于建立起一个成功的触媒的主要任务。

识别平台社区。成功的触媒知道谁需要谁,以及为什么需要。也就是说,它们具有关于其不同的顾客群体如何、在何处和在何时彼此需要、这些群体如何相互联系以及它们如何能够最有效率和最有效果地利用双面战术来促进那些相互联系的深厚知识。大莱俱乐部的支付卡的最初成功,很大一部分归因于创建者弗兰克·麦克纳马拉关于市场双方的私密的知识。查明谁需要谁和为什么需要,成为创办一家触媒的关键性

图 2-2　触媒框架

识别平台社区	确立价格结构	设计成功的触媒组织	聚焦于获利能力	策略性地同其他触媒企业相竞争	试验和演进
• 识别相互需要的明显不同的群体	• 为准入和使用分别设立各自的价格	• 吸引彼此需要的多样的顾客群体	• 研究行业历史	• 理解触媒竞争的动态性	• 懂得何时当第一和何时做一个跟随者
• 确定它们为何相互需要,以及它们在多大程度上相互需要	• 设定价格以平衡来自两方的需求	• 促进交往	• 运用预测以增强获利能力	• 探寻来自于不同商业模式的竞争	• 控制增长 • 保持成果
• 估计还有谁正在服务于这一社区	• 起初的定价要为以后的缓慢增长留有余地	• 将交易成本减至最小	• 预知竞争者的行动	• 借力打力,发动攻击	• 为下一步做好打算
• 将多面商业模式与单面商业模式进行比较	• 为顾客的加入而报答顾客——有时候是这样 • 定价要考虑长期利润	• 触媒的设计要考虑到将来的发展演变	• 协调内、外部的利益	• 考虑合作	• 当心麻烦
弄清谁需要谁和为什么需要	形成参与并使利润最大化	吸引顾客并推进交往	使面向长期利润的路径具体化	挑战现有触媒并对新触媒的威胁作出反应	推行进化型成长战略

知识。一旦理解了那样的平台社区,估计既存的或新出现的竞争及设计一个服务于市场各方的商业模式就变得容易得多。

确立价格结构。定价是一项用于吸引和平衡不同的触媒反应物的关键功能。成功的触媒是根据谁最需要谁来制定价格的,而不是像其他市场营销者所做的那样,根据一般的成本加成模型,或增值定价法,或渗透定价法来定价的。它们不能坚持要求从每一群体那里获取利润。它们必须使两方都走到它们的平台上,且使两者以适当的比例走到它们的平台上。美国摩尔购物中心可以因人们进入由商店和娱乐设施组成的巨大综合性建筑而向人们收取费用。但它在完善交通并经由向商户收取的租金来捕获其增值份额的过程中找到了更多的利润。由于这些原因,制定正确的价格必须是任何触媒企业的一个早期目标。

设计成功的触媒组织。顾客参与一个触媒企业的决定在很大程度上将依赖于触媒能够多么适当地吸引他们以及参加触媒企业是多么容易和多么吸引人。无论是实际的还是虚拟的,顾客在其中聚集的场所必须是安全的、可靠的、容易到达的和容易通过的。更重要的是,成功的平台推动不同的顾客群体彼此交往。这就是 8 分钟约会公司的秘诀,它消除了相会的人们的混乱、烦扰和压力。《名利场》(*Vanity Fair*)杂志以一种不同的方式做到了这一点。它的广告客户希望人们看到它们的广告,因此该杂志通过把文章分散刊登在各页,从而使读者翻阅该杂志的更多部分而鼓励"互动"。读者受益了,即使他们受到了打扰。因为吸引更多的广告客户使得《名利场》能够承担得起降低它的订阅价格或提供更多的读者喜欢的内容。安全的重要性是信用卡系统如此严肃地看待身份盗窃的一个原因。最终的目标是促进不同人群之间的交往。

第二章

聚焦于获利能力。每一个触媒都需要检查和预估它将如何产生利润。创立某一市场的两方或多方之间的触媒反应是一项困难的和令人印象深刻的技艺。但这往往不足以维持一个企业的发展。成功的触媒从一个企业的历史中学习关于什么是行得通的和什么是行不通的。它们必须依据企业的演化途径，想象出在不同的场景下利润可能来自哪里。它们必须预测竞争者采取的行动，并计划好它们将如何应对。它们需要认识到，要获取利润，就要不断地使触媒社区的所有部分——包括它们自己的雇员——与整个企业的兴旺发达休戚与共，即使社区的每一部分只专注于该触媒企业的一个狭小部分。如果《时尚》（Vogue）杂志社发行部人员因其奖金依赖于来自用户的利润而提高了杂志发行价格，他们可能会使另一部门的人员在销售整个企业赖以生存的广告时要费力得多。

策略性地同其他触媒企业相竞争。一个触媒企业无论多么恰当地推行它的战略，无论那一战略多么具有创新性，它迟早总会面临竞争。竞争可能来自其他相似的触媒企业，来自其自身已受到该触媒威胁的现有企业，来自导致产生了能够改变一个市场或行业的单面企业，或来自触媒企业的新的思想和技术。不存在理论上的威胁。许多在1995年蒸蒸日上的触媒企业十年之后都受到了威胁。要理解潜在的竞争者，就要研究只有在双面或多面企业中才适当的触媒竞争的特殊动态性。拥有最富有经验的软件开发商队伍的、世界最大的软件制造商微软公司，发现自己受到了由在网上工作的业余爱好者开发的开放源代码软件的威胁。因为近几年来，触媒对急速的创新是有责任的，创业者在考虑他们自己的触媒企业如何能够发展到足以颠覆别人的企业的同时，必须对新的威胁作出估计。

试验和演进。触媒应当足够敏捷,以便为长期的增长做好计划,并准备适应变动的环境。它们需要认识到何时必须率先行动,何时做一个跟随者更有利。它们需要通过试验和改进价格、产品和服务而谨慎地成长。即使业已创立,一个灵敏的触媒知道如何监视竞争性威胁和预测市场上下一阶段的情形。从一家创业型的搜索引擎公司起步,谷歌公司已经发展成为一个提供多种多样服务的行业领导者。谷歌公司最初计划把它的搜索技术授权给其他网站使用。直到2000年,它才开始向被放置在搜索结果旁边的、以文本为基础的广告收费。两年之后,谷歌公司转向了根据点击率来支付费用的广告模式——只有当一个潜在顾客点击了广告的时候,才向广告客户收取广告费。"付费搜索"并不是谷歌公司的发明,但它极好地适用于这家当时正快速成为世界一流搜索引擎公司的发展模式。谷歌公司是进化型触媒的典范。

下面的六章,每一章将专门用于探讨触媒框架中这些要素里面的其中一个要素。我们的目标是证明本章概括的三种基本活动如何可以成为一个成功战略的组成部分。我们希望,其结果将不只是一个建立成功企业的指南,而且是一个分析性框架,这一框架可用以对驱动世界上最具活力公司的战略作出清晰透彻的解释。

第三章　识别触媒社区

我们必须记住的是,我们不能亲自去做每一件事。

——文顿·瑟夫(Vinton Cerf)

1796年,几个医师为穷人可得到的医疗保健的匮乏所触动,建立了波士顿诊疗所(Boston Dispensary)。包括保罗·里维尔(Paul Revere)和萨姆·亚当斯(Sam Adams)在内的捐助者为分发给贫困人的票证提供资金。领受者在他们的家乡可以凭这些票证从隶属于这一集中化机构的医生那里获得治疗。医生而后把这些票证交给波士顿诊疗所,以获取他们的报酬。一份5美元的捐助可以为两个人提供一年的医疗保健。

波士顿诊疗所帮忙把彼此需要的三组群体汇集在一起:有偿工作的医生、支付不起医疗费的病人、想要帮助他人的慈善人士。通过减少和控制疾病,它也使波士顿成为一个较好的居住场所。

塔夫茨—新英格兰医疗中心(Tufts-New England Medical Center)是从这一早期的医疗触媒直接转变而来的。现今离其历史地点有几步之遥、坐落于波士顿中国城附近的塔夫茨医疗中心,是世界一流的医疗机构和专科康复中心。它关怀各阶层的人。它虽然仍然是一个非营利组织,但在很大程度上像一个企业。它主要依靠保险公司支付赔偿

第三章

金,而不依赖捐赠人购买票证。

塔夫茨医疗中心与许多其他的医院和医疗中心一道,为医生和病人创造了一个平台。其结果就是一个将利益上相互依赖的不同群体成功地聚到一起的触媒企业。事实上,塔夫茨医疗中心的大多数医生不是该医疗中心的雇员;他们有他们自己的医务所。该医疗中心不得不说服他们,当他们遇到自己的医务所不能进行的外科手术和其他手术时,就应当考虑利用塔夫茨医疗中心。塔夫茨医疗中心通过提供对他们和他们的病人来说都有价值的设施而使他们搭乘了它的平台。它也向具有特殊专长、可帮助吸引病人及其他医生的名医提供合算的经济刺激。2005年,为了向其病人社区提供更大的服务,把更多的病人吸引到其设施中来,并由此吸引其他一些拥有互补性业务、想要为那些病人服务的医生,塔夫茨医疗中心与新英格兰最大的初级保健医师(Primary Care Physician)集团联合在一起。慈善捐款对这一触媒来说仍然是重要的,但现在只占其预算的一个适当比例。

像许多其他重要的创新一样,由医生、病人和捐赠人构成的触媒社区显然是后知之明。本章旨在提供一些远见。我们将会看到,诸如塔夫茨医疗中心这样的成功触媒是如何推行触媒框架中"识别平台社区"(见图3-1)这一最基本的要素的。

为做到这一点,触媒创建者必须绘制一张由相互需要的不同群体构成的可能的社区形态图,并判定一下为所有这些群体的成员创造价值是否是可能的。

这一要素总是起始于一个智力练习。有抱负的触媒必须从对于人或企业如何能够通过以某种方式聚集在一起而取得更大价值的一些分析开始。这一过程开始于对一个问题的识别,这一问题的解决方案将使人或企业的境况变得更好。波士顿的医师从识别一个需要加以解决的危机开始,这一危机就是对于波士顿的穷人来说医疗保健的匮乏。他们开办了波士顿诊疗所,以解决那一问题。最终依赖于该诊疗所的各个群体——医生、病人和慈善市民,在该诊疗所被建立以前就存在很久了。但这一特殊触媒社区的创建要求最初就认识到,不存在使他们聚集在一起的自然方式,或至少认识到,一种好得多的方式是颇有价值的。因此,识别一个触媒社区的关键首先就要理解为什么需要触媒。

图 3-1 触媒框架:识别平台社区

识别平台社区	确立价格结构	设计成功的触媒组织	聚焦于获利能力	策略性地同其他触媒企业相竞争	试验和演进
• 识别相互需要的明显不同的群体	• 为准入和使用分别设立各自的价格	• 吸引彼此需要的多样的顾客群体	• 研究行业历史	• 理解触媒竞争的动态性	• 懂得何时当第一和何时做一个跟随者
• 确定它们为何相互需要,以及它们在多大程度上相互需要	• 设定价格以平衡来自两方的需求	• 促进交往	• 运用预测以增强获利能力	• 探寻来自于不同商业模式的竞争	• 控制增长 • 保持成果
• 估计还有谁正在服务于这一社区	• 起初的定价要为以后的缓慢增长留有余地	• 将交易成本减至最小	• 预知竞争者的行动	• 借力打力,发动攻击	• 为下一步做好打算

57

第三章

(续图)

• 将多面商业模式与单面商业模式进行比较	• 为顾客的加入而报答顾客——有时候是这样 • 定价要考虑长期利润	• 触媒的设计要考虑到将来的发展演变	• 协调内、外部的利益	• 考虑合作	• 当心麻烦
弄清谁需要谁和为什么需要	形成参与并使利润最大化	吸引顾客并推进交往	使面向长期利润的路径具体化	挑战现有触媒并对新触媒的威胁作出反应	推行进化型成长战略

一旦认识到那样的问题,感兴趣于发动触媒反应并从触媒反应中获利的创业应当执行四项任务,以缔造一个能存活下去的社区。这四项任务构成了触媒框架这一第一要素的核心。

1. 识别相互需要的明显不同的群体。
2. 确定它们为何相互需要,以及它们在多大程度上相互需要。
3. 估计还有谁正在服务于这一社区。
4. 确保多面商业模式优于单面商业模式。

任务1:识别相互需要的明显不同的群体

任何打算创建一个触媒企业的人都需要从事一项探索性的考察,以确定可能的社区的边界。在确定一个特定的主张之前,最好先纵观所有的领域,然后缩小探寻的范围。搜寻目标必须锁定于彼此有一定吸引力

识别触媒社区

的群体。

这种吸引力不必是相互的。波士顿的医师们通常并不关心穷人的问题,但捐助者关心。波士顿诊所通过实行票证计划把这三组群体集结在一起。同样,大多数消费者不大被广告主所吸引。媒体用内容来贿赂人们,以便把他们拉到广告主那里。

不过,这种吸引力往往是相互的。对于被诸如东京的筑地市场这样的交易组织集合在一起的买方和卖方来说,这一点是显而易见的;对于被诸如8分钟约会公司这样的做媒者集聚在一起的、寻找爱情或伴侣的人们来说,这一点也是显而易见的。这些我们在上一章都曾描述过。而对于由那些我们通常不将其看成交易组织或做媒者的企业集合在一起的顾客来说,这一点是不太明显的。购物者和商店在购物中心内彼此走到了一起。对于软件平台来说,应用程序开发商和用户相互吸引。

从多个方面进行观察是值得的,我们能够依此确定什么样的群体会相互需要,从而开办一家触媒企业是有经济效益的。

做媒者和交易场所

对于简单的交易组织和做媒者来说,这种探索是简明直接的。他们寻找由买方和卖方组成的社区,或寻找有交友需求的人,然后把他们汇聚在一起。从历史上看,这些基本的触媒组织中的大多数建立的是小型社区,社区由有可能彼此吸引的人和企业构成。乡村媒人只能在离其居住地不远的地方物色对象。从社交舞会到教友聚会,再到夜总会,小型集会地点看起来在这些事情中更行得通。

简单的交易组织和做媒者往往精于搜寻没有被其他触媒组织所服务的社区。譬如,一家美术馆可能专门经营委托代售的现代雕塑品。工业拍卖网站德富竞标有限公司(DoveBid, Inc)专注于拍卖破产公司的资产,所拍卖过的最著名的资产包括曾为安然公司休斯敦总部的入口处

第三章

增光添彩的 5 英尺 E 型钢。2005 年在曼哈顿开业的核心私人会所（Core Club）是一个把富人和有影响力的人物聚集在一起的平台。它向 100 名创会会员每人收取 10 万美元入会会费。另外 200 名主要来自演艺界、商界和政界的"有影响力的人"，为了接近他们心目中与自己一样富有和有影响力的其他人而支付 55 000 美元。[1]

对于像交易和做媒这样成熟的触媒行业来说，存在一种用于识别某个社区的简单经验：

经验教训

寻找其他触媒尚未将其汇集在一起的群体；寻找在专门化的集会场所（真实的或虚拟的）能够更容易地聚集在一起的群体。

互联网使发展较大的社群成为可能。它提供了一个可以应付几乎无限的人群的虚拟集会场所。而相关的技术使得在非常庞大的人群中搜寻匹配对象更加容易。例如，YouTube 公司使人们能够通过它的网站上传、观看和分享视频短片。2006 年 7 月，这一由 PayPal 的三位前雇员创办的公司宣布，每天通过其网站被观看的视频数量已经达到 1 亿个，每天被上传的新视频有 65 000 段。如果没有诸如 YouTube 这样一个平台的出现，拥有视频的人与那些想要观看这些视频的人之间的大多数联系将永远不会取得。YouTube 是到 2006 年 9 月为止十大最受欢迎的网站之一。[2]（2006 年底谷歌公司以 16.5 亿美元的价格收购了 YouTube 网站。）

互联网力量的一部分在于，帮助触媒辨认若干由想要聚集在一起的单个人组成的小群体。如果你喜欢下三维象棋，你可以在 MySpace.com 上创建一个群组来吸引对手，MySpace.com 可帮助登广告者找到下三维象棋的人(见"与我在 MySpace.com 相会")。而对于那些收集旧信用卡的人来说,要找到卖家就很难不去求助 eBay。.com 型的做媒者为许多相异的群体互相找到对方提供了一种途径。

与我在 MySpace.com 相会

从前,并且不是那么久以前,与陌生人相识是一件需要面对面去做的事情。对于像我们这些 1966 年以前出生的人来说,差不多仍然是以这种方式来做的。进入 MySpace 一代后,年龄在 16 岁到 29 岁之间的 5 400 万年轻人除了塑造时尚、技术和零售新趋势以外,正在重新界定从事社交活动的方式,他们以在网络空间上的交流代替面对面的交往。[3]

MySpace.com 不是唯一的在线社交场所,但大概是最有名的一个。它由汤姆·安德森(Tom Anderson)和克里斯·德沃尔夫(Chris DeWolfe)于 2003 年创立,最初被设计成一个供音乐人发布他们的音乐和供音乐迷就这些音乐进行闲聊的地方。安德森自己就是一个音乐人,在 MySpace.com 成立的第一年,他设法说服他在好莱坞的一群朋友加入他的网上社区。截止到 2006 年 8 月,MySpace.com 在世界各地的注册用户约有 1 亿人,其中不乏一些影视和音乐名人、韩国 Wannabe 乐队的摇滚明星、一心成名的演员和普通的青少年,他们每天登录该网站,或联络朋友,或发表评论,或分享故事,或与陌生人会面。[4] 热衷于 MySpace 的网民说,他们就像查看他们的电子邮件记录一样频繁地查看他们的电子公告板。

上网用户之间的交流可以通过多种方式得以促进。用户可张贴一张关于他心目中的"英雄"的列表,然后请大家评论;有专供用户列

第三章

出他们的工作和学习地点的区域;有供发表意见的公告板,朋友可以在那里发表关于其朋友和其朋友的朋友的评论。

根据 comScore Media Metrix 公司的统计数据,截至 2006 年中期,就页面访问总量而言,MySpace.com 在全美互联网中位列第二。[5] 虽然 MySpace.com 禁止可能会对上网用户所观看内容造成监控的弹出式广告和间谍软件,[6] 但是在 2006 年 9 月,它占了所有在线观看广告的 15.4%,这是一个更让人印象深刻的业绩。安德森尽量将广告安排得巧妙得体,以致该网站的上网用户不会把它从内容中辨别出来。

2005 年 7 月,鲁伯特·默多克(Rupert Murdoch)的新闻集团出资 5.8 亿美元收购了 MySpace.com。他的计划是把这一受欢迎的集会场所向国际扩展,并把它转变成一个可提供免费视频下载、一个带有标记的即时消息客户端,甚至还有语音功能的全面发展的门户网站。目前,它所拥有的收入是由它的广告客户带来的。显然,吸引更多的广告客户和获得更多的广告收入的潜力看起来是相当大的。对 MySpace.com 来说,现在的挑战是平衡它的两个面——上网用户和广告客户的利益,以便这种正向的反馈循环得以延续下去。

在互联网出现以前的数世纪,交易场所就已寻求能够触及较大社区的规模经济。1698 年,伦敦股票交易所(LSE)在位于真者里(Change Alley)的乔纳森咖啡店(Jonathan's Coffeehouse)开业。2005 年,15 000 多只股票和债券在这一交易所进行交易,那一年总共发生了 8 900 万桩交易。[7] 尽管该交易所在其 3 个世纪的历史进程中已经搬迁到了更大的街区,它却主要是通过发展由相互关联的企业组成的社区而取得现今的规模。这些企业包括投资者、经纪人与自营商、做市商,以及上市公司。金融交易所在遵循这一战略方面绝不是独一无二的。

伦敦股票交易所和其他交易场所,如鱼市场和网上集会场所,提供了一条至关重要的经验。

经验教训

为识别出一个触媒社区,你的视线应当超越现在存在的企业;你也许不得不帮助创建为触媒反应所需要的企业。

我们以后将会看到关于这一条经验的其他例子。

把企业和人联结在一起

当我们的关注点从基本的交易场所(买方和卖方)和做媒者(男人和女人)上面移开时,就会发现,触媒社区的轮廓并不是那么显而易见。许多创新性的触媒通过把似乎并没有太多共同点的企业和人联结在一起而发家致富。

例如,早在19世纪初期以前,个别的商家就已开始允许顾客先买货后付款。其实,完全可以通过建立一个由许多商家和消费者组成的社区来创造价值,这些商家和消费者分享一套共同的付款方法。然而,如果这种社区是显而易见的话,就不会等到直到差不多150年之后才有人想出这个主意。

大莱俱乐部意识到现金和支票对于商家和消费者来说的不方便性,进而发现了可将其集结在一起的群体,这就为现代支付卡行业指明了道路。它起初先从曼哈顿的餐馆和餐馆的常客这一小的社区开始,然后将其视野快速扩展至为遍及全世界的大得多的旅行和娱乐社区服务,其社区成员包括饭店、夜总会、旅馆以及它们的主顾。

诸如美国运通公司这样的跟随者甚至把范围延伸到一个更大的商

第三章

家社区,最终包括超市和超市的顾客。正是对于可将之聚合在一起的更多类型的企业和消费者的持续不断的搜寻,推动了支付卡行业的发展。当加油站让司机们在加油泵旁自动刷卡加油时,加油站有效地缩短了排队等候的队伍,并能够服务于更多的顾客。像美国 QVC 公司这样的家庭购物网络通过使用支付卡,已使冲动购买变得容易起来。香港地铁系统运行得更加通畅,因为当人们进入地铁时,他们只要挥一下手中由八达通付费系统推出的无接触式支付卡,就可迅速地为他们的乘车付费。

通用支付卡的发明为准触媒提供了一条重要的经验教训。

经验教训

为识别出一个触媒社区,可从分析企业或人们因高交易成本而遭遇的问题入手。然后通过把交易双方置于同一平台上,来寻找降低交易成本的方式。这不是寻找到一个触媒社区的唯一方式,但它是一个重要的方式。

创造互补者

寻找和培育称之为"互补者"的生产互补品的企业,是许多触媒社区成功的关键。[8]

互补品是一种使另一种产品更有价值的产品。互补品在单面及多面行业中都是重要的。例如,像 Netflix 公司或 Blockbuster 公司这样出租 DVD 光碟的企业,使由索尼公司这样的企业制造的 DVD 影碟机更有价值。许多单面企业生产它们自己的互补品。吉列公司除生产剃须刀外,还生产修面膏。

软件平台的出售者在他们历史的早期就发现了互补品的重要性。当世界上第一个电子表格应用软件 VisiCalc 的引入给苹果公司的电脑销售带来巨大突破。VisiCalc 是最早的"杀手应用软件"之一。所谓"杀手应用软件",就是这个软件如此地受消费者喜欢,以致消费者购买一台计算机装置的目的仅仅是为了得到这个软件。苹果公司并没有去做鼓励 VisiCalc 的任何事情。但这家开拓型的计算机公司很快就认识到,鼓励更多的应用软件的发展——无论它们是否是杀手软件,将有益于苹果机的销售。盖伊·川崎这位苹果公司的布道师,鼓励硬件和软件制作者为苹果公司的新型计算机创造互补品。其他对于触媒而言重要的杀手应用软件被列示在表3-1中。

表3-1 计算机行业之外的"杀手应用软件"

"杀手应用软件"并不是只对计算机而言的。它们是由触媒社区的一部分所生产,并因对触媒社区的另一部分有极大价值而引发了触媒反应的产品。这里是几个计算机行业之外的"杀手应用软件"的例子。

杀手应用软件	触媒企业
肥皂剧	无线广播电台
国际贸易	威尼斯银行外汇兑换券
分类广告	报纸
短信	欧洲的移动电话
借款	支付卡

自从电子表格软件引燃了个人计算机革命以来,软件平台企业便选择了把互补者当顾客对待。软件平台中的大部分代码是本着便于互补者更容易地编写应用软件的目的而被编写的。在诸如谷歌公司这样的公司中属于一个真实工作头衔的布道师,致力于劝说应用软件开发商加入这一集合,正如我们在第二章讨论过的。其结果是要在建立和最终巩

第三章

固一个触媒社区方面进行复杂的操练。

为创建一个触媒社区,创业者可能会发现,他们必须要么鼓励可能会成为社区一部分的互补者的创造,要么他们自己提供一套互补品。在推介 Palm Pilot 掌上电脑,这一款引爆了对个人数字助理触媒反应的产品时,Palm 公司采取了"自己动手做"的方法。在不具备已证实的成功记录的情况下,Palm 公司不认为它能促使关键的互补者——应用软件开发商为它编写应用软件。因此起初它自己生产所有的配套应用软件。一旦成功了,再让别人来编写应用软件就毫不困难了。那些应用软件吸引了被特定应用软件激发出兴趣的新的社区成员,即使他们最初对 Palm Pilot 掌上电脑并不感兴趣。

NTT DoCoMo 公司也认识到,它需要说服消费者欣然接受其新型的 i-mode 服务(见"精明的触媒:i-mode 的故事")。但谁愿意光顾内容很少的、以移动电话为基础的门户网站?在推出 i-mode 之前的很长一段时间,DoCoMo 公司说服其他公司建立了 67 个站点,其范围从移动银行业务到游戏和算命。自那以后,i-mode 大大吸引了网站用户,这些网站用户现在可以通过他们的手机上网接入这些新的应用软件。

经验教训

为识别出一个触媒社区,要事先推断出哪些产品将成为有价值的互补品;然后,要么说服其他企业去制造那些产品,要么,如果有必要的话,自己提供那些产品。

与供应商一起工作

雅诗·兰黛(Estée Lauder)没有创办什么触媒,但这位来自纽约布朗克斯区的锲而不舍的女人从一家出人意料的双面企业中受益巨大。

在协助她的药剂师舅舅的过程中,雅诗兰黛在舅舅家的厨房里配制出了面霜。她努力劝说百货商店为她提供柜台空间,以便出售她的产品。她坚持认为,她的面霜将通过带来更多的客流量而对商店有益。1948年,萨克斯第五大道(Saks Fifth Avenue)百货公司(后简称萨克斯公司)最终对她动了恻隐之心。2006年,她创立的企业售出了价值达65亿美元的化妆品。[9]在美国,雅诗兰黛公司(Estée Lauder)几乎一半的销售额是通过百货商店取得的,而它在这些商店的销售额占这些百货商店所创造的全部化妆品销售额的一半之多。[10]

精明的触媒:i-mode 的故事

据说,有几样东西是一个日本少女如果不随身携带就不会走出家门的:Hello Kitty 护身手镯、路易·威登(Louis Vuitton)手提包、浅粉红色口红和 i-mode 手机。

i-mode 是 NTT DoCoMo 公司于 1999 年 2 月在日本推出的移动电话互联网服务。截止到 2006 年初,i-mode 拥有的用户已超过 5 000 万,是世界上最大的移动运营载体之一,也是世界上最为成功的移动数据服务业务之一。[11] i-mode 在年龄介于 24 岁到 35 岁之间的年轻用户中最受欢迎,而最频繁地使用 i-mode 的用户是年龄在 20 岁以下的年轻女孩。

DoCoMo 公司并非总是这样炙手可热的。事实上,它在其巨型母公司 NTT 内部苦苦探索了数年。1994 年,当日本的移动电话市场初具规模时,事情有了转机。受语音服务之外的发展前景鼓舞,DoCoMo 公司的工程师们着手开发了一种新产品,该产品不仅是世界上最小的移动电话,而且是一种可允许他们很容易地按照传送和

第三章

接收的数据量而不是按照上网的时间计费的"包交换"网络。

既然DoCoMo公司已经破解了通向把内容铸成货币之路的密码,该公司开始打造世界上第一个移动互联网内容网络。它决定成为一个提供双层接入服务的内容聚合商:一层接入是可通过i-mode的菜单条直接接入内容,另一层接入是可通过互联网下载内容。DoCoMo公司对经由其菜单条接入的内容抽取佣金——由于i-mode简便的用户界面,这些内容会很容易被用户检索和接收。DoCoMo公司处理针对订户的所有收费,这使内容拥有者对签约加入DoCoMo网络很有兴趣。

DoCoMo公司针对订户的定价计划是本着引发一个触媒反应的目的而设计的。该公司明白,订户越多,需求的内容就越多,这反过来将招致更多的内容提供商。他们是对的。

截止到2006年年初,可从i-mode的菜单条接入访问的内容提供商网站大约有6 000个,还有大约94 000个是不通过i-mode的菜单条就可上网访问的。[12]日本的青少年将他们的手机始终保持在开通状态,并且每周7天、每天24小时地与网络保持连接。习惯于每天长距离地来回奔波的许多人,现在使用手机收看新闻、下载最新音乐、与朋友玩游戏、办理银行业务或获取最新的体育信息。

i-mode的成功是一个关于触媒智慧的光辉范例。第一,它认识到,它的目标消费者对于一项能使他们在其长距离的来回路途中有某些事情可做的技术将持非常欢迎的态度。第二,它没有一直等到它的技术完善了才把产品全面铺开。它知道已经拥有了一个规模庞大的市场,这一市场上的消费者宁愿现在就用上一种适当但不完美的技术,也不愿为一项数年以后的完美解决方案而等待。第三,它的定价战略被证明是卓有成效的。它为其服务制定的价格使它的顾客

> 不会因为它的技术缺陷(如,缓慢的下载速度)而指责它,顾客是按照他们想要的内容的类型而付费的。通过向内容拥有者提供一种分发内容并对内容计费的有效方式,它能够既吸引内容拥有者,又吸引受众。

虽然不是那么明显,像萨克斯公司这样的商店在很大程度上遵循了与购物中心类似的双面战略。它们让购物者免费进入,与此同时,为其他商户提供销售它们自己的产品的空间,并向它们收取费用。萨克斯公司根据雅诗兰黛公司在其化妆品柜台上所销售的产品抽取佣金,而雅诗兰黛公司不必为它没有售出的东西付出任何佣金。萨克斯公司因此把传统供应链中的供应商转变成了伙伴——利益共享的社区成员。由于部分地被雅诗兰黛公司的产品吸引,走进萨克斯商店的购物者成为因商店和供应商相互协作而形成的社区的一部分。

任务2:确定这些群体在多大程度上相互需要以及为什么需要

仅仅相互吸引不足以使孤立的群体成为组成一个触媒社区的适当的候选者。必须存在妨碍一个群体的成员与另一群体的成员聚集在一起的障碍。触媒通过开发减低此类障碍的途径而创造价值。

并非一个可能的社区的所有成员都需要一个触媒的帮助。许多男人和女人非正式地找到了彼此,不会考虑去参加一个约会俱乐部,更不会考虑在Craigslist网上张贴一份个人简历。企业的实践已经证明,它们可以通过广告牌直接与消费者沟通。一个群体的足够多的成员在与另一群体的足够多的成员进行接触时必须面临阻碍,才会使一个触媒组

第三章

织的服务能够维持下去。

一名成功的触媒创业者首先必须发现这些障碍,然后想出克服它们的方法。为了做到这一点,她必须对把不同群体相互吸引在一起的力量有着充分的理解。这些力量的方向是什么?它们有多强大?一旦她对这些问题有了答案,她可以绘制一张可能的触媒社区图,识别出阻止这些群体获得相互吸引的好处之所在,并设计一个触媒性的问题解决方案。(关于一个失败的触媒的例子,见"Pets.com:.Com 公司崩溃的范例")

理解需要

买方和卖方彼此需要。寻求伴侣的人们也是如此。软件开发商和用户同样如此。在这些以及许多其他的例子中,都存在着相互吸引(mutual attraction)的力量。

广告主需要观众,但观众并不总是需要广告主。TiVo 公司的一项研究发现,有 77% 的电视广告被它的用户跳过了。另一项研究表明,即使那些没有数字视频录制器的观众,也会把商业广告播放时间的 43% 用于休息。[13] 当然,虽然我们所有人都抱怨广告,我们中的大多数人却发现,在了解产品及其价格方面,一些广告是有帮助的。不过,如果说广告主对观众的付出在很大程度上是得不到报答的,也并非太不公平。大多数时候,在广告主和观众之间存在一种单向的吸引(one-directional attraction)。

Pets.com:.com 公司崩溃的范例

Pets.com 试图把两组群体聚集到一起——宠物主人和宠物用

品的制造商,这两组群体靠他们有形的平台一直运行得不错,不需要一个虚拟的平台。

创立于1998年11月的Pets.com公司,信奉它的许多.com对手的商业圣歌:建立一个伟大和令人难忘的品牌,利润将随之而来。到1999年12月,风险资本家已经为Pets.com公司投入了大约1.1亿美元。

Pets.com公司做了它想要做的事:创建了一个令人难忘的品牌,包括一个被称做布袋木偶的可爱的吉祥物和一个一天能被点击100多万次的有吸引力的、有互动性的网站。它在2000年1月份的"超级碗"比赛中推出的200万美元的广告引发了媒体的一片狂热。

然而,Pets.com公司没能遵循两条基本的商业规则:了解顾客和为顾客创造价值。一些宠物主人也许喜欢这种通过互联网定购宠物用品的便利性,但是,如果他们为此付出较多的成本的话,他们就享受不到这种便利性的乐趣了。同时,虽然托运图书对亚马逊公司(Amazon.com)从经济上来说可能是划算的,托运装有狗食品和猫砂的沉重的包裹对Pets.com公司来说就不那么划算了。Pets.com公司没有为宠物主人减少交易成本,相反,它还增加了交易成本。

它能获得宠物主人支持的唯一方式就是对宠物主人的购买行为给予补贴。这种方法产生了交易,但它也产生了大量的损失。差不多距公司开办那天的两年之后,眼睁睁地看着自己的股票在不到8个月的时间里从11美元下跌到不及0.22美元,Pets.com公司只好关门大吉。[14]

最终,Pets.com公司成为一个不能为宠物主人和宠物用品供应商创造价值的廉价品牌。

第三章

波士顿诊疗所的例子表明,二级吸引(second-degree attraction)有时会把一个社区的各个部分结合在一起。既然是人,大多数医生更容易受到慈善捐助的吸引,而不是受到贫困病人的吸引。捐助者提供了一种联系,这种联系使病人对医生来说变得有价值了。二级吸引在媒体行业中较为常见。观众需要内容,而这提供了与广告主的间接联系。单向吸引与二级吸引往往相伴而生。

理解欲望

《流浪汉生活》(*Hobo Living*)在吸引广告客户或招徕订户方面将遇到麻烦。可能的触媒社区成员之间的吸引力是微乎其微的。相比之下,美国缝隙媒体有限公司(Niche Media LLC)的创立者贾森·宾恩(Jason Binn)发现了上流社会与想要向其会员销售产品的企业之间的强大吸引力。《亚斯本巅峰》(*Aspen Peak*)是一本以美国高消费阶层在科罗拉多州亚斯本市的社会生活和购物活动为中心内容的杂志,该杂志的发行量有限,大约仅有60 000册;大部分杂志被放置在高端旅馆的客房里或被寄送给富有的住户。诸如卡地亚(Cartier)和香奈儿(Chanel)这样的广告客户占据了该杂志250页加页的大部分空间。宾恩已辨别出若干类似的小规模读者群[《汉普顿人》(*Hamptons*)和《海洋大道》(*Ocean Drive*)这两本杂志会使你对这一点有所认识],某些广告客户认为这样的读者群是非常有吸引力的。读者本身对这些杂志也抱有强烈的兴趣,因为这些杂志不仅迎合他们的品位,还向他们提供关于什么是当前最时尚的和什么是不时尚的建议,而且会刊登出他们中不少人在有声望的社交集会上的特写镜头。此外,由于《亚斯本巅峰》以及与其类似的出版物把自身包装成一个通向精英生活的必要指南,许多甚至从未到过亚斯本或汉普顿的读者渴望能够感受一下成为这些高级社区的一员的感觉。表3-2列出了其他一些细分型杂志。

表 3-2　目标杂志：它们的读者和广告客户

杂志	读者	代表性广告客户
《科德角生活》(Cape Cod Life)	美国马萨诸塞州科德角半岛的居民	黑猫餐馆 罗克兰信托公司(Rockland Trust) 新英格兰珠宝
《珠宝周刊》(Jewelry W)	在珠宝首饰上年花费60 000美元及60 000美元以上的女性	罗伯托·科恩(Roberto Coin) 卡地亚(Cartier) 朱迪丝·里普卡有限公司(Judith Ripka Companies, Inc.)
《木瓜女孩》(Quince)	快到成年并且正打算筹备成年礼的西班牙女孩	蒂法妮珠宝店(Tiffany Designs) 莫里·李(Mori Lee) 戴维的婚礼(David's Bridal)
《亚洲之远》(Asia and Away)	对到中国和更广阔的亚洲地区进行休闲旅游感兴趣的、年龄在25岁至39岁之间的讲英语的顾客	喜来登饭店(Sheraton hotels) 无畏旅行社(Intrepid Travel) 兰桂娱乐城(Lankwai Entertainment)
《细颈酒瓶》(Decanter)	高端葡萄酒爱好者	舒特家公司(Sutter Home) 梅赛德斯(Mercedes) 索斯比拍卖行(Sotheby's)
《餐馆的创办与发展》(Restaurant Startup & Growth)	梦想开办他们自己的餐馆的美国人	喀斯喀特艾伦罐头制造公司(Cascades Allen canning Company) 哈特兰德支付系统公司(Heartland Payment systems) 纳帕溪谷葡萄酒公司(Napa Valley Wines)
《祖辈们》(Grand)	婴儿潮时期出生的、富有的祖父母	葛兰素史克公司(GlaxoSmithKline) 高尔夫仓储店(The Golf Warehouse) 富达投资公司(Fidelity Investments)

第三章

(续表)

| 《全押上》
(All In) | 扑克牌发烧友 | 金宫娱乐场（Golden Palace Casino）
泡泡保险公司（Bubble Insurance）
世界扑克牌联盟（World Federation of Poker） |

更强的吸引力提供了创造和获取价值的更大机会。触媒社区的成员愿意为与引起他们更强烈兴趣的成员之间的交流支付得更多。触媒通过发动和管理彼此高度感兴趣的成员间的反应，可以赚取更多的利润。对于准触媒而言，经验如下。

经验教训

识别相互之间抱有强烈的兴趣、但不容易凭他们自己的力量聚到一起的群体。

细分性媒体通过聚焦于小的、集中性的社区而利用了这些强烈的吸引力，这些小的、集中性的社区是由那些实际居住在那里的人和那些喜欢仿效居住在那里的人的生活方式的人所界定的。许多其他的触媒发现，它们可以通过建立大的、分散的社区来扩大这种吸引力。没有哪个群体的哪个成员会受到另一群体的一个随机选择的成员的强烈吸引。但也存在这样一种小的可能性：一个群体的某一成员是另一个群体的某一成员的一个极好的匹配对象。因此，较大的社区增加了每一成员所收到的期望价值。

例如，一个随机选择的美国运通公司的持卡人，不可能曾经走进一个随机选择的美国运通公司的特约商家的大门。然而，每一持卡人都看重某一类商家可能愿意接受他的支付卡的这种保障性,而每一商家认识到,它的许多购物者的钱包里会装有一张美国运通卡。

所以,预期的触媒需要将视野超越一个群体的成员对另一群体的成员来说所具有的吸引力。

经验教训

触媒还必须考虑一个群体的单个成员与另一个群体的所有成员之间的吸引力问题。

触媒社区成员之间的吸引力的大小是创业者应当予以注意的事情,关于这一点,几乎不能说是不同寻常的。不太明显但差不多同样重要的是,创业者还应当考虑这些吸引力的相对大小。

约会的场景提供了关于这方面的直觉知识。最近一项针对高速约会的研究,发现了一个很少有读者会感到惊奇的结果。男人寻找大量的约会可能性。[15]他们会寻求与他们在高速约会活动中遇见的、其吸引力超过某个适度门槛的任何女人的一次实际的约会。而女人只寻找少数几个好的男人;她们将只寻求与少数几个最好的候选人的一次实际的约会。因此,男人对在约会地点能够见到额外的女人的重视程度,要甚于女人对能够见到额外的男人的重视程度。

当面临着不平衡的吸引力时,创业者经常必须设计出这样的商业模式:向看重对方的程度相对大的一方施加更多的成本,而向看重对方的程度相对小的一方提供更多的诱因。

第三章

任务 3：看一看还有谁正在服务于这一社区

当大多数欧洲人用塑料付款的时候，他们使用的是他们在其中拥有自己的支票账户的银行发行的信用卡。对法国人来说，信用卡同花生酱和果冻三明治一样格格不入。在 20 世纪 90 年代早期以前，美国的情况恰恰相反。大多数美国人用的是信用卡。很少有人拥有借记卡，因为银行不发行这种卡，商家也不接受这种卡。然而，到 2005 年，借记卡占美国卡交易总金额的 34% 以上，借记卡使用率的增长速度是信用卡使用率增长速度的三倍（图3-2显示了这种随时间推移而发生的增长）。[16] 位于这种现象背后的是两个触媒性的反应。

图 3-2　1994—2005 年美国信用卡与借记卡

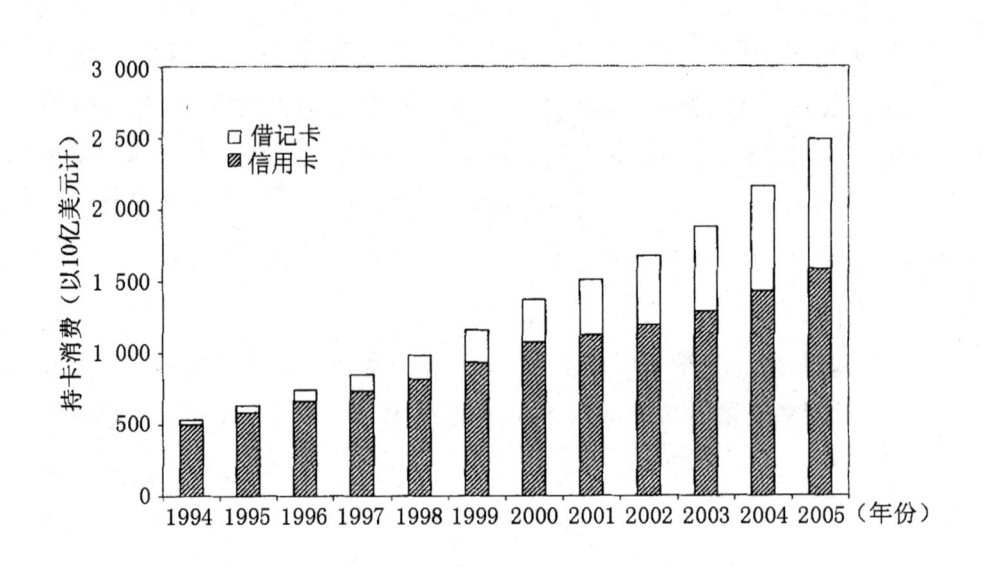

资料来源：《尼尔森报告》，1994—2006 年各期。

第一,数年来,许多银行已向它们的支票账户存款顾客发行取款卡(ATM card),并在它们的服务区域内运营自动取款机。它们加入了 ATM 网络,在这个网络中,银行共享它们的自动取款机,以便它们的顾客可以从由任何参与银行所拥有的任何机器中提取现金。像 X-Press 24 这样的 ATM 网络认为,如果能用这种卡在商家为所购置的东西付款,持卡人会很感兴趣;他们同时也认识到,那些认为借记卡太昂贵的超市和其他商家会对一种允许其顾客用塑料付款的不太昂贵的方式感兴趣。ATM 系统已经拥有了持卡人。它们需要使商家接受这种卡并安装密码键盘,密码键盘是一种读卡器,顾客在从 ATM 机中提款时,要用这种读卡器来输入个人密码(PIN)。通过向商家提供以 ATM 卡进行交易的低价格,ATM 系统获得了商家的支持,到 2005 年,在其场所安装了密码键盘的商家有 160 多万家。[17]

第二,万事达卡国际组织和维萨国际组织差不多从它们成立之初就向其会员银行提供借记卡。一些银行向它们的顾客发行这样的卡,这些顾客进而可以在任何接受万事达卡或维萨卡品牌的商家使用这样的卡。然而,在这些卡系统启动了 1/4 世纪之后的 1991 年,以美元价值来衡量,它们的卡交易中只有 3% 是通过借记卡进行交易的。这一问题的一部分原因在于语言上的混淆:人们把借记卡与负债联系在了一起。另一部分原因在于,银行在发行借记卡方面看不到任何利润。维萨国际组织通过把借记卡当做"支票卡"来推销而解决了第一个问题,也就是说,人们完全可以像使用支票一样地使用这种卡;该组织通过使银行相信,商家交纳的费用将使这种卡对它们来说是有好处的,而解决了第二个问题。万事达卡国际组织如法炮制。到 2005 年,美国的银行已经发行了 2.67 亿多张借记卡——尽管起初作了重命名的努力,现在每个人还是称它们为"借记卡"。持卡人可以在接受这些卡品牌的几乎任何商家使用这些卡;人们通常要为他们的采购在账单上签字,因此,这样的卡被称

第三章

做"签名借记卡",以区别于人们需要输入个人密码的"密码借记卡"。

值得注意的事情是,这些卡差不多总是同一张卡。你的借记卡的正面会有一个万事达卡或维萨卡的品牌标记——告诉你可以在接受那一品牌的几乎任何商家以签名的方式使用它。卡的背面会有一个或多个ATM系统的标识——告诉你可以在备有密码键盘的几乎任何商家以输入个人密码的方式使用它。现在,许多商家装有读卡器,这给予持卡人以签名的方式或以输入密码的方式使用借记卡的选择。截止到2005年,签名借记卡占借记卡总交易额的63%,密码借记卡占了剩下的37%。[18]

ATM系统与信用卡系统之间的这场战役清楚地指出了创业家在着手创办一个双面企业之前需要考虑的几条经验。

经验教训

- 辨识一下还有谁能够把预期的社区集聚在一起。ATM系统拥有持卡人但没有商家,而信用卡系统拥有商家但没有持卡人。不过,两者都处在把这些群体聚集在一起的良好位置上。它们之间必然会有一个相互碰撞的过程。

- 评估一下很可能的竞争对手所运用的商业模式。ATM系统和信用卡系统为解决相反的问题,运用了完全相反的定价方案。信用卡系统需要来自商家的收入流,以便为银行提供发卡的动机,而ATM系统为促使商家安装密码键盘,不得不向商家提供低价格;银行已经具备了发行ATM卡的动机,因为它们因此节省了出纳员的时间,并向其支票账户存款顾客提供了其他有价值的服务。这些相互竞争的系统有着相冲突的商业模式,就像我们在前一章看到的交叉型触媒一样,即使它们正服务于相同的顾客群体,但仍存在商业模式上的冲突。
- 识别一下能够提供一种将群体集合在一起的不同方式的新兴技术。一家称做 Tempo 的新企业正在对两个既有的借记卡系统构成威胁。许多美国人依赖自动清算所网络(Automated Clearing House Network,ACH)来办理工资支票的直接存入和各种支付的自动转账。Tempo 正在利用这一网络推出一种卡,商家可以把这种卡发给它们的顾客,并因此节省下由签名借记卡和由密码借记卡收取的费用。Tempo 也是一个触媒,是一个必须证明自己比商家使用的现有支付平台更有吸引力的触媒。

上面对竞争的考虑几乎算不上是一个新概念。但触媒企业比其他类型的新创企业面临更多的风险。许多触媒陷入失败的泥沼,因为它们的付费顾客能够以更少的费用,从具有不同商业模式的另一触媒那里得到同样的产品。

任务 4:将多面商业模式与单面商业模式进行比较

仅仅具备了创建一个用以提供一种创新性产品或服务的触媒的可能性,并不意味着触媒是唯一的商业模式或是最好的商业模式。波士顿的医师们本可以促使马萨诸塞州政府为波士顿诊疗所提供财政支持。尔后,该诊疗所可以雇用作为全职雇员的医生向穷人提供有补助的医疗服务。创业者和他们的投资人需要为他们的企业考虑备选方案,并确保建立一个触媒企业是创造和占有价值的最好方式。

截止到 2006 年,苹果公司的 iPod/iTunes 音乐业务一直热销不断。苹果公司已经卖出了 5 800 多万部 iPod 音乐播放器和 10 亿多首曲目。[19] 图 3-3 显示了 iPod 自其面市以来的快速增长。自从 iPod 在 2001 年 10

第三章

月推出以来,到 2006 年 8 月为止,苹果公司的市值增幅已经超过了 900%,而同期纳斯达克股票市场总市值的增长幅度大约是 42%,其主要对手微软公司的市值增幅是 -6%。[20]

图 3-3 iPod 音乐播放器和 iTunes 歌曲的销售量

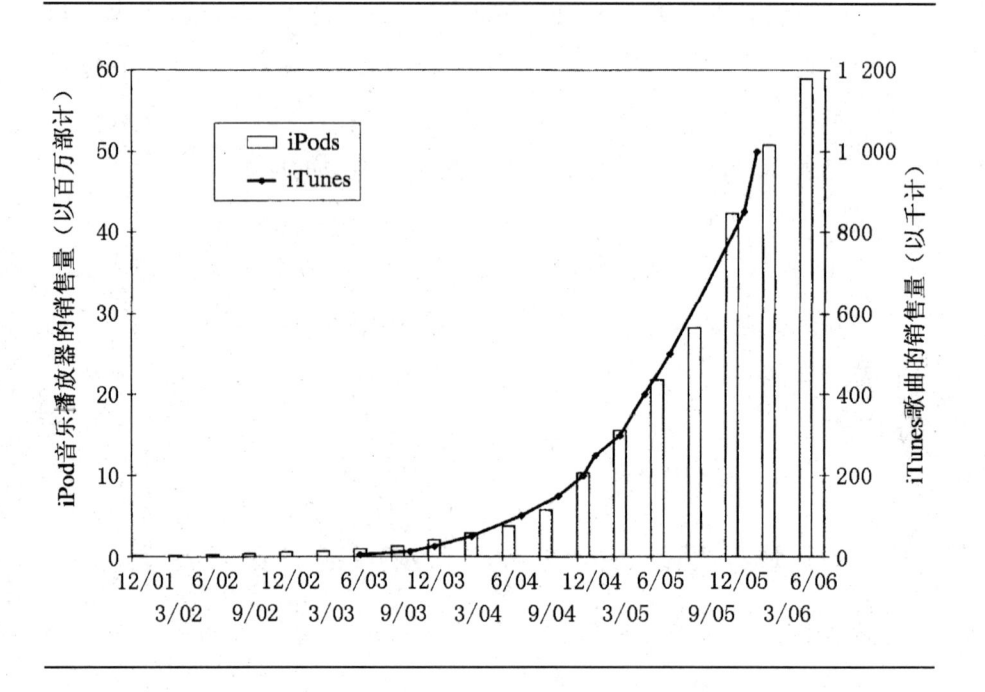

资料来源:苹果公司,财务新闻发布和向 SEC 提交的档案。

苹果公司的大多数竞争对手是以软件平台为基础,将由硬件制造商、音乐商店和内容提供商组成的社区固定在一起的。到目前为止,苹果公司一直选定的是单面商业模式,在这种模式中,它控制着整条供应链。[21]它从内容提供商那里获得音乐特许权,在其网上商店里出售这些音乐,并提供一种只能播放来自 iTunes 的歌曲的音乐设备。它从紧密的一体化中受益良多。

微软公司依赖的是触媒反应的力量。这一软件巨头与诸如 Rio 公司和维珍电器公司（Virgin Electronics）这样的硬件伙伴紧密协作，这些硬件伙伴出售依赖于它的媒体软件平台的便携式音乐播放器。它在 MSN 网站上也有它自己的音乐下载服务。在被单面的 iPod 模式打败之后，微软公司决定推出它自己的叫做"Zune"的一体化系统，该系统包括便携式音乐播放器、运行这种音乐播放器的软件平台，还有音乐下载服务。2006 年 9 月，微软公司向综合性评论杂志宣布了它的 Zune 计划。

尽管如此，眼下还是有一些经验教训可循。

经验教训

将最好的双面战略与最好的单面战略进行比较，并评价一下两类企业益处孰优孰劣、一个单面企业产生的紧密一体化和控制的益处和一个多面企业产生的正向反馈和灵活性的益处。

有些创业者起初开办单面企业，其意图在于随着时间的推移慢慢把它转化成触媒；表 3-3 总结了这样一些关键的例子。正如我们前面特别提到的，Palm 公司就是这样做的。它想要证明它的硬件和软件相得益彰，足以使自身立于不败之地。一旦它做到了这一点，它估计就可以向应用软件开发商提供有说服力的证据了。这一策略奏效了：在它推出 Pilot 掌上电脑一年之后，为它的操作系统编写应用软件的软件开发商有 2000 家；在 2005 年，Palm OS 系统在超过 13 家的企业所制造的硬件上运行。[22] 微软公司对 Zune 计划也许暗自抱有同样的战略。时间会告诉我们答案。

第三章

经验教训

可考虑从创办一个对该企业生态系统的所有方面都能控制的单面企业入手,待市场建立起来之后,再创建一个双面企业。

表3-3　从单面向双面的转移

英国广播公司（BBC）	英国广播公司的公共服务台的英国观众因一项针对他们的电视机的征税而付费。BBC在英国之外的商业服务台出售广告,这帮助维持了其在国内征税的低赋税。
天狼星卫星广播公司（Sirius Satellite Radio）	听众为无广告的音乐频道支付订费。天狼星卫星广播公司又增加了以广告为支撑的新闻和体育频道。
TiVo公司	用户为一种允许他们下载不附带商业广告的电视节目的服务而付费。TiVo公司又增加了允许广告客户插播名人导购电视节目和消费者可以选择播放的其他长时广告的服务。
《芒西杂志》（*Munsey's Magazine*）	就像许多19世纪的美国杂志一样,《芒西杂志》完全通过订阅费获得资金来源。之后,在1893年,《芒西杂志》开始插入广告。
雅达利公司（Atari）	雅达利公司最初制作它自己的游戏。在"太空侵略者"（Space Invaders）这款游戏显示了第三方游戏的价值之后,雅达利公司开始为了它的电子游戏机而讨好第三方游戏。

资料来源:在BBC公司的例子中,英国居民必须交纳电视使用费,这为BBC的公共服务广播提供了资金支持。反过来,在英国,BBC不被允许在它的公共服务台上传播广告或赞助。BBC也在世界范围内经营商业电视服务并从中获取利润,以便把在英国征收的使用费保持在较低水平。见BBC网站上"About the BBC"网页上的"Advertising"一栏:http://www.bbc.co.uk/info/policies/advertising.shtml。

在Atari公司的例子中,该公司从日本的Taito公司获得"太空侵略者"游戏的特许经营权。见Peter J. Coughlan and Debbie Freier, "Competitive dynamics in Home Video Games(A): The Age of Atari," Case 9-701-091(Boston: Harvard Business School, 2001)。

识别触媒社区

平台社区与触媒框架

经济中的大部分价值创造要么涉及各种形式的交易,要么涉及友谊。使参与社会(这里的社会包括人、企业、非营利组织和其他实体)的每个人之间的那些交往更丰富和更有效是触媒的事情。纵览人类的历史,现在有一点很明确,创业者总会发现帮助社会成员相聚在一起的新方式,并创造价值。

因此,如果你是一个有抱负的触媒,你不必担心没有留下什么可以让你去做的事情。然而,你必须构想出一些可把人们聚拢在一起而得以创造价值的新来源,正如波士顿诊疗所的创立者所做的那样。或者,你必须构想出一种把社会成员聚拢在一起的更有效的方式,正如Craigslist网站已经为那些过去习惯于在报纸的分类广告栏中张贴和寻找广告的人所做的。在构想价值新来源或效率新来源的过程中,你必须发掘出相应的触媒社区,即发掘出其成员将以你已确认的方式与其他群体的成员交往、并从交往中受益的群体。表3-4总结了这一过程所涉及的任务。

表3-4 识别平台社区

任 务	经 验
识别相互需要的明显不同的群体。	• 以超越现在的方式思考:寻找将因被聚拢到一起而受益的未被服务的群体。 • 寻找降低每一群体在找寻另一群体方面所花费的成本的途径。 • 确认互补品并制订提供那些产品或服务的计划。

第三章

(续表)

确定这些群体在多大程度上相互需要，以及为什么相互需要	• 识别相互之间抱有强烈的兴趣、但不容易凭他们自己的力量聚到一起的群体。
看一看还有谁正在服务于这一社区	• 查明还有谁正在服务于这一拟构中的触媒社区，并对它们提供服务的商业模式进行评价。
确保多面商业模式优于单面商业模式。	• 比较得自单面企业的一体化和控制的益处与得自双面企业的正向反馈和灵活性的益处。

定价在触媒企业创造和获得价值的过程中也是一个重要的因素。接下去我们将转向这一方面。

第四章　确立价格结构

他们不在银行赚取眼球。

——吉姆·克拉默（Jim Cramer）

巨动力（MagPower）公司的创立者洛拉（Lola）在创造一种能使多重计算机装置运转得更为良好的功能强大的新技术方面花去了最后四年的时间。[1]为使这种新技术发挥作用，消费者必须拥有一种被称做X-Mag的装备，而制造商必须为它们的计算机装置配备上一种被称做Y-Mag的装备。那些听说如果计算机装置配备上Y-Mag，X-Mag将能用来做什么的消费者全都具有相同的反应："哇！那可真奇妙。"

制造计算机装置（如iPod音乐播放器）的公司和依赖那些装置的公司（就像移动通讯运营商依赖移动电话一样）也对这项技术感到兴奋，但是它们受两种情况的限制。一是为它们的计算机装置配备上Y-Mag要付出一些成本，二是只有配备X-Mag的消费者才会看重这一特征。

许多传统的商业分析家会说洛拉面临着常见的"先有鸡还是先有蛋"的问题：哪一个先出现——拥有X-Mag的消费者还是装备了Y-Mag的制造商？以这种方式表达出的商业挑战暗示着，她必须使一方先于另一方签订协议。这可能会使她失望。当她努力琢磨如何在连一个消费者也看不到的情况下与计算机装置制造者签约的时候，她也许会被逼入

第四章

一个分析上的死胡同。事实上,许多成功的触媒企业考虑的是如何使双方在差不多同一时间加入它们的平台。拍卖时,在第一声铜锣响起之前,要保证竞买方和拍卖方都到场;在第一张卡被用于购买餐饮之前,大莱卡系统已经使商家和持卡人都签了约。可以这么说,它们不是煞费苦心地考虑哪一个先出现,是鸡还是鸡蛋,而是筹划如何把母鸡和公鸡撮合到一起并鼓励它们多孵小鸡。

巨动力公司的挑战在于,它要找到针对消费者和计算机装置制造者的价值主张,这样的价值主张可以帮助说服这两组顾客群体大致在同一时间参与到该团体之中。而要做到这一点,定价是一项关键因素。一些触媒企业发现,它们可以通过向双方收取费用——并从双方赚取利润,而发起一场有利可图的行动。其他一些触媒企业发现,它们只有通过定低价才能发起一场行动——它们大概不得不按成本定价,对其中一方的定价可能还要更低一些。巨动力公司必须寻找能引发这种行动并且会带来可能的最大利润的那些绝佳的价格。这是触媒框架中"要素2"的主要目标。

为了求得这一目标,洛拉和其他富有抱负的触媒创业者必须探究几个关键性的问题,以便找到导致一个成功的和有利可图的触媒反应的价格。我们识别出创业者为完成触媒框架中的这一定价要素而必须履行的五项最重要的任务,如图4-1所示。

1. **为准入和使用分别设立单独的价格**。一个触媒企业应当考虑哪些类型的价格?大多数触媒企业可考虑因准许顾客进入一个实际的或虚拟的平台并准许他们利用该平台与其他顾客交往而向他们收费。当然,在认真考虑之后,它们可以作出将这类价格中的某些价格定为零甚至为负的决定。

2. **设定价格以平衡来自两方的需求**。什么样的价格将会获得关于

图 4-1 触媒框架：确立价格结构

识别平台社区	确立价格结构	设计成功的触媒组织	聚焦于获利能力	策略性地同其他触媒企业相竞争	试验和演进
• 识别相互需要的明显不同的群体	• 为准入和使用分别设立单独的价格	• 吸引彼此需要的多样的顾客群体	• 研究行业历史	• 理解触媒竞争的动态性	• 懂得何时当第一和何时做一个跟随者
• 确定它们为何相互需要，以及它们在多大程度上相互需要	• 设定价格以平衡来自两方的需求	• 促进交往	• 运用预测以增强获利能力	• 探寻来自于不同商业模式的竞争	• 控制增长 • 保护成果
• 估计还有谁正在服务于这一社区	• 起初的定价要为以后的缓慢增长留有余地	• 将交易成本减至最小	• 预知竞争者的行动	• 借力打力，发动攻击	• 为下一步做好打算
• 将多面商业模式与单面商业模式进行比较	• 为顾客的加入而报答顾客——有时候是这样 • 定价要考虑长期利润	• 触媒的设计要考虑到将来的发展演变	• 协调内、外部的利益	• 考虑合作	• 当心麻烦
弄清谁需要谁和为什么需要	**形成参与并使利润最大化**	**吸引顾客并推进交往**	**使面向长期利润的路径具体化**	**挑战现有触媒并对新触媒的威胁作出反应**	**推行进化型成长战略**

第四章

参与触媒反应的顾客的最佳组合？大多数触媒企业有着与约会俱乐部同样的问题：如果不能使它们所服务的不同顾客群体之间达到适当的平衡，它们便做不成生意。

3. **起初的定价要为以后的缓慢增长留有余地**。什么样的价格将会引燃这种特定的触媒反应并为有节制的增长做好准备？许多成功的触媒初创时规模很小，然后慢慢扩张，这种扩张是通过找到能够抓住和增进涌动在触媒社区成员之间的特定吸引力的价格而实现的。许多失败的触媒陷入了试图发展得又大又快的陷阱。

4. **有时候需要为顾客的加入而报答他们**。触媒何时应当给予一组顾客群体以奖励？很多成功的触媒企业至少不从较为重要的一组顾客群体那里赚取利润。但是，通过促使这些顾客参与触媒反应，它们能够从另一组顾客群体那里赚得充足的利润，从而可抵消它们的损失。当然，有数不清的触媒企业由于奉送得太多而破产倒闭了。

5. **定价要考虑长期利润**。什么样的价格将会带来长期的获利能力？引发一个触媒反应并利用其力量，并不能保证一个触媒企业会一直看到正的收益，更不用说赚大钱、发大财了。许多触媒企业在创建一个虚拟的或实际的平台方面进行了相当大的投资，然而，要想从所投入的那些资本上获得充足的回报并不容易。这就是为什么触媒企业必须评估一下最合适的价格，这一价格是否长期有利可图。

这一图中还漏掉了重要的一项：从竞争着眼的价格。然而，关于触媒之内和触媒之间竞争的主题十分复杂，它远远超出了定价的范围，因此，我们为它专门开辟一章。现在，我们转回身来细查一下上面列出的五个任务中的每一个，以及它们引起的关于定价的问题。

确立价格结构

任务1：为准入和使用分别设立单独的价格

触媒企业对可能的定价战略一般备有一套复杂的安排。在最简单的层次上，它们可以向它们所服务的每一顾客群体索要不同的价格。康德纳斯出版公司(Condé Nast)对从报摊上购买《时尚》杂志的读者的定价是每本4.95美元，而向在杂志上刊登一幅全页彩色广告的广告客户每月收取的费用是那一杂志价格的两万倍还多。

此外，至少从原则上讲，许多触媒企业也可以因向群体成员提供了进入它们所创建的有形的或虚拟的平台的机会而向这些成员索要一个价格，然后，依据每一群体成员使用该平台与其他群体成员交往的程度而索要另一个价格。举例来说，美国运通公司向持有其最高级别的卡产品——百夫长卡的持卡人每年收取2 500美元的会费。它不会因为持卡人使用该卡而向他们收取任何费用；事实上，它基于持卡人的用卡程度慷慨地给予持卡人以赏金和其他额外所得——这对于持卡人来说相当于一种负的使用费。在市场的另一边，商家无须因接受这些卡而支付会费。但无论何时，当商家和持卡人以这种卡为基础达成一笔交易的时候，商家要向美国运通公司交纳该笔交易金额的约2.6%。[2]

表4-1中显示的定价矩阵对触媒企业来说是一项重要的任务。在每一种情形下，准入费可以是正的(顾客付费)、负的(顾客有额外补贴)，或者为零(顾客不必付出任何东西，但也不会得到任何额外的奖励)。

在我们对准入费和使用费的分离如何能够帮助引导触媒企业取得长期的获利能力作出解释之前，我们概略地观察了一下几个成功的触媒企业所采用的定价方案。

美国许多城市和城镇的住宅不动产经纪人运行了有助于买方和卖方彼此相遇的多重上市服务系统(Multiple Listing Service)。如果卖方

第四章

表 4-1 触媒的定价矩阵（以信用卡为例）

	市场方 1（商家）	市场方 2（持卡人）
准入费	0（收取最低加入费）	＋（收取年费）
使用费	＋（基于每笔交易收费）	－（提供免息还款期和赏金）

卖出了房屋，一般要支付 6% 的佣金，买方不支付任何费用。潜在的买方或卖方都不必为获得使用多重上市服务系统的权利或得到使用多重上市服务系统的经纪人的帮助而支付任何费用。因此，对于其中一方来说，存在一个 6% 的使用费；其他三个可能的价格都是零。

光碟游戏机制造商提供软件和硬件平台。索尼公司的 PlayStation 游戏机和微软公司的 Xbox 游戏机是两个行业领先者。诸如电艺公司之类的独立的游戏开发商为这些平台编写游戏。消费者从这些平台制造商那里购买游戏机，从游戏开发商（以及这些平台制造商）那里购买游戏。索尼公司和微软公司有着大致相同的定价方案。由于为游戏开发商提供了编写游戏所必需的技术信息，它们向游戏开发商收取准入费，它们还向游戏开发商收取总金额可达到一份游戏的目录价格的 30% 左右的使用费[3]。它们通常以等于或低于制造成本的价格向消费者销售游戏机。消费者不支付任何使用费。

准入费和使用费之间的差异并不总是明显的。举例来说，美国公司要为插播在受人喜爱的美国电视系列剧《绝望的家庭主妇》（*Desperate Housewives*）间的一个 30 秒钟的广告短片支付大约 56 万美元[4]。这听起来像是一种准入费。事实上，这一价格是建立在观看这一节目并因此有可能看到该广告的人的数目和类型的基础上的。如果视听率调查服务公司（Rating Services）查明观众数目有所下降，电视网络公司通常会向

确立价格结构

广告客户返还一部分钱，或向广告客户提供广告信贷。一般来讲，媒体公司对广告客户索要的价格最好被称为使用费，因为这种费用依观众的数目而定，而观众的数目是对与观众的可能的交往次数的一种估计。

准入费和使用费分别帮助完成了发起触媒反应和加强触媒反应这两个不同的目标。

准入费在确保触媒企业的每一边有足够的、适当类型的顾客方面尤其有用。低水平的准入费将鼓励顾客签约并尝试双面企业所提供的服务。这对于促使触媒反应的发生而言尤其重要。位于一方的顾客也许并不确定他们将从与位于另一方的任一顾客的交往中得到多大的价值。如果进行交流是廉价的，他们就会来试试看。这就是光碟游戏机公司一直保持游戏机价格低廉的一个原因。它们想让消费者购买游戏机并尝试在上面玩游戏。保持较高水平的准入费对于另外一些触媒企业来说是有意义的。这可以帮助促使"合适的"顾客加入社区——同时劝阻类型"不合适的"顾客。这就是55 000美元的入会费为上一章提到的精英俱乐部做到的。

使用费在指导触媒反应方面是重要的。低水平的使用费鼓励顾客相互交易。低使用费是大多数触媒企业对至少一方所采用的。大多数交易所只有当买卖双方完成一笔交易时才向买方或卖方收取费用。交易参与者一般无需为一次出价或要价支付费用。读者和观众不是根据他们所消费的内容的多少来付费的；然而，正如前面提到的，广告费依眼球的数量而定（网上广告依点击的次数而定）。当然，作为入场费的一部分支付的"最少饮两杯"（一种准入费）的规定，在许多酒吧中促进了人们之间的交往。表4-2总结了准入费和使用费的不同目的。

低使用费对于最有可能发起交流的那一顾客方来说尤其有意义。持卡人有权决定何时用卡来为物品和服务付账。信用卡发行机构因此给予持卡人免息还款期、里程奖励和随刷卡额的增加而增加的其他

第四章

好处。

表4-2 准入费与使用费

准入费	使用费
目标:控制进入有形的或虚拟的平台的机会	目标:控制对平台服务的使用,以便与各顾客群体进行交往
确保触媒企业的每一边有足够的、适当类型的顾客	指导触媒反应
低准入费鼓励顾客签约并促使触媒反应发生	低使用费鼓励顾客彼此交往
高准入费帮助促使"合适的"顾客加入社区	高使用费妨碍了最有可能发起交流的顾客方的参与
例子:光碟游戏机很便宜,因为它们鼓励顾客购买游戏机;顾客转而购买许多种游戏	例子:信用卡发行者提供用卡奖励,并提供从赊账日到付清账单日之间的免息还款期

对触媒企业的经验如下。

经验教训

为准入和使用分别设立单独的价格,以鼓励顾客加入并使用这一平台。向在触媒反应方面你最需要的顾客收取低价。

任务2:设定价格以平衡来自所有各方的需求

取得触媒企业所服务的各顾客群体之间的平衡,对于找到能够使长期利润最大化的价格来说也是至关重要的。如果只有一个买方出现,拍卖会上让1 000个卖方到场是没有意义的。如果有40个卖方和15个买方,拍卖会将会为其参与者创造多得多的价值。这意味着要提高对卖方的定价,并降低对买方的定价。

克里斯蒂拍卖行(Christie's)发现,通过对买卖双方收取费用,它取得了买卖双方之间的适当平衡。进入拍卖会对买方和卖方都是免费的。但卖方支付当年他们所售拍卖品总金额的一个百分比;对卖方的收费是按比例增减的:以20%开始,最后落至2%。买方支付他们所花费的最初2万美元的20%及超过此金额的任何数额的12%。[5] 2004年,这一拍卖行业中的"名门望族"举办了埃里克·克拉普顿(Eric Clapton)吉他拍卖会,这是被广为报道的"流行文化"拍卖会之一。成百上千的竞买人在现场或通过电话争夺来自世界最著名的摇滚音乐家的88只吉他。这一被热切期盼的拍卖活动,是为埃里克·克拉普顿最喜爱的慈善机构之一进行募捐而举办的,共筹集款项740万美元,卖得了单只吉他曾经卖得的最高价钱[埃里克·克拉普顿最出名的"布莱克"(Blackie)吉他卖出了95.95万美元]。[6]

正确的价格取决于对于触媒反应的适当比例。正如厨师需要根据他正在烹调的东西来决定配料的不同组合,触媒企业需要根据其事业的具体情形来决定顾客的不同组合。

受广告支持的媒体公司对平衡有着特殊的考虑。读者和观众不会忍受相对于内容来说的太多的广告。譬如,在美国,一个典型的30分钟的电视节目一般有8分钟的广告。一些电视台试图将广告时间增加到8分钟以上,结果导致观众转向其他电视台,这当然减少了广告客户愿意支付的费用。广播电台的听众似乎尤其易于因广告而换台,美国受人欢迎的广播电台有时通过强调它们不被广告中断地连续播放15分钟音乐这一特点而将它们自身区别开来。然后它们必须提高广告费率,以便

第四章

把对广告空间的需求减少到听众愿意接受的程度。

　　软件平台企业必须将应用程序的数量与最终用户的数量加以平衡。差不多所有的软件平台企业都已发现,最好的定价谋略要求把软件平台的使用权拱手相送给应用程序开发商,以鼓励它们编写应用程序,同时因为允许最终用户进入软件平台而向这些最终用户收取费用。例如,手机操作系统厂商 Symbian 公司每许可使用一份它的操作系统,要向手机制造商收取 7.25 美元(在销售量突破 200 万份之后,每份收取 5.00 美元),而那些手机制造商将这一成本继续向下传递,以致该成本最终被手机购买者所负担。[7] 但 Symbian 公司使程序开发商可以免费得到其软件代码,并且,如同其他平台卖主一样,该公司还提供可帮助应用程序开发商以适度的代价运用其软件代码的工具。到 2006 年中期,有 8 280 万人使用由 Symbian 系统驱动的手机,而可供这种手机使用的应用程序超过 6 700 种。[8]

经验教训

　　设定准入费和使用费以平衡来自两边的需求——确保每一边有足够的顾客去为另一边的顾客提供价值。

任务 3：起初的定价要为以后的缓慢增长留有余地

　　只有当来自两边的足够多的顾客被集合到一起时,一种触媒反应才会发生。我们研究中的一个重要发现是,"足够多"往往并不意味着非常多。成功的双面企业常常以来自每一边的少量顾客作为开端——也就是说,"少"是相对于它们一年或五年之后取得的顾客而言的。例如,1986 年,美国福克斯电视台(Fox Network)以一个每日播放一小时的午夜谈话节目为起点开始运营。它当时吸引了少量观众,因而不能对插在那一节目中的广告时间收费太高。

但以这种适度的方式将两边的顾客聚拢到一起,可为参与者提供足够的价值,从而可使一个可行的企业开始运转并激起市场的反应。一旦这一社区的其他成员看到这种价值,他们也会加入,进而会进一步增加这一价值。这些连续不断的反馈还将吸引更多的成员加入社区。不过,这种反馈循环不是永无止境的,当规模的扩展达到触媒企业所经营的有形或虚拟平台的自然限度时,反馈就会停止。微软公司正是按照这种方式,通过对 Windows 系统的正确定价,建立起一种强有力的反馈循环。Windows 系统这一风靡全球的产品于 20 世纪 80 年代中期首次推出,当时使用与 IBM 兼容的 PC 机的人们必须在"命令行"中键入命令,而鼠标是一种只有苹果公司的个人电脑上才配有的新奇设备。Windows 1.0 提供了一个可视的界面——类似于苹果公司为它的"莉萨"(Lisa)电脑推出的界面。Windows 1.0 当时定价为 100 美元,这一 Windows 系统的试验版只吸引了几千名用户。应用程序开发商可免费为其编写应用程序。起初只有少数几个程序开发商这样做了。

微软公司通过随后发行的版本对 Windows 系统作了大幅度的改善。到 1990 年,它决定发行 Windows 3.0,Windows 3.0 为用户和程序开发商提供了大量的新特征。不过,该版本的价格仍然较低:对于最终用户的许可使用费不到 150 美元,对于电脑制造厂商的许可使用费则更少。[9]这种定价被认为是合理的,因为针对个人电脑的应用程序往往要有价值得多,其他公司的操作系统售价又贵得多,而程序开发商可继续免费得到微软公司的有价值的服务。这一价值主张既吸引了程序开发商,又吸引了用户。1985 年引燃的触媒反应在 1990 年爆发了。5 年以后的 1995 年,使用 Windows 系统的用户数量达到 1 亿户,他们可得到的应用程序达 28 000 多种。[10]

第四章

当然,包含在 Windows 系统中的设计和特征对于它的成功来说是重要的。但定价也是很关键的。假如微软公司对 Windows 系统收取高使用费,用户将不会对它产生多大兴趣——特别是当它是不为人所熟悉的和未加证实的时候。进而,软件开发商将不会使用 Windows 系统来编写应用软件,不论它的服务有多么好。因为如果没有足够多的用户,软件开发商就无法通过出售其应用程序赚到钱。如果微软公司试图向程序开发商收取费用,将挫伤它们编写应用程序的积极性,而应用程序是吸引用户的一个必要条件。

跟大多数触媒企业一样,这种战略事后看起来是显而易见的。但在当时它却并不是那么明显,这一点从极其老练和富有经验的计算机硬件与软件制造商 IBM 公司对它自己的 OS/2 系统所采取的战略中可见一斑。OS/2 系统是 Windows 系统的竞争品。IBM 公司为 OS/2 系统确定的最终用户价格是 Windows 系统的最终用户价格的两倍。当 OS/2 系统在 1987 年被推出时,针对它的有用的应用程序只有很少的几种。IBM 公司在获得程序开发商的支持方面没有投入足够的努力,许多程序开发商担心高价格会赶走最终用户,并因此使开发商可能生产的任何应用程序的市场受到限制——正如结果所证明的,它们的担心是正确的。在整个 20 世纪 90 年代,OS/2 系统在少数几个用户和程序开发商的支持下艰难地前行,2005 年终于被 IBM 公司所淘汰。

经验教训

触媒企业必须通过定价来利用各顾客群体之间的吸引力,要通过对准入费和使用费的设置来促成两边顾客之间的正反馈效应。与其以错误的顾客比例大规模地立业,不如以正确的顾客比例小规模地起家并慢慢发展。

任务4：有时候需要为顾客的加入而报答他们

为了为它们所服务的社区建立和维持一个虚拟的或有形的平台，触媒企业常常要作出相当大的投资。触媒企业及其投资者只有通过取得来自至少一组顾客群体的显著的营运利润，它们才会得到报偿。营运利润是指从一组顾客群体那里得到的收入与服务于那组顾客群体的直接成本之差，不分担建立触媒平台的成本。因此，它们需要认真考虑它们要求支付的准入价和使用价将如何为获利能力作出贡献。

推断出来自每一顾客方的营运利润应当是多少，是一个触媒企业作出的最关键的决策之一。这要求计算用以平衡需求的准入和使用价格，促成正的反馈，产生总计足以抵补建设成本并提供长期回报的足够的运营收入。所提供的长期回报要能够补偿不可忽视的风险。

完成所有这一切的最好方式是以我们在上一章所描述的未来社区的社区图作为开始。创业者接着应当估量一下每一顾客群体中有多少成员需要另一顾客群体的成员。

在某些情况下，相互需要的强度将是相似的。这往往适合于对称性定价，在这种定价模式下，两组顾客群体都将有助于营运利润的实现。索斯比拍卖行和克里斯蒂拍卖行既向买方收费，又向卖方收费，因此从拍卖市场的两头获利。保险经纪人帮助投保公司管理其风险，并帮其寻找能够承保相应风险的保险公司。他们常常既得到投保公司给付的报酬，又得到保险公司给付的报酬。[11]

在另一些情况下，相互需要的强度将是不同的。一方比另一方的需要强烈得多。这就使得非对称定价的使用更有吸引力，在这种定价模式下，其中一组顾客有着相当大的运气。较不感兴趣的顾客群体在加入社区方面需要鼓舞，因为它对成为社区的一部分并不像另一组顾客群体那

第四章

么看重。与此同时，更感兴趣的顾客群体往往对较不感兴趣的顾客群体有着很高的估价，因而愿意支付较高的价格。在非对称定价模式下，营运利润的主要部分——也许甚至是全部——将来自更感兴趣的顾客群体。黄页就属于这种情形。黄页通常从那些加入列表并投放广告的工商企业那里获取它所有的收入，而不从它们也为之服务的消费者那里获取任何收入。

事实上，我们的研究显示，非对称定价是触媒企业的一种惯常做法。导致触媒企业采用非对称定价的原因显然并不能完全归结于双方在需求强度上的差异。在非对称定价计划下，其中一组顾客群体对营运利润的贡献微乎其微或者为零，甚至还会得到补助。表4-3列出了几个成功的触媒对其社区的主要顾客方给予补助的例子。

表4-3 给某些顾客以补助的成功的触媒企业

公司	服务	受补助方
万宝盛华公司（Manpower）	将雇主与临时雇员匹配在一起	雇员无需为这种匹配而付费
谷歌公司	通过互联网搜索服务将广告客户与顾客匹配在一起	人们不必因搜索而付费
新闻集团（News Corporation）	印制和分销大量报纸	读者只补偿印刷和分销成本
西蒙房地产集团（Simon Property Group, Inc.）	经营一系列购物中心	购物者进入购物中心不必付费
Realtor.com 网站	提供基于互联网的多重上市服务	买房者不必为得到多重上市服务而付费
格理集团（Gerson Lehrman Group）	是一家把企业对专家的需要与拥有合适的专门知识的专家匹配起来的咨询公司	专家不必因享有这种把他们与客户的需要匹配起来的服务而付费

确立价格结构

在实践中,成功的触媒企业采用两种看起来不同的非对称定价战略来启动和维持反馈。许多触媒企业针对一方设定的价格使得它们的收入几乎正好可以补偿它们的营运成本。大多数读者支付的是大致能够补偿报纸印刷和分销成本的报摊价或订阅价。光碟游戏机制造商大致以制造成本出售它们的游戏机——有时稍高一些,有时稍低一些。支付卡发卡机构通常向持卡人收取年费,这些年费大体能够抵消它们给予持卡人的免息还款期和其他额外所得的价值。不过,这一情况随着发卡机构间竞争的加剧而发生了一些变化。

其他触媒企业不向其中一方顾客收取任何费用。郊区居民很少因为在购物中心停车而支付停车费。供一组用户群免费使用的软件也很常见:你可以为阅读 PDF 文件而下载 Adobe Acrobat 软件,可以为听音乐和观看视频录像而下载 RealPlayer 软件。同样,求职者可在 Monster.com 网站上免费寻找工作,雇主则要为在该网站上张贴广告而付费。然而,在所有这些情形中,假定物品或服务已经提供给顾客,向这些顾客进一步提供物品或服务的增支成本是很低的。例如,一旦 Adobe 公司已经创造出它的软件,通过互联网向想要阅读 PDF 文件的人们分发一份软件复制品的追加成本是微乎其微的。如同报纸通过向报摊买报者收取 1 美元差不多正好可以补偿其增支成本的情形一样,Adobe 公司通过收取 0 美元差不多正好可以补偿其增支成本。

最优定价要求对触媒社区的需要及其价格敏感性进行认真研究。不过,有几条一般性的经验可供触媒企业遵循。

经验教训

- 当一组顾客群体(a)对另一组顾客群体来说非常有价值,而(b)并不多么看重另一组顾客群体时,可考虑设定这样的价格:这一价

第四章

格导致得自这一组顾客群体的营运利润为零甚至为负。
- 对于那些不确定他们通过加入社区将会得到的价值的那一组顾客群体的成员,可考虑设置零准入费。对于被另一组顾客群体高度渴望与之交往的顾客群的成员,也可考虑给以补助。
- 对于要么发起与另一组顾客群体的交往,要么对另一组顾客群体来说很有价值的那一组顾客群体的成员,可考虑设置零(甚至负的)使用费。

也可能出现这样的情况:随着触媒社区的扩大,企业会发现变更起初确定的价格是有利可图的。当雅虎拍卖网站(Yahoo! Auctions)开通其在日本的在线拍卖站点时,它不向卖方收取任何费用。当它的顾客达到一个关键性的数量时,它才开始按月收取登录费。最后,当它的成功有了保证,并且它觉得能够经受住相对于竞争者的任何潜在的副作用的时候,它开始向卖方收取佣金(使用费)。

不过,我们的研究揭示,大多数带有触媒性质的行业天生具有一种价格结构——一种限定了运营利润来自一方或另一方的程度的价格结构;我们的研究还显示,就像拥有一双蓝眼睛一样,这种价格结构在该行业的整个寿命存续期间仍然是它的一个特征。[12] 举例来说,自从支付卡于 1950 年被开发出来以来,它的商家付费模式在美国和大多数其他国家中仍是占主导地位的方法。同样,自从购物中心在 20 世纪 60 年代在美国流行以来,消费者并没有为进入或使用购物中心而付费。在我们所熟悉的所有国家,情况都是如此。

我们在本章开头所描述的巨动力公司应该从两方同时寻求其运营利润呢,还应该只从消费者一方,或只从计算机装置制造商一方寻求其运营利润呢?它是否应该给予其中一方以补助——譬如说,以低于制造成本的价格向消费者销售 X-Mag,或因计算机装置制造商将 Y-Mag 结合进其产品之中而付给装置制造商以少量的报酬?

一般来说,触媒企业应当把使企业不赢不亏、收支平衡的价格给予触媒反应中最被需要的一方。在对巨动力公司仔细考察后可以发现,为使那项技术得到实际应用,该公司对计算机装置制造商的需要程度要比对消费者的需要程度大得多。别忘了,消费者说"哇!",而计算机装置制造商只说"听起来很好,但是……"因此,应当只向计算机装置制造商收取刚好让企业不亏不赢的价格。

这仍然没有解决不亏不赢的价格应当是多大的问题。起初,巨动力公司可能会发现,为使计算机装置制造商把 Y-Mag 部件包含进其计算机之中,它不得不向它们提供免专利使用费的许可使用权,甚至提供一些小的奖励。然后,它可以就与 Y-Mag 部件配合使用的 X-Mag 产品对消费者收取费用。至此,对最佳价格的寻找变得多少有些简单了。一旦巨动力公司把针对计算机装置制造商的价格固定住(大概是零专利使用费),它就可以将焦点集中于针对消费者的最佳价格,前提是要牢记:它对消费者的要价越高,支持它的消费者就会越少。支持它的消费者越少,与它合作的计算机装置制造商就会越少,即使以零专利使用费为代价。而它得到的计算机装置制造商越少,消费者就将越不愿意为 X-Mag 而付费。

这并不是说洛拉也应该把 X-Mag 白送给消费者——那将导致巨动力公司倒闭,而是说她在设定价格时需要考虑这两方之间的反馈效应。当然,如同传统行业中的新产品的情形一样,在产品引入期只为增加顾客对该产品的体验而向一方或双方赠送一些产品也许是有意义的。当产品在市场上产生拉动力之后,可进而对一方或双方提高价格。

当洛拉准备创办巨动力公司的时候,对她来说设立两个部门是很自然的事情。X 部门将负责向消费者销售 X-Mag,Y 部门负责把 Y-Mag 塞到计算机装置制造商的手中。许多公司会给予这样的部门以单独的

第四章

损益计算的责任,并在很大程度上依据部门主管的财务业绩而向他们支付报酬。这就是我们在研究中接触过的几个双面企业所做的。这些企业全都后悔它们采用了这一传统方法。

事后来看,问题是显而易见的。让我们假定巨动力公司为了成功,它不得不向计算机装置制造商收取少量费用,并从消费者一方赚取利润。Y部门的主管会对此持反对态度。他将拥有一张暗淡的损益表,并害怕只会得到一份少得可怜的奖金。内部奖励机制的错位将使巨动力公司很难地寻找到这样一对绝佳的价格。我们将在第六章返回到这一困难的议题,但需要记住的关键经验教训却十分简单。

经验教训

不能把一个双面企业分隔开,并用每一面的独立获利能力来对每一面作出评价;双面战略应当推动组织和激励制度的变革。

表4-4提供了一个关于定价时要考虑的因素的简短的检查表。

表4-4 定价检查表

使营运利润为零或者为负的价格	零会员费	零使用费或负使用费
为鼓励对另一组顾客群来说非常有价值的一组顾客群体…… 并不多么看重另一组顾客群体的一组顾客群体	为鼓励那些不确定他们通过加入社区将会得到的价值的那一组顾客群体的成员 为鼓励被另一组顾客群体高度希冀、但却并不看重另一组顾客群体,以致如果没有某些奖励便不足以使他们签约加入的顾客	为鼓励一组顾客群体的成员与对交往高度看重的另一组群体交往 为劝说一组顾客群的成员与另一组顾客群体的成员交往,即使这组顾客群体的成员对相应的交往并不怎么看重

任务 5：定价要考虑长期利润

同其他企业一样，触媒企业应当用一只眼睛密切监视今日账本上的赢亏底线，并用另一只眼睛审视长期的利润水平。然而，触媒的两个特征使得双面企业对利润的寻求较之单面企业对利润的寻求更具危险性。触媒的这两个特征就是：为图谋生存，需要奉送出一些东西；处境艰难，如履薄冰。

正如我们已经看到的，许多（如果不是大多数的话）触媒企业发现，在企业的一头，它们不得不仅仅维持赢亏平衡或赔上金钱。不只是为闯入市场才这样做的，而是始终都这样做。而除了搞短期"特价"之外，单面企业决定在它的某一种产品上赔钱的做法是很少见的。对触媒企业来说，这种做法很常见。不幸的是，任何对顾客一味奉送的企业总是距财务险境只有一步之遥（见"触媒定价山"）。

触媒定价山

每个企业都寻求使其利润最大化的定价。无论是采用试错法还是解析法，这种寻求对双面企业来说都比单面企业更加费力和充满风险。

对单面企业来说，寻找这一最好价格的过程如同攀登一座普通的二维高山。即使山峰被遮蔽在云雾之中，你对自己是正爬得越来越高还是越来越低也会有一些感觉。再者，经济学已经为我们提供了一些导航工具，这些工具在商学院中被广泛传授，并经常被老练的市场营销人员所使用。

第四章

> 对双面企业来说,寻找最好价格的过程如同攀登一座复杂的三维高山。山上有峡谷和断崖。它也可能有多个高峰——你也许认为你已爬到了山顶,殊不知还有其他高耸的山峰隐藏在云层之中。适用于单面企业的导航工具在这里基本上不起作用,因为这些工具不能对两组顾客群之间的相互依赖作出解释。

成千上万的创业者在.com泡沫破灭期间付出很大的努力才认识到这一点。在一种近乎集体歇斯底里的状态中,他们似乎把"赔钱卖出每一件产品但在销量上弥补回来"这一古老的笑话当做了一个战略原则。许多人听从了互联网领袖的忠告,即谁引来的用户最多,谁就将拥有最有价值的企业——无论该企业是一个用于迎合爱猫者的门户网站,还是一个为那些向生物技术公司销售产品的企业设立的拍卖站点。

此外,他们相信,谁的企业增长得最快,谁就将处于支配地位,即使,譬如说,他们对为什么销售的猫食越多,其网站对彼此无联系的爱猫者就越具有吸引力这一点从来都不清楚。

然而,有些时候,.com泡沫的破灭是拙劣的触媒定价的结果,而非只是企业概念模糊的结果。作为一家网上保险企业,Iwix.net公司有充分的理由对触媒经济学充满信心。毕竟,愿意以定期收取保费作为回报来承保来自某一种风险的损失的保险商,与想要给自己可能遭遇的风险投保的企业,数千年来一直在有组织的交易场所相遇。已知的最古老的保险交易所成立于古雅典时期。伦敦的劳埃德集团(Lloyds)大概是最有名的保险承保人集团,该集团形成于17世纪末期,致力于把提供保险者与寻求保险者聚集到一起。Iwix.net公司试图把与此相同的概念搬到互联网上。它专门经营特种保险(也就是说,不包括诸如火险、盗窃险等常规的商业风险),并为买方、卖方和各种中间人的会聚提供一个平台。然而，据该公司的前 CEO 所言，一个最大的问题是"让人们大量地使用该网站，并让人们为在网上相遇的方便性而付费。"[13] Iwix.net 公司仅仅从对已完成的交易的收费中获取收入，但那些收入还不足以使公司付清账单。关于这家公司以及其他失败的特种保险交易所的一个可能的问题是，网站非常适于买方与卖方通过拍卖和其他手段的直截了当的匹配。然而，特种保险合同是复杂的，最好的匹配往往要涉及许多细节，对这些细节进行面对面的谈判似乎要比通过网络谈判好得多。

对触媒企业而言，经验如下。

经验教训

确保存在一个适用于触媒社区的所有部分的价值主张，并确保获得来自至少一方的充足的营运利润，以便提供健康的投资回报。

对两边保持平衡的做法——同时取得双方的合作，并让它们交往——对触媒企业来说是另一个主要的危险源。对最优定价的很小偏离就可能把一个触媒企业送进深渊。提高针对一组顾客群体的价格会降低他们的参与程度，以致另一组顾客群体也将不再光顾。这可能导致一种毁灭性的螺旋效应，与正反馈效应发生的顺序正好相反。相比之下，单面企业往往可以适度提高或降低价格，而不会产生严重的后果。

像许多 B2B 企业一样，M-Xchange 公司曾一度认为它拥有一个伟大的商业模式。它想帮助由少数民族业主所拥有的供应企业得到来自《财富》1000 家大公司的业务。这些大公司中的许多公司正尝试使用少数民族供应商。M-Xchange 公司计划向少数民族供应商收取它们所得到的合同金额的 1%—2.5%。然而，在那种价格水平下，它没能吸引到足够的参与者，激烈的竞争迅速把这一费率降到了 0.25%。结果，仅仅

第四章

存活了4个月，M-Xchange公司便关门停业了。[14]

世界第一本网上杂志《酷评》(*Slate*)通过快速撤退而及时将自己从一种不利的螺旋中拔了出来。在杂志开办初期，它对读者是免费的，并着手招徕一些付费广告。接着，它在1998年3月提高了其准入费。月访问人数从50万急降到20万。这使它对广告客户的吸引力大大降低。一年之后，它放弃了对读者收费，很快重新赢得了读者。1999年6月，其月访问人数达到了100万。自此，庞大的读者群一直引诱着广告客户。2004年年底，《酷评》以未向公众透露的"可观价格"被出售给了《华盛顿邮报》(*Washington Post*)，[15]尽管现在还不清楚，如果没有微软公司的支持，《酷评》是否还能继续存活下去。到2006年年末，《酷评》对读者仍然是免费的，并吸引了相当大数量的广告。

定价与触媒框架

MobiTV公司由于定价适当，奠定了其成为一家成功的触媒企业的基础。截止到2006年中期，全世界一百多万人每月付费10多美元，通过手机观看它提供的电视节目。[16]在1999年创办之初，MobiTV公司不得不绞尽脑汁地思考着如何使诸如沃达丰(Vodafone)公司这样的移动通信运营商提供其网络服务，如何使美国全国广播公司(NBC)这样的广播电视公司为其提供内容，如何使订户为接受这种服务而与公司签约。为做到这些，它必须制定出正确的价格，以便它的这些社区成员的每一位都拥有一个促使其签约加入的价值主张。而为使任一组成员对它的服务感兴趣，它也必须使内容、运营商和用户达到一个关键性的数量。

MobiTV公司决定不去凭空创建一个定价模式，而是遵循一种经受过时间检验的模式——一种有线电视公司已成功采用的模式。电视台

确立价格结构

和移动通信运营商各得到订户缴纳的订视费的一部分。MobiTV 公司从订视费的剩余部分中赚取利润。除此之外,电视台允许 MobiTV 公司以与公司签约的广告客户的广告短片来代替包含在电视台播出的节目中的一定数量的广告——这遵循了美国有线电视行业中的传统做法。

即便是采用这种定价模式,MobiTV 公司也无法使鸡和蛋的顺序适得其位。它面临着触媒企业所面临的共同问题。移动通信运营商不想签约,除非它们了解到 MobiTV 公司有能力为其用户提供有意义的电视内容。在了解到 MobiTV 公司能够真正保证电视节目的发售之前,电视台不想操心此事。此外,对于一种结果可能证明是一场令人尴尬的失败的开拓性服务,它们之中没有一个愿意第一个签约。MobiTV 公司用"权变合同"为触媒反应的发生准备了条件。如果 MobiTV 公司与电视台达成一定数量的发售协议,移动通信运营商 Sprint 公司就同意提供移动运营服务。如果 Sprint 公司签约加入,并且,如果其他电视台签约加入,MSNBC 公司与别的电视台就同意提供它们的电视直播节目。在取得了这些权变合同之后,MobiTV 公司设法使 Sprint 公司同意加入,各电视台很快跟从。创立了 MobiTV 公司的保罗·斯坎伦(Paul Scanlen)报道说,在公司推出其服务的前一天晚上,又有 11 家电视台接受了签约。

表 4-5 总结了触媒企业为确立价格结构所必须做的事情。在定价决策中,不存在对所有触媒企业普遍适用的公式。许多因素取决于触媒所属业务的类型以及它面临的竞争。触媒所面临的竞争问题是我们在第七章要讨论的。就业务类型而言,受广告支持的媒体有着与传统交易制度不同的定价规则。不过,有一点是肯定的:制定正确的价格对于触媒社区的建立和社区成员交流的推进来说至关重要。

然而,同样重要的是,要设计适当的产品,以便它能引起多个群体的兴趣,并促进它们的交流。譬如,MobiTV 公司为使手机用户在手机上

第四章

表 4-5　确立价格结构

任　务	经　验
为准入和使用分别设立单独的价格	• 分别设立单独的价格,以鼓励顾客加入并使用这一平台。 • 对在触媒反应方面你最需要的顾客收取低价。
设定价格以平衡来自两边的需求	• 确保每一边有足够的顾客去为另一边的顾客提供价值。
起初的定价要为以后的缓慢增长留有余地	• 通过定价来促成两边顾客之间的正反馈效应。 • 小规模地起家并慢慢发展。
为顾客的加入而报答顾客(有时候是这样)	• 做好不向其中一方收取任何费用、甚至还要向他们提供"负使用费"的准备。
定价要考虑长期利润	• 确保至少有来自平台的一方顾客的营运利润。

享受其电视服务,开发出一种方便易用的图形用户界面,并推出了广大用户感兴趣的频道,对广大用户颇有吸引力的多个频道。该产品对多个社区都具有吸引力,这就为触媒平台的创建创造了机会。

下一章,我们研究触媒框架中的下一个基本要素——产品设计。

第五章　设计成功的触媒组织

好的设计就是好的生意。
　　　　——托马斯·沃森（Thomas J. Watson）

位于东京闹市区中心位置的六本木新城（Roppongi Hills），占地11.6公顷（合28.7英亩），是日本独一无二的生活或工作场所之一。那里有林林总总的高档商店，有这个城市中的最好的餐馆，还有挤满了酒吧和夜总会的充满生气的夜生活。既居住又工作在那里的少数幸运儿，喜爱这拥挤的大都会中最珍贵的商品之一：上下班路途时间短。与此同时，无论是本地游客还是外国游客，他们大都喜爱这一由六本木的商业和居住设施所造就的生机勃勃的社区。

与大多数其他时尚的都市飞地不同，这里的几乎每个方面都是精心规划过的。建筑大亨森稔（Minoru Mori）先生从他17年间购买的400宗土地中创造出了六本木新城。在完成了这些土地收购之后，他建造了一个以54层高的森大厦（Mori Tower）为中心的"城中城"。围绕着森大厦的是一些较小的建筑、一个供演出用的露天广场，还有花园和人行道。为了让这一地区拥有合适的功能搭配和高品质的设施，他对餐馆、商店和电影院细心挑选。昂贵的办公楼和住宅吸引了东京的财富精英。高盛集团（Goldman Sachs）占据了森大厦中最好的10个楼层，它的许多

第五章

富有的投资银行家就住在附近。如此有钱的上班族和住户引起了高价商店和餐馆的注意。

森稔把私人房主、公司、商店和餐馆之间相互吸引的力量控制得如此得当,以致六本木新城在2003年4月落成启用以后,几乎立即成为一个繁荣的都市街区。关于这一街区的漫不经心的观察者可能会认为,六本木新城是在一直波动不定的东京不动产市场中时机把握恰当的产物。然而,通过对它的发展进行研究发现,六本木新城是一丝不苟地规划和设计的产物。我们所说的"设计",不仅仅指它的令人印象深刻的建筑,而是指它的建筑物、居民、商店拥有者、办公空间和零售空间的不寻常的交互作用,这种交互作用在东京闹市区创造了一种触媒反应。森稔凭的不只是运气。他利用了他在亚洲各处建造购物商场和办公综合楼方面的经验。森稔通过六本木新城向我们显示了"产品设计"在触媒构架中是多么地重要——即使该产品是一处繁华的都市街区。幸运的是,许多其他行业中的触媒创业者可以向他学习。正如我们在本章将看到的,森稔履行了一组对所有触媒来说都十分关键的设计任务,这些设计任务被总结在图5-1中。

1. **吸引彼此需要的多样的顾客群体**。黄昏以后,许多城市高楼附近的街道变得空荡荡的。洛杉矶市中心井然有序的办公大楼在白天上班时间看起来十分美好,但下班之后,便没有多少人留下,不足以支撑起能够给街区增添活力的商店和餐馆。森稔确保六本木的办公空间和生活区有着适当的搭配,从而自其落成之日起,就将使那里的一切整日整夜地活跃起来。

2. **促进交往**。仅仅把上班族和住户安置在同一地方是不够的。为创建一个街区,企业和个人之间必须有互动关系。有形的设计是其中的一个方面。森稔创建了设有户外艺术作品的人行长廊——即便是长凳,也是一种艺术品,这促致人们在六本木新城

图 5-1 触媒框架：设计成功的触媒组织

识别平台社区	确立价格结构	设计成功的触媒组织	聚焦于获利能力	策略性地同其他触媒企业相竞争	试验和演进
• 识别相互需要的明显不同的群体 • 确定它们为何相互需要，以及它们在多大程度上相互需要 • 估计还有谁正在服务于这一社区 • 将多面商业模式与单面商业模式进行比较	• 为准入和使用分别设立各自的价格 • 设定价格以平衡来自两方的需求 • 起初的定价要为以后的缓慢增长留有余地 • 为顾客的加入而报答顾客——有时候是这样 • 定价要考虑长期利润	• 吸引彼此需要的多样的顾客群体 • 促进交往 • 将交易成本减至最小 • 触媒的设计要考虑到将来的发展演变	• 研究行业历史 • 运用预测以增强获利能力 • 预知竞争者的行动 • 协调内、外部的利益	• 理解触媒竞争的动态性 • 探寻来自于不同商业模式的竞争 • 借力打力，发动攻击 • 考虑合作	• 懂得何时当第一和何时做一个跟随者 • 控制增长 • 保持成果 • 为下一步做好打算 • 当心麻烦
弄清谁需要谁和为什么需要	形成参与并使利润最大化	吸引顾客并推进交往	使面向长期利润的路径具体化	挑战现有触媒并对新触媒的威胁作出反应	推行进化型成长战略

111

第五章

的各处闲逛，并光顾那里的商店和餐馆。他避免在建筑物之间留有往往不便利用的大而空旷的空间，因为他从他在邻近的赤坂（Akasaka）做过的小规模开发的经验中学到了这一点。与此相反，他努力创造出如同纽约格林威治村（Greenwich Village）那样的"复杂和令人惊奇"的街区。[1]

3. **将交易成本减至最小**。到六本木新城来生活、工作和游玩的人节省了许多时间。他们确信六本木会有某些类型的商店和餐馆。大多数商店和餐馆被集中在森大厦的一至六层。商店和餐馆也确信，路过其营业场所的大部分人将是赏识它们的那类人。这是因为，森稔已把六本木新城树立为东京的一个用于高端饮食和购物的好去处。

4. **触媒的设计要考虑到未来的发展演变**。与许多我们已经见过的触媒不同，六本木新城无法再扩大它的区域。但它的声望可能会升高或降低，与之相伴随的是在那里生活、工作或购物的价值的升高或降低。森稔对这一地区进行着严密的管理，以确保它的荣耀随着时间的流逝继续存在，甚至还会更加光彩夺目。所有的空间都是租出去的，而不是卖出去的，从而使森稔能够控制这一地区的外观和感觉。由于森稔从对公寓、办公室和店铺空间的高价出租中赚得了利润，他对确保六本木新城仍然是东京的优秀住址有着强烈的兴趣。

许多人曾尝试通过大规模的都市改造来创建新城区，但大都失败了。森稔设法使各项因素恰如其分地促成一个强有力的触媒反应。他主要通过精巧的设计做到了这一点。所有的触媒企业都需要遵循使他的"城中城"商业模式取得成功的经验。

任务1：吸引多样的顾客群体

触媒社区都"居住"在有形的或虚拟的平台上。像六本木新城一样，许多有形的平台是不同顾客群体的成员前去相遇并交往的真实地址。这样的例子包括莫斯科国家百货公司(GUM)的购物拱廊、芝加哥商品交易所(Chicago Mercantile Exchange)的交易大厅、威尼斯的里亚托桥(Rialto Bridge)、洛杉矶日落大道(Sunset Strip)上的 Viper Room 俱乐部。其他的有形平台是提供非个人化的集会场所的产物。德国的明星周刊(STERN)、鲁珀特·默多克的天空电视台(SKY TV)，还有《印度斯坦时报》(Hindustan Times)，都是受广告支持的媒体的例子，这些媒体帮助广告客户与读者相遇。

虚拟的平台是建立在软件代码的基础上的。例如，Symbian 操作系统是一种计算机操作系统，在 2006 年第二季度出厂的智能手机中，有 71% 使用的是 Symbian 操作系统，但该系统说到底是嵌入在一块芯片上的关于 0 和 1 的电子化表述。[2] 这种代码有助于向由手机用户和诸如手机铃声等应用程序的开发商构成的社区提供一种共享的资源。其他虚拟的平台，如中国的电子商务门户网站阿里巴巴，性质与此是类似的，只不过它存在于网上。由于拥有相互关联的用户，许多这样的门户网站提供几乎如六本木新城一样个人化的交往社区。

无论触媒的集会场所是实际的还是虚拟的，是个人化的还是非个人化的，触媒企业发现，有意识地为社区成员的汇聚设计一个引人入胜的场所对于发动并维持成功的触媒反应是至关重要的。

然而，有时候，简单地创建一个单一的地点——一个供不同顾客群体在那里相聚和交往的中心点，对触媒企业来说就足够了。当两个或更多的顾客群体希望彼此交流时，具备一处群体成员知道他们可以奔着这

第五章

个目的而去的共同的地方,有时就足以创造出一个触媒反应。大多数乡村市场只不过是一处买方和卖方可以到那里做生意的停车场或城镇广场。伦敦劳埃德集团成立于17世纪末期伦敦的一家咖啡馆把航海家和那些对承保他们的航海风险感兴趣的保险商人吸引到了一起。

Craigslist是一个针对都市地区的集中型的门户网络,其内容从分类广告到所在城市正在发生的事情,几乎无所不包。它也有一个简单的开始。该网站起始于克雷格·纽马克(Craig Neumark)以电子邮件方式转发给朋友的关于旧金山地区可以参与的有趣事情的清单。

在选择一个用于将其社区集合起来的中心地点时,触媒企业应当考虑多方面的因素。它们应该让每一顾客群体的成员尽可能容易地到达那里。为方便买方和卖方,古老的乡村市场被设在中心地带。现代购物中心的设立地点充分考虑到了来回的路途时间。六本木新城被建在靠近东京市中心的位置,里面设有一个较大的地铁站点,另有两个地铁站点离它只有4分钟的步行距离。对于被另一组顾客群体迫切向往的顾客群体,触媒企业也应该为其提供特别的便利。这就是森稔所做到的,从而确保了富有的上班族和他们的利润丰厚的雇主愿意在他的微型城住下来。这些富有的上班族和雇主转而吸引了游客、豪华的商店和精美的餐馆。

当然,更好的设计往往可以吸引更多的顾客前来寻找其匹配对象(见"网络的力量:Bungalow 8")。罗马人用罗马广场解决了这一点。作为古罗马市中心的一个多用途的设施,罗马广场具有自然而然的吸引力,并得到了很好的组织,以便于贸易的开展。随着贸易的扩大,商人意识到更专业化的市场将减少拥挤。随着时间的推移,分别用于交易酒、猪肉、蔬菜和其他商品的市场在罗马城周围建立起来。伦敦股票交易所(LSE)从商人们在一间咖啡店里的集会演变成一个高度发展、设计巧妙的贸易平台——一个吸引了经纪自营商、做市商、投机商、研究服务提供者和其他相互依赖的企业的贸易平台,这些相互依赖的企业使该交易所得以有效运转。通过增设用于债券交易和除普通股之外的各种其他产品的交易的平台,伦敦股票交易所的吸引力进一步提高。

相比之下,Craigslist 已远远不再是一种电子邮件清单,但它仍然保留着人性化的质朴无华。尽管其他门户网站上挂满了绚丽多彩的广告,Craigslist 仍旧是一个高效有序的电子布告栏。在 2006 年 6 月这一个月的时间里,它依旧吸引了 1 300 万不同的访客。[3] 它的设计的本质特征在于它对于市场双方的便利性。

网络的力量:Bungalow 8 俱乐部

埃米·萨科(Amy Sacco)已经掌握了设计触媒产品的艺术。以一名女招待的身份在曼哈顿的几个夜总会工作了数年之后,1998 年,埃米·萨科开办了她的第一家俱乐部——Lot 61 俱乐部。她的一个朋友布鲁斯·威利斯(Bruce Willis)是到这家俱乐部拜访的第一个名人。自那以后,名人们陆陆续续地光顾这家俱乐部。在开业当周,Lot 61 俱乐部被《纽约闲暇》(Time Out New York)杂志命名为纽约"最好的酒吧"。2001 年,萨科创办了 Bungalow 8 俱乐部,该俱乐部的入会标准非常严格,即使是出演过美剧《欲望都市》的明星人物,在加入俱乐部时也曾遇到过麻烦。

由于 Bungalow 8 俱乐部只能接纳 125 个人,萨科必须保证唯有"合适的"人才能够进入俱乐部。她主要通过她的代理人——一个力大无穷的迎宾员来做到这一点,该迎宾员只允许很有钱的人、很有名的人、很美的人、很有影响力的人进入。一旦入内,这群"圈内"人会快乐地花上 1 200 美元买一份鱼子酱,花上 50 美元买一杯鸡尾酒,目

第五章

> 的只是为了跟与自己一样富有、一样有影响力、一样有名及一样貌美的其他人进行接触。萨科不仅设计出一个有吸引力的集会场所——Bungalow 8俱乐部让人觉得像是熟悉的贝弗利山庄酒店（Beverly Hills Hotel）——而且运用她的网络引燃了触媒反应，这一触媒反应赋予该俱乐部一个时髦、新潮的名声和在俱乐部时常开办数周就匆匆关门环境下的相当长的生命。"全在于培植你的网络，"萨科解释道，"每当我遇到我认为很酷或很迷人的人，我就向他们索要名片。"[4] 她的名片簿或许是城里最令人羡慕的东西之一。而现在最令人羡慕的是她的俱乐部。

集束（bundling）是一种用于把受众聚集到一起的重要设计策略。它要求把不同的和多样化的服务深思熟虑地混搭在一个单一的平台上。2003年4月，森稔正是用这一策略促成了六本木新城的火爆场面。他把森大厦最上端的6层专门用作美术馆、图书馆和其他公用场所。底端的6层设有各种各样的商店（见表5-1），虽然这些商店全都是高档次的，却受到了不同人的喜爱。那里还有一座夜夜放映电影、直至早上5点放映才结束的维珍娱乐城（Virgin Entertainment）。许多在六本木新城居住、工作的人，或仅仅到六本木新城观光游览的人，对现代艺术或通宵看电影并不感兴趣。但其中有些人对此感兴趣，还有一些人喜欢图书馆，喜欢在时尚精致的艾斯卡达（Escada）女装店购买服装，或在位于这一日本中心位置的著名的法国餐馆 L'Atelier 就餐。通过把对空间的多种不同的利用包含在这一城中城的设计中，森稔吸引了大量的和形形色色的受众。也许恰恰是因为它提供了如此多样的活动和娱乐，才吸引了其他一些人。重要的是，相当多的受众将被吸引到这一新开发的区域中，这些受众继而可以为其他商店带来客流。结果是，一套高度多样化的富有吸引力的组合使得六本木新城成为工作和生活的理想之地,也使人们心甘情愿地向森稔付出租金。"让每个(相关的)人都有收获"对触媒企业来说是一条精明的策略,因为它可以集结起一群有价值的受众。

表 5-1 六本木新城的商店和吸引力

住宅	六本木新城住宅区
电影	维珍东邦电影院(Virgin Toho Cinemas)
餐馆	日本餐馆、法国餐馆、中国餐馆、意大利餐馆、民族风味餐馆、西餐厅/西式烤肉店、多国风味餐馆、面包店和咖啡馆、酒吧、外卖熟食店
商店	时装店、流行饰品店、家居用品店、各种各样的商店:例如波士专卖店(Hugo Boss)、范思哲专卖店(Versace)、芙丽芙丽专卖店(Folli Follie)、"花束哦!花束"花店(Bouquet o! Bouquet)
服务	医疗中心/药店、美发/美容/按摩厅、其他
售货车商店	饰品零点模式店(Accessory à la Mode)、魅力泉商店(Charms Fountain)、红色商店(La Rouge)、雷朋眼镜店(RayBan)、变形丝商店(Ty Store)等等
旅馆	东京君悦大酒店
美术馆	森美术馆
办事处	格唯尔人力公司、雅虎日本公司、活力门公司、雷曼兄弟日本股份有限公司、高盛公司
公司总部	朝日电视台
城市广场	六本木新城露天广场
会员俱乐部	六本木新城俱乐部(包括八家餐馆和五间酒吧)

《纽约时报》(*The New York Times*)提供了有关有效的集束战略的另一范例。这位"灰色女士"(The Gray Lady)——正如该报有时被戏称的那样,每天提供关于国内和国际新闻、体育、商业、艺术和休闲方面

第五章

的报导。更专门化的话题在每周特定的日子涉及：例如，星期二涉及自然科学，星期五涉及饮食。美国人喜爱他们的星期日早报，许多人是《纽约时报》周日版的忠实读者。周日的报纸涉及时尚和汽车，还包括书评和杂志增刊。不是每一个人把报纸提供的所有内容都读完。事实上，对报纸读者的调查研究发现，把报纸的所有版面都读完的读者一般占所有读者的不到60%。不过，通过把所有这些专题都包括在内，《纽约时报》吸引了110万读者，他们中的每一人都能在报纸上找到自己喜欢的内容。通过把从退休咨询到填字游戏再到结婚公告的每件事捆扎在一起，《纽约时报》得以建立起一群读者，并把这群读者向广告客户出售。当然，广告客户进而挑选了报纸中最可能吸引那些它们最在意的读者的那一部分。例如，体育版面里不会有香水和珠宝的广告。

把不同的产品或服务捆扎在同一有形的或虚拟的平台上也能节省金钱（见"集束经济"）。维持一个平台并使其为顾客所用，往往要花费相当大的一笔钱。通过以集束的方式扩展平台的用途，触媒常常能够分摊平台的固定成本。通过把星期日体育版面和时尚版面放在一起发售而不是分开发售，《纽约时报》节约了钱财并增加了发行量。

集 束 经 济

集束与产品提供物的构造有关。在重要的方面，产品构造本质上就是把积木（就像乐高拼装玩具那样）装配成一种有着一组给定特征的产品，或装配成有着可变特征的产品的多个版本。即便看起来像T型车那样简单的产品，也包含许多乐高积木般的组成部分——包括日本黑油漆，它们被装配起来，制造成最终的产品：20世纪早期第一批大量生产的汽车。随着工业的发展，汽车公司扩大了它们的汽车集束，将许多东西包括在内，其范围从诸如空气调节器这样看起来平常的东西，到诸如全球定位系统（GPS）和卫星广播这样看起来奇异的东西。

再看另一个例子。有线电视的基础部分主要包括其所提供的频道。有线电视网通过把这些频道分别捆扎在一起、创造可供选择的产品包来构筑它们的产品，例如，把电视分为基本有线电视和自选付费有线电视。有线电视公司定期从它们提供的"产品"中增加和减少频道，从而得以装配成不同的集束，并提供不同的版本。从这个意义上讲，这些产品版本也都是可变动的。

所有企业所面临的基本的战略和设计决策涉及如何选取它们可得到的基础特征，并把这些基础结合或扎成一个或多个能够为其带来最大利润的产品版本。本质上，所有企业都需要回答两个问题：

- **什么样的特征应当被捆扎到一个产品之中**？"特征"一词是指消费者所看重的产品的一个方面。例如，一家汽车制造商应当使卫星广播成为其车上的标准配置吗？一家软件平台制作者应当把防病毒软件包含在其软件之中吗？一家有线电视公司应当把数字视频录像机和视频节目点播服务捆扎到一起吗？其回答决定了最优的产品设计。

- **产品的何种版本应当是可得到的**？"版本"一词是指尽管可能共享一个共同的基础，但具有不同特征的产品。一家汽车制造商应当提供带有卫星广播的中型轿车的一个版本，同时提供没有卫星广播的中型轿车的另一个版本吗？一家搜索引擎门户网站需要为某些搜索内容的额外付费版本支付费用吗？

第五章

一家有线电视公司应当提供网络电话和线缆服务吗？这些版本决定了最优产品线或产品提供物。

毫无疑问，企业总是在探讨，什么集束和选择可以让它们的顾客得到。有时它们决定给予消费者许多种选择。正如我们从购买牛仔裤的过程中，或者从在当地超市的早餐麦片粥过道上闲逛的过程中一样，都有许多选择。另外一些时候，它们给予消费者很少的选择。消费者不能订阅报纸的特定版面——他们中的所有人都被捆扎进一个单一的产品之中。苹果公司努力确保用户不能使用他们的伴有音乐服务的iPod播放器，除非这种服务是它的在线音乐商店iTunes提供的。

实际上，大多数企业停留在这两个极端之间的某一处。它们提供给消费者几个可供选择的设计，在每一种设计中捆扎了多重特征，但它们提供的这些设计比它们能生产的设计要少得多。事实上，T型车在其生产的早期（1909—1914）及最后两年（1926—1927）有若干种可用的颜色。现今的大多数汽车公司提供其汽车的许多版本，这些汽车带有不同的选项，尽管在大多数情况下，这比它们20年前所提供的要少得多。与报纸不同，有线电视公司并不向消费者提供一种全有或全无的交易。与此相反，如果你想看ESPN——美国颇受欢迎的体育频道，你也许不得不花费额外的费用购买一个产品包，该产品包包括你大概永远也不会观看的一捆频道。[5]

对于设计一个用以吸引多样化的群体的触媒平台来说，有几条经验教训可资借鉴。

经验教训

- 识别把成员吸引到一个单一的地点的焦点所在。对于有形的平台来说,这往往是一个便于多种群体的成员到达的场所。
- 使处于那一场所是令人向往的,不只是为了与其他顾客会面。通过提供若干价值之源,触媒平台可以从每一方吸引更多的顾客,那些顾客转而向对方提供价值。
- 通过把能够迎合目标群体成员的不同口味的功能特性捆扎在一起,而将各方的顾客集结起来。那些顾客为什么来到这一平台无关紧要,一旦他们在那里了,他们就是对于另一方的价值的一个来源——从而对该平台来说也是价值的一个来源。

任务 2：促进交往

使顾客前来访问平台至多只完成了战役的一半。只有当不同群体的成员来到该平台并有交流时,触媒反应才会发生。成功的触媒企业已经找到了促进这些交流的许多方法。一些方法不像另一些方法那么明显。

考虑一下诸如《时尚》这样的画报为使读者与广告客户交流而遵循的战略。为找到该期刊 2006 年第 3 期目录的第 1 页,你将不得不翻阅 22 页广告。在该目录第 1 页的底端,你将看到目录下接第 30 页。然而,你不能正好翻到那一页,因为随后几页的页码是不连续的。因此,你将不得不再翻阅 8 页的广告。如果你想阅读杰弗里·斯坦加腾(Jeffrey Steingarten)的一篇文章,他在该文置疑黄油二倍于面包是对简朴的禅精神的一种无礼,你会发现该篇文章在第 246 页。不过,如果不穿越许

第五章

多另外的广告的话，那一页很难找到。在读了两页之后，你会发现该篇文章下接第 390 页。为找到那一页，你将不得不再次翻过许多广告。（超过 2/3 的页面上至少有一个广告。）

所以，《时尚》杂志使它对其读者来说相当不方便。当然，它这样做的原因是期望人们会过目一下插入其中的一些广告。通过鼓励其读者浏览各种各样的产品广告——从罗伯托硬币首饰到与 iPod 播放器配套的博斯（BOSE）公司 SoundDock 数字音乐系统，《时尚》杂志为这些卖主提供了一种更吸引人的产品。《时尚》为讲究时髦的女性和想要向这些女性销售产品的企业设计了这一平台，以鼓励这两方之间的交往。

经验教训

触媒企业应当考虑使顾客彼此的交往变得容易或不可避免的平台设计。即使某些顾客感到被强迫接纳一些自己不愿接纳的东西，触媒社区总的来说可从中受益。

触媒企业在促进交往方面能走多远？在这一方面是存在限度的。事实上，我们怀疑，如果不是其读者喜欢浏览昂贵的服装和高端的饰品，《时尚》杂志是否还这样敢作敢为。其他杂志更多地迎合那些喜欢阅读的人，从它们的设计中可以看出这一点。例如，在《人民》（People）杂志中，页码排列得很清楚，要找到一篇文章的起始页很容易，文章覆盖的页码是连续的，因此，你不必为得到所有有趣的详情细节而费劲地翻动杂志。大多数广告被分门别类地放在杂志的开头和后部，因此，想要浏览这些广告的读者知道从哪里能找到它们。毫不奇怪，《人民》杂志从读者那里得到的收入在其总收入中所占比例要高得多——许多读者为订阅该杂志每年要支付 100 多美元，这比《时尚》杂志的订阅费要高。

经验教训

触媒企业必须在因促成更多交往而得到的短期利益与因妨碍顾客走近平台而造成的长期成本之间进行平衡。它们应该认识到，鼓励交往的设计决策可能也会对某些顾客加入平台的愿望形成阻碍。

购物中心的设计说明了触媒企业在促进有求必应的交流方面所持有的谨慎态度。购物中心通常被设计得能够让购物者沿尽可能多的店面来回走动，或路过尽可能多的店面。某些购物中心，如康涅狄格州的斯坦福德购物中心，把上下的自动扶梯设在一个两层空间的相反两端，以致人们在变换楼层时不得不从商店前面走过。

弗雷德·陶布曼（Alfred Taubman）描述了帮助他创建了其购物中心帝国的设计哲学："你的购物中心有两层，对吧？你在这里有一个自动扶梯，在那里有一个自动扶梯。顾客走进购物中心，走过大厅，乘自动扶梯上到了第二层。沿着第二层向前走，再乘自动扶梯下来，现在，她回到了她的起点。她已经看到了购物中心里的每一家店面，对吧？现在你加上第三层。有任何理由上到那里吗？没有。"[6]

许多购物中心开发者遵循一种招牌战略，以鼓励顾客步行。美国摩尔购物中心将它的四个主力店铺——诺世全公司（Nordstrom）、西尔斯公司（Sears）、梅西百货（Macy's）和布鲁明戴尔公司（Bloomingdale's）分别置于四个角落，如图5-2所示。

在这四个主力店铺之间的空间中，设有一个娱乐公园和其他娱乐设施。它也备有许多用于盛放专门商品的轻便购物车，以鼓励人们闲逛。商户们非常看重这个购物中心里面的空间，因为他们得到了大量的客流，而购物者既看重购物中心所提供的丰富商品选择，又看重在购物中

第五章

图5-2 美国摩尔购物中心一楼规划图

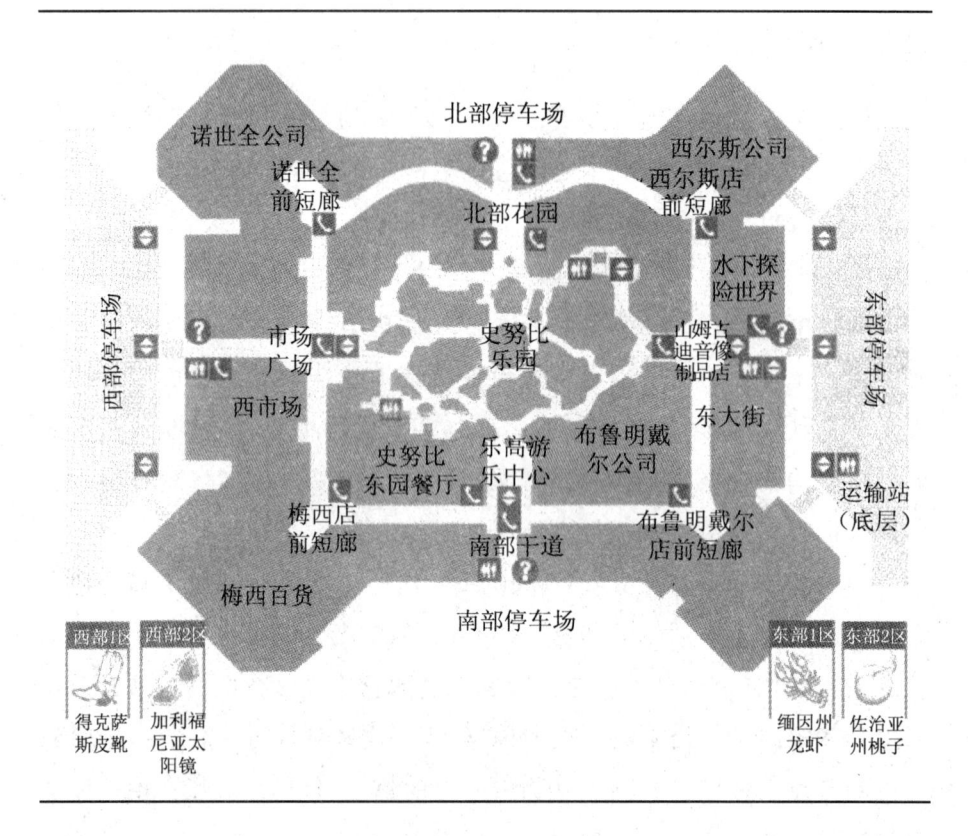

资料来源："美国摩尔购物中心：商店目录和分布图",美国摩尔购物中心信息网站,http://www.moainformation.com/pdfs/StoreDirectoryAndMap.pdf(经美国摩尔购物中心许可使用)。

心中穿行的经历。美国摩尔购物中心和其他一些类似的购物中心,其实还可以有意采用一些促使人们不得不步行更多路程的设计。例如,如果它不设立通向各个主力店铺的单独的外部入口的话,就可以迫使人们从一个唯一的入口进入,然后步行经过若干其他店铺,才能到达最大的店铺。相反,它们让那些只想去诺世全店铺的人们能够在该店铺附近停车并直接进入该店购物。

eBay公司在设计其虚拟购物中心的过程中,从"砖+混凝土"零售商那里寻得不少线索。它本可以选择设立一个开端网页，允许买家直接查找他们正要寻找的物品。但是，这样的简单性将会消除"砖＋混凝土"购物体验中的一个关键方面：意外发现。有经验的逛橱窗购物者知道，这种体验的一个重要部分就是到处走走，并撞见想要购买的有趣东西。百货公司和购物中心"把东西混合在一起"，以使这种对消费者优惠和商品的偶然相遇更有可能。eBay 公司的网站也是这样做的。2005 年圣诞节期间，该网站的标题版为购物者提供了三个选项。左边以简单为原则：是一张关于购买类别的列表，诸如"玩具娃娃和熊"、"轿车、零件与车辆"等。中间是一个不断旋转的物品清单，这些物品是专门为婴儿准备的；也有一个可从中找到适合儿童玩的玩具的特定位置。而右边是一个建议购买的物品清单，其范围从遥控汽车到订婚戒指。许多触媒企业追求"复杂中的惊喜"，就像森稔为六本木新城所做的那样。

经验教训

消费者如何搜寻事物以满足其需要？因意外发现而产生惊喜是其搜寻方式中的一种重要成分。有形的和虚拟的空间应当鼓励相异的各方之间一定程度的偶然的交往。

当然，对许多触媒企业来说，最好直接促成交往。譬如，交易所和做媒者的职责就是快速和有效地把顾客汇聚在一起。在第二章，我们描述了"8 分钟约会"这种显然算不上灵巧的方法，这是组织者设计出的、用于把男士和女士迅速而简捷地带到一起的高速约会项目。其他约会场所依赖跳舞和饮酒这种老式的办法。交易所也提供非常直接的方法来鼓励交往。拍卖商数千年来专于使买方与卖方彼此交易，并专于为卖方取得最好的价格。

第五章

经验教训

这些领域中的触媒企业应当考虑直接的方法——包括设计出诸如拍卖这样特定的制度,以便增进交往。

任务 3:将交易成本减至最小

正如我们在第二章中看到的,触媒企业意识到,利润来自对这样的情形的识别:两种类型的顾客将从彼此交往中受益,但碍于各种各样的交易成本,他们不能靠自己的力量来有效地做到这一点。成功的双面企业能够设计出减少这些交易成本的平台,并由此使其顾客的交往成为可能。

正如我们也曾在第二章中讨论过的,精心设计的触媒企业以四种基本的方式使交易变得更容易、更廉价:它使关于各种不同顾客群体的信息容易获得;它为在不同顾客群体之间发现合适的交易对象提供搜寻服务;它把不同的顾客群体以适当的比例撮合在一起;它设计和实施规则,以减少摩擦并促成富有成效的触媒反应。

例如,在美国,多重上市服务系统(multiple listing services)使房屋的买方和卖方可以很容易地相互找到。大多数想要卖掉一处房屋的美国人聘用了房地产经纪人。房地产经纪人以标准格式登记住房信息。之后,该"清单"被放进一个中央资料库,从而可供该地区的其他房地产经纪人使用。

在互联网被广泛应用之前,购房者主要通过房产信息登记簿来获取这些房产信息,登记簿中的房产信息按售价高低排列,这样的登记簿可在房地产经纪人的办公室里见到。购房者可仔细查阅登记簿,以发现他

设计成功的触媒组织

们感兴趣去拜访的房产。今天,大多数房产信息可通过 Realtor.com 网站得到。不过,在以一种非常便利和低成本的方式把买方和卖方结合在一起的过程中,信息仍然起到了最为核心的作用。

许多卖房者抱怨他们付给房地产经纪人的佣金过高,因为无论市场条件如何,或卖出一所房子需要付出多大的努力,经纪人都收取房屋售价的大约 6%。毫无疑问,这一事实是使反托拉斯法的执行者感到困惑和忧虑的一个来源。然而,最终,大多数卖房者发现,为使他们的房产让许多潜在的买房者都能看得到,支付这样多的佣金是值得的。美国人把这种制度看做是理所当然的,但并非世界各地都是如此。譬如,在法国,房地产经纪人对某一房产信息往往拥有专有权。如果想得到某一地区的所有房产信息,你就不得不求助于许多经纪人。尽管这可能会有其他益处,但这种做法大幅度降低了买房者可得到的信息的数量。结果是法国房地产市场不如美国房地产市场活跃,平均起来,在法国卖出一所房屋所花费的时间要长得多。

触媒企业也通过设计用于挑选和聚集对另一方顾客来说最有价值的方法来降低交易成本。

日本《里昂》(Leon)杂志通过精巧的设计,把男性和商人以适当的比例集合在一起。合适的男性是那些介于 35 岁至 55 岁之间、年赚 1 500 万日元(合140 000美元)的人。更为大胆的是,《里昂》在其封面上宣称,它"支持有魅力的中年男性"。它的编辑自夸说,该杂志没有知识内容,也不提供关于生活方式的忠告。相反,它着重满足其读者在吸引年轻女性和在流行服装及饰品方面的兴趣(或说是白日梦),据称,流行服装和饰品能够为这样的男性提供有吸引力的诱饵。

虽然我们读者中的大多数对这种典型的杂志浏览者可能不会有兴趣,但许多广告客户却很感兴趣:它们为了这一 3 磅重的富丽堂皇的杂志上的空间,每月花费大约 3 亿日元(合 255 万美元)。对于所发行的 7

第五章

万份杂志的每一本来说,这大约就是35.50美元。[7]有证据表明,这部分钱花得很值。《日本时报》(*Japan Times*)有一篇文章报道说:"在(2004年)4月份,《里昂》做了一次关于男士可以送给自己的约会对象的小礼物的专题宣传。其中一种叫做宝石戒指的东西,是由瑞士钟表制造商斯沃琪公司生产的。在日本各地,这种戒指在两周之内销售一空。"[8]

eBay公司为了为其卖家找到合适的买家,采取了一种更为平常的方法。它对人们在过去曾经购买过的东西进行追踪。它也允许买家对他们在特定种类物品方面的兴趣进行登记。当卖家提供了那些物品时,eBay公司就向处于其社区中的人发送一个电子邮件,认为他们可能会很渴望得到这些物品。eBay公司的427亿美元的市值(截止到2006年10月)在很大程度上归功于设计了这样一个用于把合适的买家和卖家聚集在一起的平台。销售不起眼的物品(如旧的签账卡)的个人和小企业在eBay公司存在之前几乎没有能力找到对方。现在,这变得容易起来。

在某些情况下,触媒企业为它的成员设计搜寻工具,以减少交易成本。正如我们已经看到的,曼海姆汽车拍卖行(Manheim Auto Auction)通过设计拍卖过程,帮助买家和卖家寻找对方。潜在的买家在检查过车之后,首先会收到信息。然后,曼海姆拍卖行举行拍卖会,在拍卖会上,感兴趣的买家可以对汽车进行竞价。拍卖是一种使卖家能够找到愿意支付最高价钱的买家的搜寻方式。

在另外一些情况下,触媒企业自己进行搜寻工作,并把搜寻的结果报告给顾客。每一方顾客都提出关于其理想交易对象的信息。触媒企业进而通过它的数据仓库进行搜寻,并找到合适的交易对象。这并不是什么新鲜事:乡村媒人已经以低技术的方式这样做了数千年。现代技术使搜寻变得容易得多。谷歌公司利用其庞大的计算机阵容,将广告瞄准那些从搜索历史来看对推销最有可能感兴趣的人。大多数现代证券交易所，诸如巴黎的泛欧证券交易所（Euronext）或纽约的国际证券交易所，都以电子方式接收指令，并用计算机几乎瞬间地把买方和卖方相互联结在一起，或把买方和卖方与做市商联结在一起。（贸易规则通常反映了这样一个事实，即正如一位市场参与者所说的："对于计算机来说，3秒钟就是相当长的一段时间。"）因为所有的指令和交易都是由计算机来处理的，对这些证券交易所来说，迅速地执行涉及多种证券和两个以上当事方的复杂的指令是可能的。同样，通过提供关于谁在什么时候做了什么的精确记录，计算机化的交易方式使各种各样的规则和条例的实施变得容易得多。

最后一点，精心设计的触媒企业要制定减少其社区成员间的摩擦的规则和条例。伦敦的波多贝罗路（Portobello Road）因拥有吸引当地人和游客的露天市场及许多店铺而闻名。每个星期六的上午，波多贝罗古董交易商协会在波多贝罗路与西邦古屋路的交汇处开放一个特殊的市场。该协会达成了一项道德守则，要求其会员公布价格，并提供关于待出售的每一物品的尽可能多的信息。它还禁止会员对古董进行错误的介绍，以免使顾客产生疑惑，或误导他们的顾客。当顾客遇到一项糟糕的交易时，他们可避免把商人送上法庭的成本，或避免知道自己没有现实求助对象时的挫败感：该协会提供了一种争端解决服务。

为了向消费者提供低票价，美国在线旅游网站 Orbitz 公司努力说服航空公司向它提供可得到的最低票价。与此同时，Orbitz 公司也施加一套规则，主要是针对其用户，以鼓励航空公司对这一平台的参与。所购买的机票一旦交付，就被最终确定下来。如果某一用户后来想要改换或取消某一航班的机票，她可能需要支付平均为 130 美元的费用；如果新票价更高一些，她可能还被要求偿付这其中的差价。另外，机票是不可转让的：用户不能更改机票上的名字或把机票给别人使用。[9]并且，用户不能将一家航空公司的机票与另一家航空公司的机票对换。通过

第五章

Orbitz 公司购买的大多数机票是不能退票的，一些航空公司根本就不允许退票。

表 5-2 总结了触媒企业降低交易成本的方式和其中的一些结果。

表 5-2　触媒企业如何降低交易成本

策　略	结　果
提供信息	使从平台顾客中识别最佳交易对象变得容易得多
把"合适"的顾客撮合在一起	通过把不合要求的交易对象排除在平台之外而降低交易成本
提供搜寻服务	有助于在那些已进入平台的顾客中找到最好的交易对象
设计规则和条例	防止不良行为并提供一致的经历

经验教训

　　设计你的服务，通过提供集中化的信息，将交易成本减至最小。预先筛选社区成员，以便成员可以花较少的时间彼此筛选。提供搜寻手段，帮助顾客聚拢在一起。

任务 4：触媒的设计要考虑到未来的发展演变

　　美国运通公司的一位前高级主管给我们讲述过下面这个关于预测风险的故事。美国运通公司的卡业务在 20 世纪 60 年代经营得非常好。尽管它在其先行者大莱俱乐部进入这类触媒领域 8 年之后才开始涉足，却一举超越了大莱俱乐部。它发行了将近 100 万张信用卡。当时,收费单必须靠手工来整理。美国运通公司担心,随着卡业务的进一步扩张,它的看家业务会被这一任务压倒。它雇请了一家知名的管理咨询公司为它提供关于该做什么的建议。咨询师们得出结论认为,卡市场已经成熟,美国运通公司的卡发行量在超过 100 万张之后将不会再有太大的增长。此后不久,美国运通公司发行的信用卡达到 200 万张。它再次被同一群咨询师告知说,该市场已经成熟,增长已经结束了。很快,美国运通公司再一次地发现,它又发售了 100 万张信用卡。

虽然这些管理咨询师们应当因其预见性的缺乏而受到批评,但他们在预言卡业务的未来演变趋势方面的失败并不让人感到惊奇。由于依赖于多个顾客群体间的正向反馈,触媒反应的发展演变趋势是很难预测的,对新型的触媒业务来说更是如此。如果这些反馈效应来势迅猛,它们可以为快速的增长提供动力。如果触媒反应启动很慢,或根本没有保持住,它们就会逐渐消失。鉴于这种固有的不可预测性,触媒企业该如何做呢?

经验教训

设计一个可以不费力地对其进行扩大或收缩的灵活的平台。

尽管美国运通公司和大莱俱乐部在这方面做得不错,万事达卡国际组织和维萨国际组织做得更好一些。它们设计出将高度集中的中心组织与高度分散的会员机构结合在一起的合作性网络。合作性网络中的中心组织负责对会员机构委托和清算交易,而会员机构负责向持卡人和商家提供服务。万事达和维萨这两个联合体各自建立了一个信用卡品牌,并管理和运营着各自的中心组织。作为会员,单个的金融机构向消

第五章

费者发行品牌信用卡,并与商家签订合同,使其接受相应的品牌信用卡。虽然一些银行仍在与持卡人和商家两方都打交道,随着时间的推移,大多数银行及其他会员机构只专注于其中的一方或另一方。万事达卡国际组织发端于 20 世纪 60 年代中期的几百家银行,2005 年,万事达卡国际组织已拥有 2.5 万家会员银行,而维萨国际组织有会员银行 2.1 万家。[10]当需求扩大时,平台的这种布局使得增加该行业的供应能力变得比较容易,特别是在美国以外的国家。同样重要的是,在需求疲软期间,该平台可以最小的受破坏程度进行收缩,或以最小的受破坏程度减慢其增长速度,这是因为,一些会员机构会终止它们的信用卡项目,并把它们的投资组合出售给更强大的会员。

  曾让微软公司头痛不已的开放源代码操作系统 Linux 也显示出良好设计的重要性。1991 年,莱纳斯·托瓦尔兹(Linus Torvalds)公布了关于这一操作系统的"内核"的10 000行代码。在"关于开放源代码的声明"下,他把源代码供人们免费获得,这就使别人能够对代码进行修改、美化和再传播,只要他们同意其他人可免费使用整个程序,就像托瓦尔兹向他们所做的那样。在实际中,通过决定接受哪些修订版本为标准版本,托瓦尔兹和另外一些人认真管理着 Linux 系统的发展。Linux 系统的设计使得程序的自愿开发者可以相对容易地为代码增加模块,并使得这一操作系统会随着时间的推移而逐渐发展壮大。截止到 2001 年,最流行的 Linux 发行版 Red Hat 已含有 3000 万行代码。自 1991 年以来,Linux 系统已经从一个适用于少数几个业余爱好者的软件平台成长为拥有世界各地超过 2 900万用户和一万多个应用程序的系统平台。[11]许多软件开发商现在正在开发基于 Linux 操作系统的应用软件,并把这些应用软件出售给用户。在第七章中,我们将对 Linux 系统进行更详细的讨论。

  六本木新城不能像 Linux 系统或万事达卡那样轻松地扩张。它在其11.6公顷的土地上自成一体。然而,通过持续不断地更换商家和餐馆(在最初的三年中,大约10%的商家和餐馆被更换了),新的生气被不断地注入到这个社区之中。六本木新城的管理者能够对让谁离开产生影响——经双方同意,租约两年后即可被终止;六本木新城的管理者也能够对让谁进来产生影响——商店的类型和质量在决定谁得到租借权方面是至关重要的。森稔设计六本木新城的目的,是为了维持上班族、居民、商家、餐馆和游客之间的触媒反应。虽然他不能让这个城中城变得更大一些,但随着时间的推移,他可以让它变得更好一些,或者至少防止它失去社区各成员间的正反馈效应,这种正反馈效应使它迄今为止一直很成功。

一些触媒组织需要在某些方面缩小规模,并具备了这样做的柔韧性。比如,刊登高品位小说和非小说类文章的《大西洋月刊》(*Atlantic Monthly*),1857年创办于波士顿,已成为美国最古老的连续出版的杂志之一。跟许多同类杂志一样,它在赢利方面遇到了麻烦,依靠捐助者的资助来维持。然而,随着亏损越来越多,该杂志决定必须从订户那里获取更多的收入。它把订阅价格从2003年的15美元增加到2006年的将近50美元。提价后不久,发行量即从50万份下降了25%(发行量在那次初始的下降之后又略有回升)。[12]毫不奇怪,在2003年与2006年之间的这些年份当中,由于订户的减少,它的广告收入下降了:从3 170万美元下降到2 500万美元,降幅约为21%。[13]然而,最终的结果是,它成为财务健康的杂志(尽管仍然是一本依赖于捐助者的杂志)。

设计与触媒框架

设计在触媒框架中的重要性从触媒创业家试图引入智能卡(一种带有计算机芯片的塑料卡)来取代现今在美国的支付卡系统中占主导地位

第五章

的、无处不在的磁条卡的努力中可以看出,但这些努力往往是令人沮丧的。

到目前为止,人们用塑料卡付款已达 30 余年。塑料支付卡是一种巧妙经典的设计。它重约 7 克,可以轻松装入钱袋。卡背面的磁条提供了对于读卡器的一个简单的界面,签名条提供了用于识别持有人的一种廉价的方法,而卡正面凸印的号码提供了关于持有人账号的一种方便的记载方式。

通过在消费者的支付卡与商家的读卡器之间达成一致的标准,支付卡系统加速了一种触媒性反应,这种触媒反应现在正在驱动着全世界每日超过 2 亿次的卡交易活动。[14]

自 20 世纪 80 年代以来,当智能卡——一种带有计算机芯片的塑料卡,具备了使用的可能性的时候,签名条从技术上讲就已经过时了。然而,在美国,还没有人开发出一种能够引起消费者和商家兴趣的关于智能卡的成功商业模式。这方面的几个尝试均以失败而告终,因为商家拒绝改造它们的技术以接受这种最新式的付款卡,而消费者几乎找不到理由去携带一张他们无法使用的付款卡。

不过,许多创业家仍然坚信,他们能想出一种适用于数字式付账方式的更好的设计。例如,"触摸付款"公司(PayByTouch)正试图以人体付账方式取代塑料付账方式。人们事先把他们的一个指纹进行登记,并提供他们指定从中开列交易账单的支票账户或信用卡账户的详细资料。当他们想要付款时,只需在商家的一台设备上按一下手指。"触摸付款"公司会鉴别他们的指纹,确认无误后,便受理商家与消费者账户之间的结算事宜。我们正与之共事的另一家公司现已开发出一种软件技术,这种软件技术可使用多种多样的电脑装置来代替塑料付款卡。其中它正在考虑的一种装置比苹果公司的 iPod nano 音乐播放器稍大一些,能够对指纹进行验证。

设计成功的触媒组织

　　所有这些创业家面临的挑战是提出一种能够解决我们前面讨论过的"先有鸡还是先有蛋"或"先有母鸡还是先有公鸡"的问题的设计。年轻人可能希望能够对着一个专门的终端挥动他们类似于 iPod 的装置来为所购买的商品付款,但商家不会安装这些终端,除非有大量的顾客愿意以这种方式付款。

　　破解这一触媒密码的一种方法是,对一个现有平台的设计作出修正,这个现有平台也就是为触媒企业正设法吸引的顾客群体服务的平台。万事达卡和维萨国际组织就是这样做的,它们在美国正努力推出无接触式信用卡——一种带有无线芯片的塑料付款卡,当信用卡被带到一个专门的读卡器旁边并被挥动的时候,这种无线芯片会让读卡器读出信用卡上的信息。这两家信用卡组织正在发行既有非接触式芯片又有磁条的信用卡,从而消费者可以继续在只备有传统读卡器的商家使用这些信用卡。它们也正在努力劝说才刚刚开始采用塑料付款卡的行业,如快餐业等,来安装无接触式读卡器。这种新式信用卡的设计预计不仅能够减少持卡人的交易成本,也能够减少商家的交易成本。

　　i-mode 在日本遵循了相似的平衡战略。它让它的手机供应商把 FeliCa 非接触式芯片(由索尼公司开发)添加到 i-mode 手机之中,而它为这些手机添加了支付功能。以这种具有支付功能的手机为基础,它得以说服商家安装无接触式读卡器。要为所购之物付款,消费者只需在他的 i-mode FeliCa 手机上键入个人身份号码,并将手机在其中的一个读卡器前面晃动一下即可;向商家支付购物款及与消费者结算账单的事务由 i-mode 负责处理。自从 i-mode 于 2004 年 7 月推出了这项技术以来,它已售出 240 多万部装有 Felica 芯片的手机,这种手机付款方式为 26 000 多家零售店和 3 900 个自动售货机所采纳。[15]

　　i-mode 的成功,如同六本木新城的成功一样,证明了能够将双面和多面市场中的参与方聚拢在一起的产品设计的重要性。对于触媒企业

第五章

来说,成功的产品设计必须获得多重顾客群体的支持,并使他们彼此交流。但是,如果这种设计只是引起一些顾客群体的兴趣,而另一些顾客群体认为这太不方便甚至是一种负担,则触媒反应永远也不会发生。

面对技术变革,你的美国运通卡背面的磁条却还能这么长时间地使用下去,这是因为它运作良好,足以让持卡人和商家相互交易。以签名方式证明其有效性的支票,存续的时间甚至更为长久——已经延续了6个多世纪了,因为它也是一个对于银行、工商企业和消费者来说运作得足够好的简单的设计。不过,两者之所以都幸存下来,也许是因为尚没有人想出一个将会说服市场双方放弃他们旧有的习惯和技术的设计。

如果其定价和产品设计能够说服适当的顾客群体聚集到一起并相互作用,一个志在成功的触媒企业就已清除了一个重要的障碍。到那时,在已完成了表5-3中概括的任务之后,触媒企业仍然必须表明,它可以产生一个有利可图的触媒反应。我们在下一章讨论触媒框架中的这一要素。

表 5-3 设计成功的触媒组织

任 务	经验教训
吸引彼此需要的多样的顾客群体	• 使处于那一场所是令人向往的,不只是为了与其他顾客会面。 • 把能够吸引不同口味的功能特性捆扎在一起。
促进交往	• 使市场双方的相互联络通畅、便利。 • 鼓励一定程度的偶然的交往。 • 使用诸如拍卖商这样的制度发明来增进交往。
将交易成本减至最小	把信息集中起来,以尽量减少搜寻和交易成本。
创造可进行优化调整的布局设计	可以很容易地对平台进行扩大或收缩。

第六章　关注获利能力

利润不是经营管理的正当结果和目的——它是实现所有正当结果和目的的手段。

——戴维·帕卡德（David Packard）

2005年圣诞节期间，一种销售火爆乃至供不应求的产品就是微软公司推出的新一代Xbox视频游戏机。它标价299.99美元。购买者排起长队，库存商品被抢购一空。人们转而到eBay网上去求购，据说一些Xbox游戏机在eBay网上的成交价格已高达10 000美元（虽然里面装有成套的游戏和其他更多的东西）。这款游戏机之所以热销，是因为它装备有大量的超酷功能，这些功能是市场领先者索尼公司的PlayStation游戏机尚不具备的——索尼公司差不多一年以后才推出它的新型游戏机。使用Xbox最新游戏工具的新的游戏作品也产生了。其中最流行的一款游戏是由电艺公司制作的《拳击之夜3》（Fight Night Round 3）。

这样的市场接受度，对于微软公司的家庭和娱乐部门来说，是一份不错的礼物。四年前，该部门在其Xbox新机型上投下了巨大的资金赌注。它的目标是：进军几乎为索尼公司所独占的前景无限的视频游戏机行业。它的预期是：机会渺茫，但总比不努力要好。视频游戏机行业有

第六章

一段跨越式竞争的历史,在这种竞争中,某一家公司会在数年内主导着某一种机型,直到另一家公司推出了更好的产品。然而,在此之前,微软公司曾尝试进入视频游戏业,但却失败了。毕竟,它在硬件制造方面懂多少呢?它的答案是:它制造出的硬件没有吸引力。索尼公司的PlayStation游戏机虽然最初专为游戏而开发,却是一款拥有高性能操作系统的运行速度快、容量大的计算机,针对的是以计算机为基础的、具有巨大潜力的家庭娱乐市场。如果微软公司想在这一市场上获得机会,它就必须在游戏业务上再进行一次尝试。

到2006年夏天,微软公司看起来似乎是成功了。2006年4月至6月间,它的这种新型游戏机卖出180万台。随着拥有Xbox 360游戏机的消费者在全球范围内达到了500多万台,微软公司已牢固确立了其在视频游戏业中老二的位置,并直指老大宝座。[1]

然而,它仍然在耗费资金:在截至2006年6月30日的财政年度中,微软公司的家庭和娱乐部门亏损了13亿多美元。[2]同时,它面临来自行业领先者——索尼公司的迫在眉睫的反击,后者的第三代游戏机预计11月份上架销售,正好赶在2006年圣诞节期间。

对于其在Xbox上的数十亿美元的投资,微软公司是否会看到任何的回报——更不要说足以弥补它所承担的巨大风险的回报,关于这一问题,在21世纪的第一个10年里很可能仍然是一个尚无定论的问题。就像许多其他触媒企业已经发现的那样,这一软件巨人已经发现,引发一个触媒反应并不能保证会得到合理的投资回报,更别说会得到用于承担重大风险的报偿了。创业家不仅需要了解一个触媒平台如何能够吸引相互需要的社区顾客,其动态性如何,而且需要了解该平台如何能够最终获利。

当然,利润对所有企业来说都是必不可少的。但在一个多面企业中,要实现赢利是一件很棘手的事。使不同的顾客群体走上平台并将它们保持住,鼓励这些群体的成员利用该平台的服务交互作用,这些无疑都是必要的,正如我们已经讨论过的。但是,每一方登上平台的时机选择,以及它们相互吸引速度的快慢,会造成是赢利还是亏损的差别。竞争——来自提供类似服务的业已建立的触媒企业,或来自对一个新的双面企业进行模仿的模仿者——同样威胁到对利润的追求。此外,正如我们在第四章讨论过的,要确立对一个成功的触媒企业来说的正确的定价策略,往往意味着企业业务中的一方业务被以非常低的收费甚至是免费提供给顾客,这就导致产生很少的收入(如果有收入的话),并累及利润。在企业内部,劳资双方之间损益的平衡要求认真关注对于雇员的激励和补偿机制。雇员收入必须与整个触媒反应的收益有关,而不只是与部分触媒反应的收益有关。上面所有这些挑战都表明:始终以获利能力为焦点,对于规划和管理一个新的触媒企业来说,是至关重要的。这也因此表明,对获利能力的关注是触媒框架中的一个决定性要素(见图6-1)。

　　本章以视频游戏行业为例,加之得自支付卡行业的一些补充性观察,来突出强调某些经验教训。要确保从它们为把社群聚合在一起所做的投资中获得长期回报,所有触媒企业都必须记住这些经验教训。具体来讲,我们考察研究以下四项关键任务,这四项任务可帮助未来的触媒企业实现它们的利润潜力,同样重要的是,可帮助它们懂得何时对自己的定价模式作出修正,甚至去结束一个充满活力但无法实现赢利的触媒反应。

1. 研究这个行业的历史,以便了解以往这一领域中的触媒企业成功或失败的原因。
2. 运用历史和经验去预测利润在不同情景下的发展变化趋势,特别要考虑到在正反馈的程度和速度不同的情况下,利润发展变化的趋势。

第六章

图6-1 触媒框架:关注获利能力

识别平台社区	确立价格结构	设计成功的触媒组织	聚焦于获利能力	策略性地同其他触媒企业相竞争	试验和演进
• 识别相互需要的明显不同的群体 • 确定它们为何相互需要,以及它们在多大程度上相互需要 • 估计还有谁正在服务于这一社区 • 将多面商业模式与单面商业模式进行比较	• 为准入和使用分别设立各自的价格 • 设定价格以平衡来自两方的需求 • 起初的定价要为以后的缓慢增长留有余地 • 为顾客的加入而报答顾客——有时候是这样 • 定价要考虑长期利润	• 吸引彼此需要的多样的顾客群体 • 促进交往 • 将交易成本减至最小 • 触媒的设计要考虑到将来的发展演变	• 研究行业历史 • 运用预测以增强获利能力 • 预知竞争者的行动 • 协调内、外部的利益	• 理解触媒竞争的动态性 • 探寻来自于不同商业模式的竞争 • 借力打力,发动攻击 • 考虑合作	• 懂得何时当第一和何时做一个跟随者 • 控制增长 • 保持成果 • 为下一步做好打算 • 当心麻烦
弄清谁需要谁和为什么需要	形成参与并使利润最大化	吸引顾客并推进交往	使面向长期利润的路径具体化	挑战现有触媒并对新触媒的威胁作出反应	推行进化型成长战略

3. 预先估计来自现有触媒企业及新进入者的多面战略，并谋划好自己的最佳对策。
4. 把公司内部的利益和外部的利益都统一起来，以便使触媒社区的所有雇员和所有其他成员都感到他们与公司的长期获利能力休戚相关。

任务1：研究行业历史

历史能够告诉触媒企业很多知识，包括什么是已经产生效果的、什么是还没有产生效果的、什么是已经失败了的，以及其中的原因。有人也许认为，成功的触媒企业拥有非常有独创性的商业模式，因此在对它们的分析研究中，历史是没有什么用的。但是，这样的独创性是非常罕见的。杰出的触媒企业，就像杰出的科学家一样，之所以能取得重大突破，在很大程度上是因为它们正站在它们之前的巨人的肩膀上。在最为成功的触媒企业中，有很多企业是通过借鉴并改进另一企业的洞察力而建立起来的，它们促发了与其前辈企业相比更强大的、可持续性更强的触媒反应。

当决定进入视频游戏业时，微软公司可能已从之前1/4世纪的历史中学到了很多东西。该行业并不是以多面战略作为开始的。1972年，一个现今已不存在的电视机制造商Magnavox推出了世界上第一套游戏系统《奥德赛》(*Odyssey*)。奥德赛带有12款游戏，并与一台电视机相连接。然而，Magnavox公司的战略精明得有点过了头：它误导了消费者，使消费者以为他们必须具备一台Magnavox产的电视才能使用该游戏系统，从而使许多不打算购买Magnavox电视的消费者望而却步。它通过其商店及其他零售商卖出了大约10万套游戏系统，但奥德赛在市场上很快就失败了。

第六章

  与此同时,通过向酒吧销售基于微处理器的街机游戏系统,雅达利公司(Atari)逐渐发展成为一家成功的企业。它的《乒乓》游戏(Pong)要求具有恰如其分的灵巧性,以博得稍有青睐的主顾的喜爱。雅达利公司随后制造出该游戏的家庭版游戏机。所有零售商中唯有西尔斯公司在这款游戏机上下了赌注,尽管它有着奥德赛失败的惨痛教训。1975年圣诞节期间,西尔斯公司货架上的《乒乓》游戏机销售一空,家庭视频游戏产业就这样诞生了。

  在当时,视频游戏企业毫无疑问都是单面的。像雅达利公司一样,这些公司制造的游戏系统都是将计算机硬件、操作系统和游戏归拢到一起并装入一个单一的机箱内。它们自行购买或开发游戏系统的所有组成部分,然后把它们的系统出售给家庭用户。由于技术和设计方面的变化,视频游戏企业的双面模式变得可行起来。

  1976年,雅达利公司的一个竞争对手出现了。该公司制造的游戏系统是把游戏安置在一个单独的游戏卡座上,这样,人们可以购买另外的游戏,并用他们的游戏机玩这些游戏。雅达利公司一年后仿效了它的做法,并由于使深受欢迎的街机游戏《太空入侵者》(Space Invaders)成为其游戏机上可玩到的游戏之一而声势夺人地走在了这家竞争者的前面。雅达利公司的成功,在一定程度上还得益于其"刀片定价"策略。它以略低于制造成本的价格销售游戏机,并依靠源源不断地把游戏出售给拥有游戏机的人而获取利润。1979年至1982年间,雅达利公司共卖出了1 500万台游戏机,这个时候,正是它凭借《太空入侵者》和其他几款流行游戏而志得意满的时候。雅达利公司的战略仍然是单面的:虽然游戏软件可与游戏机分开提供,但它们都是由雅达利公司开发和销售的。

  但是,有什么因素可以阻止其他企业进入利润丰厚的游戏软件业吗?没有多少因素,正如事实所证明的那样。市场很快就被并非由游戏

关注获利能力

机生产商所生产的各种游戏充斥。雅达利公司和其他游戏机生产商没有任何办法去向这些竞争者索要费用。这些搭便车的游戏开发商侵蚀了它们的销售收入，并常常制作出严重影响游戏机声誉的质量低劣的游戏。视频游戏产业很快就停滞不前了，雅达利公司陷入了长时间的衰退，即使当整个产业再次兴旺时，它的衰退仍然继续着。

尽管如此，雅达利公司的视频游戏机似乎是一个成功的触媒企业的基础。毕竟，它的视频游戏创造了大量的上了瘾的游戏玩家。而游戏编写者们虽然质量参差不齐，也都迫切希望创作出新的作品。然而，雅达利公司未能设计出一个长期获利的计划。它所面临的问题是我们已多次见到的"先有鸡还是先有蛋"这一问题的变形。消费者不会为游戏机花很多钱，除非他们知道有适用于这些游戏机的好的游戏。游戏开发商也许渴望为大众喜爱的游戏机编写游戏，但游戏机生产商无法保证它们编写的游戏会使顾客满意，也没有办法因这些游戏编写者利用了自己的游戏机平台而向它们收取费用。

1983年，任天堂公司（Nintendo）通过制造出一种带有内置式质量控制装置的游戏机而破解了这一触媒密码。其解决方案是以安插在游戏机中的安全芯片的形式出现的。只有在游戏开发商得到了用于打开这一芯片的钥匙，并使用任天堂公司制造的游戏卡带来盛装其游戏的条件下，它们的游戏才能在任天堂公司的系统上播放。仅凭此举，任天堂公司便勾画出激励视频游戏市场双方的途径，在保护消费者免受糟糕游戏的侵害的同时，又鼓励了最优秀的游戏开发商来为它的专有平台编写游戏。

但对游戏开发商来说，任天堂公司的游戏机平台不是免费使用的。任天堂公司按游戏开发商销售额的20%向其收取特许权使用费。任天堂只与少数几个高质量的开发商打交道，而这些高质量的开发商也热切希望参与到任天堂公司的游戏机系统当中，因为该系统能够向其消费者

第六章

提供关于只能在任天堂游戏机上赏玩的游戏的"质量封印"。

对于其1983年推出的游戏机,任天堂公司仍然自己制作与之相应的大多数游戏,其中包括一度热销的《马里奥兄弟》(Mario Brothers)。它这样做的部分原因是,在最初的时候,愿意与它合作的游戏开发商最多只不过四家。当确知其游戏收入不会被免费搭车的游戏开发商掠走的时候,任天堂公司便亏本销售它的游戏机,以获得游戏用户对它的游戏平台的支持,而它只是从游戏产品的销售和特许权使用费上寻求利润。

这一战略加上消费者喜欢技术先进的系统,引发了一个既强大又有利可图的触媒反应。游戏开发商开始纷纷争取与任天堂公司合作。与任天堂游戏机兼容的游戏软件的供应量增加了,从而使这种游戏机对消费者来说更加富有价值。任天堂公司已经找到了获取利润的正确途径。而视频游戏产业也完成了从单面触媒商业模式到双面触媒商业模式的关键性转变。

总体而言,任天堂公司一直居于视频游戏行业的领先位置,直到1996年,索尼公司才依靠更完美的游戏机技术实现了对它的超越。索尼公司采用了相同的双面战略:按游戏开发商销售额的一定比例向它们收取费用,同时,为其游戏玩家提供一系列高质量的和独有的游戏内容。图6-2表明了任天堂公司和索尼公司之间历年来的竞争情况。

任天堂模式的成功格外引人注目,因为它率先找到了为微软公司的操作系统带来如此巨大成功的触媒公式。要知道,视频游戏机系统与个人电脑系统非常相似。它们都是带有操作系统并可以运行应用程序的计算机。事实上,许多开发商都曾既为个人电脑又为视频游戏机编写过游戏。

微软公司发展其PC操作系统业务的战略是鼓励个人电脑制造商之间的竞争,但却把软件服务免费提供给软件开发商。软件开发商希望

关注获利能力

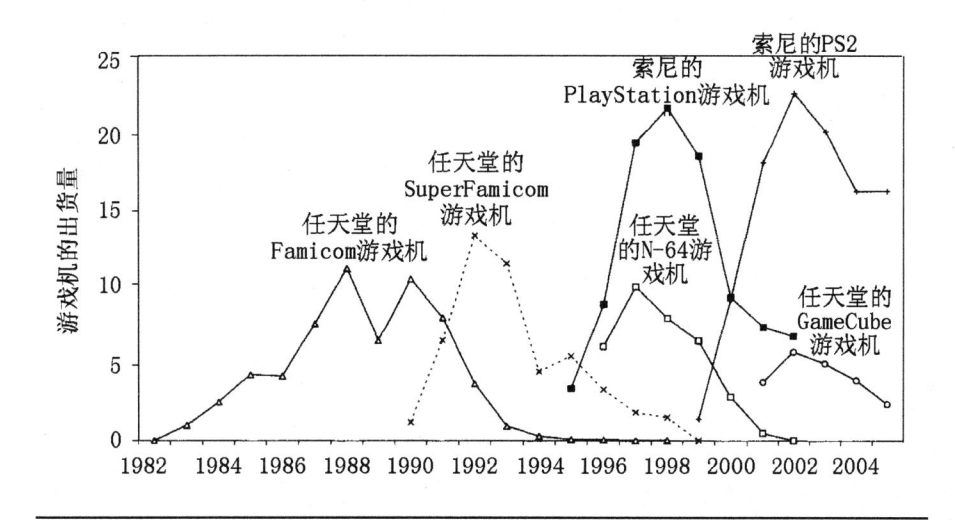

图 6-2 任天堂公司与索尼公司情况对比，1982—2005 年

资料来源：Yoshiko Motoyama, "Nintendo—At a Crossroads," Morgan Stanley Equity Research, September 6, 2004 (used with permission by Morgan Stanley)；索尼公司的数据、任天堂公司的数据。

编写可在微软操作系统上运行的软件程序这一事实，有助于增加该系统对个人电脑用户的吸引力。微软公司感到没有必要因软件开发商得以使用其操作系统而按这些软件开发商销售额的一定比例向它们收取费用。

1991年，现掌管着游戏软件业巨头电艺公司的特里普·霍金斯（Trip Hawkins），认为他看到了可发挥运用微软模式的触媒机会。他要为视频游戏做比尔·盖茨（Bill Gates）为个人电脑所做的事，基于这样的想法，他创立了3DO公司。3DO公司拥有的游戏技术被一些人认为是当时可得到的最好的游戏技术。3DO公司不是自己制造游戏机，而是把它的技术专利授权给其他制造商，并换取特许权使用费——正如微软公司对Windows操作系统的授权一样。几家主要的制造商都同意生

第六章

产 3DO 公司的多人游戏机。凭借从硬件制造商那里获得的这种收入流,霍金斯估算出他的公司可把向游戏开发商收取的特许权使用费降到任天堂公司收取的该类费用的 80%,以便激励游戏开发商为 3DO 公司编写游戏。

这看起来像是一个辉煌的策略。随着新的、高端的游戏洪水般地涌入商店,消费者将会去排队购买玩这些游戏所必需的先进的 3DO 游戏机。这是个多么有趣的理论啊!但它并没有奏效。硬件制造商由于不得不把特许权使用费转嫁给顾客,并从主机上赚取利润,而将多人游戏机以每台大约 700 美元的价格出售。而竞争者的游戏机竭力把价格定在 200 美元以下。适用于这种多人游戏机的游戏软件的开发也没有成为现实。游戏开发商不愿意对编写游戏进行投资,因为它们不相信会有足够的消费者购买这种价格昂贵的主机。这是一种把触媒企业扼杀在摇篮之中的恶性循环。3DO 公司就这样被扼杀了。

然而,3DO 公司的失败,对于今后的游戏开发商——尤其是微软公司来说,是一个极其宝贵的示范项目。它说明,适用于个人电脑操作系统软件的触媒公式在游戏世界里根本不起作用。游戏玩家喜欢使用有相应措施来确保其游戏质量的游戏机,但他们不情愿在这种游戏机上耗费一大笔开支。

1999 年,当微软公司推出"中途岛计划"以挑战日本人在视频游戏领域的霸主地位时,视频游戏业的这段简短历史是它没有资格去忽视的。微软公司认识到,它那些奉行双面策略的竞争对手已帮助建立起一个充满活力的游戏开发商产业,而它自己的历史也让它懂得这样的互补者的潜在价值。但是,正如在特里普·霍金斯的例子中,微软的第一直觉是,视频游戏领域中通往财富的道路与它在个人电脑领域里走过的道路是相同的:创造一个不寻常的软件平台;把软件平台的使用权授与硬件制造商,并经由硬件制造商之间的竞争来降低硬件的价格;让软件开发商免费使用该平台提供的服务来编写游戏。微软公司的团队已经看到了3DO公司对此所做的尝试及其悲惨的失败。但是,他们起初以为3DO公司的错误在于让制造商把游戏机的价格定得太高。

尽管如此,历史教训还是让他们小心谨慎。他们没有按照PC模式贸然前行,而是对位于其"三方策略"背后的假设进行了测验。当公司与硬件制造商及游戏开发商接洽之后,很快发现3DO公司的教训是必须注意的。硬件制造商,作为整个触媒社区的一个关键部分,实际上冷漠地拒绝了这个软件巨人。这些制造商知道,视频游戏机通常是亏本销售的,但它们又没有办法通过游戏销售收入来弥补这种损失。作为个人电脑制造领域的领头羊——戴尔公司的领导者,迈克尔·戴尔(Michael Dell)是这样表述其中的道理的:"当索尼公司降低其PlayStation游戏机的价格时,它们的股票价格就会上升。而每当我降低价格时,我的股票价格就会下跌。如果你不理解发生这种情况的原因,那么你就不理解游戏机行业。我理解为什么这对微软公司来说是战略性的,而不理解为什么这对戴尔公司来说是战略性的。"[3]

因此,微软公司很难找到为其生产游戏机的供应商。此外,它发现,游戏开发商为它的产品编写游戏的兴趣并不比为3DO公司的产品编写游戏的兴趣大。即使微软公司不要求它们支付特许权使用费,它们预期面对的也是这样一个前景:在游戏上投下了巨资,结果却发现购买这种新的游戏机的家庭用户寥寥无几。"鸡和蛋"的问题仍然有待解决。

所以没过多久,微软公司就采纳了与其日本对手基本相同的赢利路线,即制造一种硬件和软件都包括在内的一体化的游戏机;将这种游戏机亏本出售,以吸引诸多终端用户;让游戏开发商知道关于硬件销售方面的这一计划,以便使它们相信,为那些终端用户编写游戏将是有利可图的;从公司内部开发的游戏以及从来自第三方游戏的特许权使用费中寻求利润。

第六章

就像任天堂公司在游戏推广方面一样（以及就像 Palm 公司在手持设备推广方面一样），微软公司仍然不能指望游戏开发商群体来帮助它宣传推广 Xbox 游戏机。对所有的触媒企业而言，要让企业顺利起步都是一种挑战。很少有开发商愿意冒险去为当时只停留在纸面上的未经证实的游戏机编写游戏。对微软公司来说（像 Palm 公司和任天堂公司一样），发展这一社区的另一顾客面的最好途径就是以自制或外购方式准备一些自有游戏。微软公司迅速采取行动，收购了几家成功的第三方游戏开发商。当 Xbox 游戏机在 2001 年被推出的时候，它已拥有 15 款可用的游戏；微软公司自己开发了其中的 3 款，而其余的 12 款是由诸如 Tecmo 公司和 Bizarre Creations 公司这样独立的软件开发商制作的。[4]

历史对微软公司来说是非常有益的。所以这样说不无道理：如果微软公司在 3DO 公司之前进入视频游戏市场，它就会坚持其 PC 发展模式，并遭受失败。它对这一行业中已经起作用的因素的仔细观察表明，即使在看上去非常相似的业务领域中，触媒模式的运作结果也可能非常不同。

经验教训

不要假定在相关行业中对一个触媒企业起作用的因素，对于你的企业也会起到同样好的作用。研究你正考虑进入的行业的每一个环节的历史，查明为什么有些商业模式奏效了而其他商业模式却没有奏效。

遵照这一条经验教训，微软公司已经初步找到了实现利润的路径。它已经知道什么不会引燃一个有利可图的触媒反应。但剩下的问题是——什么又会引燃一个有利可图的触媒反应呢？

关注获利能力

任务 2：通过预测增强获利能力

就像一名登山者将要攀登一座新的高峰一样，一个准触媒企业必须知道预期会发生什么事情。如果对这座山峰有多高、沿途他会面临哪些挑战，以及出现什么迹象时应当放弃攀登等这些情况无所了解，一个理智的登山者是不会出发的。

一个理智的创业家只有在了解了需要多久才能实现赢利、预计整个进程中会有什么损失，以及何时他应该认识到应当及时撤退以避免失败的情况下，他才会去发动一个触媒反应。

为了对它是否正在朝着一个利润高峰行进或是否正在滑向一个深沟做到心中有数，触媒企业必须能够预测出它的业务的每一面的增长，这种增长是否会影响到其业务的另一面的增长，以及各个顾客方之间交往的性质和强度。历史可以告知这方面的预测，但必须利用经验去对这些预测作出修正——有时需要作出大幅度的修正。

20 世纪 50 年代中期，当美国运通公司决定进入记账卡行业时，它没有多少历史经验可以依循。它很难模仿大莱俱乐部，大莱俱乐部是从小企业起步、然后慢慢熟悉这一业务领域的。当美国运通公司推出它的运通卡时，大莱俱乐部已拥有 75 万名持卡人，接受这种卡的商家达 17 000 家。要向这一现有竞争者发起严肃挑战，美国运通公司必须在业务的两头同时迅速地扩大规模。而它的确是这样做的。到 1958 年 10 月它推出运通卡的那一日，它已与 17 500 个商业机构签署了合约，并从诸如由美国旅馆协会（American Hotel Association）经营的一些现有项目中接手了数十万持卡人。[5] 所有这些，再加上美国运通公司的声誉，便引发了一个触媒反应。

然而接下来，巨大的损失开始滚滚而来。美国运通公司对授予信贷

第六章

或与商家打交道的业务根本不熟悉。至1961年,它的卡业务已经亏损了数百万美元,而且这种亏损没有结束的迹象。美国运通公司不得不沉下心来考虑它是否能够找到一条赢利的途径。它的结论是找不到这样的途径,因此试图将此项业务出售给大莱俱乐部。这两个卡行业的巨头达成了一个协议,但随后因担心反垄断当局会反对这两家最大公司的合并(这在事后看起来似乎有些可笑),协议解散了。后来,美国运通公司为这一部门寻找到一位新的经理,名叫乔治·沃特斯(George Waters),在他的引导下,该触媒反应实现了赢利。沃特斯当时在经过一番分析之后,得出结论认为,消费者看重美国运通卡,会在不放弃使用它们的记账卡的条件下,愿意支付比美国运通公司和其竞争对手收取的现有年费更高的年费。因此,美国运通公司把对持卡人的收费提高了30%以上,由6美元提高到8美元,然后又提高到10美元。与此同时,美国运通公司对那些不按时付清账款的人采取了严厉的处罚措施。它的这些做法几乎没有遭到持卡人的抵制,其结果是,卡业务的这一面对收益的拖累大大减轻了。卡项目在一年之内便扭亏为盈,而且此后一直是美国运通公司利润的主要来源。

  这个继续留在信用卡行业的意外性决定证明了适用于触媒企业的一条重要的经验教训。在定价及其他策略上的一个小小的改变,可能会为企业的获利性带来巨大的后果。如果一个多面企业已经引发了触媒反应,但没有走在实现赢利的路途上,那么它在转身之前,应当考虑一下根据经验修改其商业模式。在这样做的过程中,它必须谨慎从事,不能使它的增长陷于停顿。在实践中,这往往意味着需要判断一下,是否有可能提高针对一方或双方顾客群体的价格,而又不致遭受可能会使触媒反应终止的重大缺陷。

  到1986年西尔斯公司创建发现卡系统(这是20年来的首个新系统)的时候,支付卡行业的经济学得到了更好的理解。经营信用卡的触媒企业在跟持卡人及商家签约的初期必须承受巨大的亏损。人们已经明白,要在允许持卡人推后一段时间再还清其欠款的信用卡上赚钱,发卡机构需要那些按时还款(不按时还款则具有违约风险)但又不全部还清(只有这样,发卡机构才能从融资收费中赚取利润)的持卡人,发卡机构还需要那些赊购金额大(只有这样,发卡机构才能赚取更多的商家手续费和融资费用)的持卡人。要找到这样理想的持卡人,就如同钻井找石油。建立一个具有赢利潜力的持卡人的投资组合是需要花费时间和金钱的。

当西尔斯公司为其新的信用卡投资项目制订商业计划时,它从这方面的知识中受益颇丰。所以,当它在最初几年亏损了数亿美元的时候,它并没有感到意外。它确信,通过把商家和持卡人吸引到它的这一新系统中来,并找到有利可图的持卡人,其巨大的投资是能够得到回报的。根据行业分析家和多个新闻报道的描述,发现卡系统是20世纪80年代最伟大的商业成功故事之一。至1990年,它已拥有将近3 800万持卡人,按发卡数量来衡量,它一跃成为最大的信用卡发行机构,按发放给消费者的未偿还贷款来衡量,它是第二大信用卡发行机构(仅次于花旗银行),按刷卡消费额来衡量,它是第三大信用卡发行机构(仅次于美国运通公司和花旗银行)。与美国运通公司的运通卡相比,它的信用卡被更多的商家接受。虽然今天它只排在美国信用卡行业的第四位,年费收入不及美国运通公司的1/3,发现卡系统当时对西尔斯公司来说的确是一项非常有利可图的项目,1993年,西尔斯公司将该项业务作为其下属公司添惠公司(Dean Witter)的一部分而廉价出售。而2006年时,它是摩根士丹利公司的一部分。

并非所有新成立的触媒企业都拥有发现信用卡所拥有的丰富信息。但是,在可能的情况下,多面企业应仔细摸索它们的利润轨迹,搞清楚在其投资回报得以实现之前亏损的持续时间和深度。多面企业还应就预

第六章

测结果对企业的两个顾客面上需求增长的灵敏度作出评估,并评估企业的这两个顾客面之间相互吸引力的性质和强度。

跟西尔斯公司一样,微软公司在投身于一个业已建立的触媒行业之前,有一段较长期的成功和不成功企业的历史可供研究。通过把 Xbox 游戏机卖到家庭用户的手中,微软公司似乎清除了它的第一个障碍。2001 年 11 月 15 日,公司向商店交付了它的第一台 Xbox 游戏机,售价 299 美元,与索尼公司的 PlayStation 价格相当。当然也有与之相配的热门游戏,如《光晕:最后一战》(*Halo:Combat Evolved*)。在上市后的前两个月,微软公司实现了其在美国市场上销售 150 万台 Xbox 游戏机的目标。[6]

但是,要继续保持住赢利性,就需要不断作出精确的调整。由于该触媒反应要求持续保持游戏玩家和游戏开发商之间的联系的牢固性,所以微软公司十分密切地关注着价格和消费者的反应。在关键的最初几周,微软公司将多次下调 Xbox 游戏机的价格,以吸引消费者。它从对该行业的研究中认识到,如果未能使足够多的设备进入家庭,整个企业就会遭到毁灭。在这一阶段,确保能够引发和维持一个触媒反应要比赚取短期利润重要得多。

在最初的那两个月里,美国的 Xbox 游戏机购买者平均每人购买了三款游戏,然而这些游戏大都是由微软公司自行开发或外购的。尚没有足够多的第三方游戏开发商签约加入,而那些已签约加入的游戏开发商也并没有充分利用 Xbox 游戏机的独有功能。在拥有大量的游戏受众的日本,这种情况甚至更加糟糕。签约加入的游戏开发商寥寥无几,Xbox 在索尼公司和任天堂公司的大本营表现欠佳。

由于已经对该行业进行过研究,微软公司理解并预料到会有这样一段崎岖不平的开端。重要的是,它不指望立即就有丰厚的利润。相反,该公司预计,三年之内它不会转向赢利,而后来证明这是一个准确的估计。微软公司的游戏部门在 2004 年年底迎来了它的第一个赢利的季度。然而,在 2005 年,由于新一代 Xbox 游戏机的推出,亏损再次出现,并一直持续到 2006 财年的年底,从而累计造成 39 亿美元的经营亏损。[7] 图 6-3 显示了 Xbox 游戏机历年来的收入和亏损状况。

图 6-3　微软公司的家庭和娱乐事业部 2002—2006 年的收入和营业利润

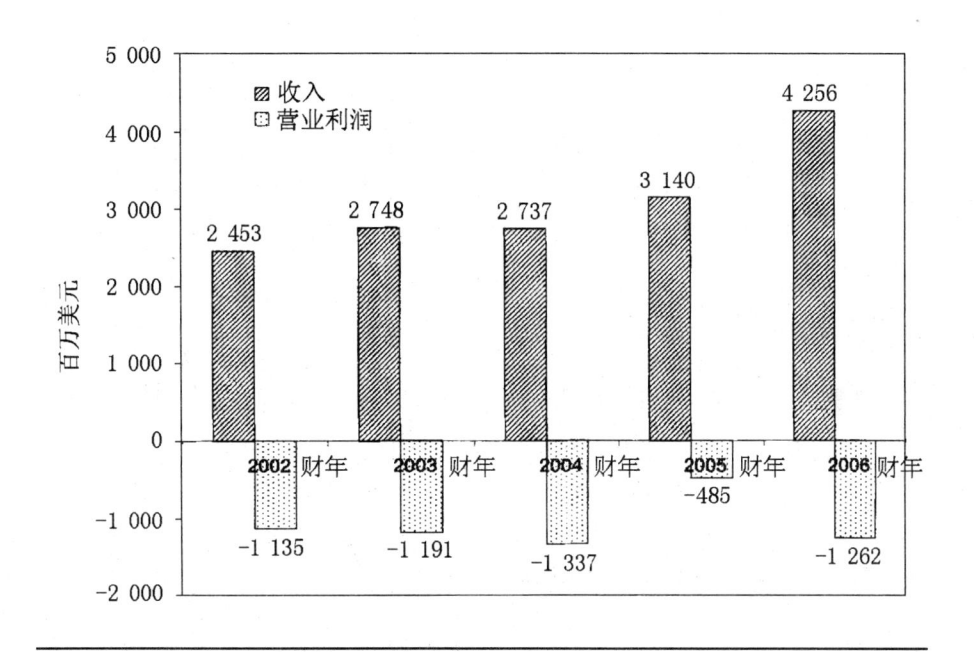

财年	收入(百万美元)	营业利润(百万美元)
2002 财年	2 453	-1 135
2003 财年	2 748	-1 191
2004 财年	2 737	-1 337
2005 财年	3 140	-485
2006 财年	4 256	-1 262

资料来源:微软公司提交给证券交易委员会的财务报告。

任何曾与初创企业及其支持者共过事的人都知道,业务的创新性越强,它被采用的情况及成功与否一般就越难预测。正如我们在第八章将要看到的,触媒反应的性质本身使得它们的成长和利润潜力尤其难以预测。但所有的触媒企业,特别是那些可以依靠同行业中其他多面企业的

第六章

丰富经验的触媒企业,应当把以下的经验教训铭记于心。

经验教训

对亏损的程度和持续时间作出切合实际的预测。这不仅将有助于评估相应的投资是否值得,而且在面对赤字并决定是否要继续坚持下去的时候,这将提供一个起参考作用的路标。

- 评估风险。启动一项触媒业务往往需要一笔相当大的投资。在面临可能出现竞争的情况下,要确保触媒反应的发生能够带来良性的风险资本回报。关键的风险在于,是否有可能引发一个触媒反应,以及一个成功引发的触媒反应是否能够产生利润。
- 把拥有一个长期的、可持续的、有利可图的触媒反应作为密切关注的目标。只要有助于实现这一长期目标,即便会使短期损失加剧,也要对价格和设计进行调整。
- 知道何时及时撤退。来自每一方的顾客数量的严重不足表明,你已为触媒业务选择了错误的多面战略。

任务 3：预知竞争者的行动

有时,有些人提出的想法如此具有创新性,以至于根本不存在他们不得不为之担忧的竞争对手——至少暂时是这样。当弗兰克·麦克纳马拉引入支付卡时,他主要是在与现金和支票进行竞争——两者都没有一个怀有兴趣或能力的发起者,来对由他的付款工具所带来的微小烦扰作出回应。大莱俱乐部或许能够引发一个有利可图的触媒反应,或许不能;但无论怎样,它都不必太多担心现有竞争者的反应。如果大莱俱乐部成功了，那么模仿者是它的主要威胁。在对未来的获利能力进行评估的过程中，大莱俱乐部需要考虑：这些模仿者出现的速度将会有多快，它们可能的优势是什么，本公司该如何回应。[8]

当然，很多有抱负的触媒企业都是模仿者，它们发现自己正在挑战一个已经成功的多面企业。正如新的触媒企业需要预测模仿者的进入行动一样，向先行的触媒企业发起挑战的挑战者需要预测现有触媒企业的反击行动。当美国运通公司决定推行信用卡计划时，它不得不对大莱俱乐部将会如何应对作出预测，它还要预测它如何能够利用自身的强项——特别是利用它在全球范围内的旅行办事处和商家关系这一基础，来赢得竞争优势。

在预测和应对竞争者的行动方面，开办新的多面业务的企业与那些开办新的单面业务的企业面临的问题是一样的。针对新企业的竞争对手可能会降低它们产品的价格、试图封锁新企业在竞争中需要用到的资产，或仅仅是模仿这一新进入者所取得的创新。然而，新的触媒企业会遇到传统企业不会遇到的问题。在这一部分，我们把重点放在那些关键的问题上。第七章将对触媒企业所面临的竞争问题进行更广泛的讨论。在这里，我们主要考察进攻战略和防御战略，进攻战略是一个业已建立的触媒企业为竭力阻挡来自新的触媒企业的竞争而采取的战略，而防御战略是一个新的竞争对手为了求得在一个既定的多面行业中生存而采取的战略。这两种战略涉及的都是同样的基本问题——只是角度不同而已。为确保触媒企业寻找到一条切实可行的赢利路线并长久地保持在这一路线上，理解这些战略是十分必要的。

许多触媒企业都有一个对它们的成功来说最为关键的业务面，那一业务面通常是竞争战役的焦点。如果处于其中一个业务面上的顾客为了利用该平台不得不作出更多的投资，那么他们往往会坚持要求该平台把另一业务面上的顾客准备就绪。视频游戏就是这样一种情况。游戏

第六章

  开发商为了给一种新的游戏机开发游戏,必须投入相当多的资源。正如我们已经讨论过的,它们并不愿意那样做,除非游戏机制造商使它们相信,将有足够多的消费者拥有它的这种新型游戏机。

  因此,让游戏机进入消费者的手中,是在视频游戏产业中求生存所必需的。微软公司不得不对游戏机的低价格作出承诺,以便让独立的游戏开发商为它的第一个版本的 Xbox 游戏机编写游戏。因此毫不奇怪的是,当微软公司的 Xbox 游戏机推出之时,索尼公司降低了其 PlayStation 游戏机的价格,在美国市场,价格从 299 美元降到 199 美元,在其本土市场日本,价格则从 38 000 日元降到不足 30 000 日元。微软公司早就预料到对方会有这种反应,所以通过迅速降低价格来与之较量。[9]

经验教训

  触媒企业应当为来自既定的多面企业和新进入者的、为争夺关键的顾客群体而发生的严酷的价格竞争做好准备。

  关键的顾客群体与企业的某一业务面在时间上并不总是完全吻合。一个或一组特定的顾客对于引发和推动业务的增长来说可能是关键的。触媒企业往往通过施以优惠以换取独家专营权的方式,来争夺这些"招牌"顾客(见"触媒企业的招牌战略")。索尼公司曾与多款游戏作品签订独家专售协议,其中包括大受欢迎的《侠盗飞车》(*Grand Theft Auto*)。合同的细节不得而知,但索尼公司可能主动提出了相当有吸引力的版税条款,以换取它们的承诺。所以,微软公司没有能够说服罗克斯塔游戏公司为它 2001 年推出的游戏机开发 Xbox 版的《侠盗飞车》。

触媒企业的招牌战略

诺世全百货商店、美国 HBO On Demand 付费电视频道、初级保健有限责任公司(Primary Care，LLC)和高盛(Goldman Sachs)都是招牌顾客。它们中的每一个都为服务于它们的触媒企业发挥了重要作用：它们每一个都是引燃了一个触媒反应，并帮助获得了另一方的支持的火花。

正如我们在前一章看到的，享有盛誉的投资银行高盛公司占据了地处东京六本木新城的森大厦的10个楼层。不仅高知名度的零售租户被吸引到了这一高档的零售及居住圣地，而且该投资银行的入驻吸引着其富有的雇员前来居住和生活，而这反过来又吸引来了更多的高知名度的居民和租户。2005年，塔夫茨—新英格兰医疗中心(Tufts - New England Medical Center)与初级保健有限责任公司达成了一项里程碑式的协议，以此来巩固其在高度竞争的波士顿医疗市场中的地位。现在，塔夫茨医疗中心能够更容易地招募到其他的大型医疗团体，这反过来又引来了病人，病人转而又引来了更多的医疗团体。为了使有线电视订户远离卫星电视系统和诸如网络电视服务提供商等这样一些新兴的竞争对手，有线电视公司把能够提供含有引人注目的内容组合的 HBO On Demand 自选影像服务看做是一种重要的竞争手段。最后，位于美国伊利诺伊州斯科基市(Skokie)的老果园中心(Old Orchard Center)，多年来一直是芝加哥最主要的购物目的地之一。但是到了20世纪80年代中期，它衰落了，其内部空间的很大一部分处于闲置状态。20世纪90年代初，为了振兴自己，它采用了一种招牌战略。诺世全公司是一家总部设在华盛顿州的受欢迎的美国百货商店，为了鼓励该商店搬入购物中心内20

第六章

> 万平方英尺的崭新场地,老果园中心给予诺世全公司很大的优惠条件。同时它也使布鲁明戴尔公司落户于购物中心的另一个角落。
>
> 但是,实行一个招牌客户战略,远不只是识别你所在市场上的最大和最有名气的潜在客户,然后接近它们,说服它们登上你的平台。"大牌"很少有便宜的。对于所有各方的价值主张都必须加以界定、塑造、再界定和再塑造。而往往伴随着这些交易的补助金,必须能够起到赢得正确顾客的支持、使他们帮助形成一个有利可图的触媒社区的作用,从而最终必须能够增加利润。

然而,很少有独家专售协议是永久性的。今天的独家协议通常是明天的战场。微软公司说服罗克斯塔游戏公司将其2006年发行的游戏《侠盗飞车:圣安德烈亚斯》(Grand Theft Auto:San Andreas)供其Xbox 360游戏机使用。当被问及这桩交易是如何发生的时候,微软公司中负责这一部门的行政主管彼得·穆尔(Peter Moore)不好意思地说:"嗯,所有我能说的是,我们是专售权的忠实崇拜者。我相信在推进PlayStation 2游戏机的大部分安装基数的过程中,专售权是起了作用的。当你观察一下什么将推动游戏机的采用时,当然价格始终是一个问题,但内容和独有的内容是很重要的。"[10] 2001年,微软公司由于缺少《侠盗飞车》和其他独家内容,它不得不投巨资收购游戏开发商,如收购热门游戏《光晕》的制作者邦奇软件公司(Bungie),并在引诱其他游戏开发商为其创造内容方面不惜血本。

对于触媒企业的经验教训如下。

经验教训

对那些具有开创性经营模式的触媒企业而言:锁定那些对一个成功

的触媒反应来说至关重要的顾客，以保护你的投资利益。对追随者而言：准备在招牌顾客身上以及在克服由既定触媒企业造成的排他性交易方面作出重大投资。

触媒企业应当预料到竞争者会模仿它们，正如大莱俱乐部和任天堂公司很快就领教到的那样。成功的战略经常被那些自认为它们能够把这些战略执行得更好的企业所模仿。开始供应沙拉并吸引了众多注重节食的顾客前来就餐的快餐店很快就会发现，它的竞争对手也正在购进更多的生菜。然而，多面企业常常迫使只服务于一面的企业将自身转变成触媒企业。当有利可图的多面经营模式涉及到使业务的一面承担损失、而这一面又是单面和多面企业相互重叠的业务面时，情况尤其如此。当任天堂公司引入双面模式，并着手以来自游戏开发商的许可费收入来对游戏机的分销进行补助时，所有的游戏机厂商不得不追随它的做法。

大约在20世纪交接之际，杂志行业从单面产业转变为双面产业。19世纪后期，多数杂志上还没有多少广告。它们赚取的利润大部分来自订阅费。查尔斯·麦克卢尔（Charles McClure）通过削减订阅费、为杂志创造大众市场及通过广告补偿丢失的利润等做法，改变了这一状况。他的《麦克卢尔杂志》（McClure's Magazine）是美国第一本真正靠广告来支持的杂志。他的主要竞争对手弗兰克·芒西（Frank Munsey）迅速效仿。1893年，弗兰克·芒西将他的杂志价格从25美分降低到10美分，并相信他可以从广告客户那里得到更多的收入。芒西还认识到，通过降低杂志的定价，他可以触及一个更大规模的、不太富裕的读者群，这些读者以前买不起杂志。他的做法奏效了。1893年，《芒西》杂志的发行量是4万份；1895年，其发行量增加到50万份。[11]在从这一新的触媒模式中寻求利润方面，芒西坚持不懈的程度远远超过麦克卢尔，因此常常被推崇为现代杂志出版业的创始人。大多数报刊杂志不得不采取

第六章

同样的模式,以便与现今变得便宜得多的杂志订阅费相抗衡。

对于触媒企业的经验教训是:以一种双面模式去瓦解一个单面产业将会是有好处的。但这些单面平台——特别是那些在其主要产品上正面临着亏钱的价格的单面平台——很快就会意识到,它们的选择要么是效仿,要么是彻底失败。

美国运通公司是世界上最著名的品牌之一,而大莱俱乐部可能会在几年之内变得微不足道。在某种程度上是因为,该触媒企业的先行者在保护自身免受模仿者的侵害方面做得不够好,而作为模仿者的美国运通公司在运用招牌及定价战略方面更胜一筹。

任务 4:协调内、外部的利益

当今时代,拥有一个利益协调一致的有效团队是大多数企业获得成功的关键。通常情况下,所有的团队成员为同一家公司而工作。但对于其业务依赖于公司之外不同社区的参与的触媒企业来说,关键的团队成员经常会为互补者——重要互补性产品的生产者而工作。以游戏开发商为例,即使是那些不属于索尼公司的游戏开发商,对于索尼 PlayStation 游戏机的成功也是至关重要的。由于一个触媒企业对于一组群体而言的价值如此依赖于它对于另一组群体的吸引力,触媒创业家必须注意不断调整公司之内及更广阔的触媒社区范围内的各种利益和动机。这是任何一个获利计划的一个重要组成部分。只有确保其范围较广的团队中的每一成员对于有助于提高触媒企业获利能力的行动抱有强烈的兴趣,一个成功的触媒企业的赢利目标才会得以实现。

从企业内部来说,这有时意味着需要设立与每一关键顾客群体相对应的部门,并确保部门主管追求正确的目标。微软公司最初想让生产Xbox 的游戏机制造部门成为一个利润中心。因此,完全可以理解的是，该部门的管理层想要从游戏机的销售中赚钱。但正如我们已经观察到的，在视频游戏行业，这样做行不通。游戏开发商只有当确信很多家庭都将拥有可以玩这些游戏的游戏机时，它们才愿意在开发这些游戏上进行投资。微软公司不久就发现，一旦游戏开发商知道了它计划在多高的价格水平上推出这种新的游戏机，它们在为它编写游戏方面便没有多大的兴趣了。

微软公司的问题不只是定价上的问题，它在组织管理方面也有问题，即激励不当的问题。关键雇员不具备与一个成功的双面战略相一致的动机。解决方案是：微软公司仍然把制造部门设为一个单独的部门，但以其所完成的成本和分销目标为基础付与它报酬。关于如何给游戏机定价的决策，被从制造部门移走了。Xbox 的高层管理者才有权确定游戏机的价格，并有权决定公司可以将游戏机的营业利润牺牲到何等程度。在这一既定价格下，该制造分部的任务是以最低的成本生产该种游戏机，并把这些游戏机卖到尽可能多的人的手中，在这一基础上，它获得相应的报酬。

经验教训

不要用触媒企业的两个面把一个触媒企业分隔开，或者，不要试图按照一个标准的损益表去管理触媒企业的每一面；双面战略应该驱动组织和激励机制的变革。

正如 Xbox 的例子中所显示的那样，一个触媒企业的管理者需要一套用以衡量企业内部成功程度的度量指标。在大多数传统的企业中，建立绩效指标已成为一项标准的经营规程。在触媒企业中，问题略微有所不同。如果狭隘地看的话，许多最终能够保证总体赢利的活动是赔钱

第六章

的。因此,绩效指标必须与推动最终赢利的这些目标的实现联系在一起——如争取更多的参与者参与到平台中来,或让参与者彼此产生更大程度的交往。由于很多这样的活动都会产生现金损失,商业计划必须对为实现更宽广的目标可能会招致的损失施加一些限制——以太高昂的代价购买的太多的成功,其实可能是一件非常不好的事情。

我们与之交谈过的几家公司(它们要求在这一问题上保持匿名)发现,它们对利润的追求由于内部小团体的存在而受到了危害,这些内部小团体热衷于赚取个别部门的个别利润,而不是确保整个平台的利润。

对触媒创业家而言,经验教训如下。

经验教训

确保你的内部团队有动力去从事可能会促进多面企业的获利能力的活动。

把企业之外的群体的利益与触媒企业的成功密切关联起来,是利益调整工作的另一部分。正如我们在第二章所描述的,从苹果公司到谷歌公司(Google),这些以软件为基础的触媒企业都拥有一位团队成员——一名布道师,其主要责任是竭力争取软件开发商对平台的支持,即使软件开发商并不是利润的直接来源。最初的巡回演讲和创造信徒的工作现已演变为这样的工作:举办大型会议,让软件开发商前来了解关于下一版平台的所有值得注意的新特性,而平台设计师利用会议深入了解软件开发商的希望和要求。2005年,谷歌公司任命互联网先驱文顿·瑟夫(Vinton Cerf)为它的首席互联网布道师。瑟夫并没有直接为互联网搜索引擎的利润作出贡献,互联网搜索引擎的所有利润几乎都来自在线广告的销售收入。但通过将谷歌打造为互联网搜索方面的最佳平台，瑟夫把软件工程师、广告客户，乃至最终把那些可能会为谷歌平台开发应用软件的创新者的利益统一在了一起。

赢利路径的创建，要求首先确认需要予以激发、诱导和劝说的某个或某些群体，以便使这些群体保持对触媒企业的参与。而指派专门人员来维护与每一群体中的相应人员的关系，是利润规划的另一个非常重要的部分。例如，微软公司曾指派三名代表与利用 teamxbox.com 网站和其他网站来吸引 Xbox 用户的 Xbox 社区进行沟通。该公司还正在赞助诸如 BioWare 社区等一些玩家社区，截止到 2006 年，BioWare 社区已拥有会员 200 多万人。

因为触媒企业就其本身的性质而言，拥有数个具有不同利益的群体，所以，对这些利益进行协调，便成为推动企业迈向实现赢利的道路的一个必不可少的部分。那些着眼于这一目标的企业，应注意以下几条经验教训。

经验教训

- 识别为实现赢利而必须承担的核心职责。这些职责包括确保获得对于触媒反应来说不可缺少的每一群体，并直接或间接地促进这些社区成员之间的交往。
- 确定度量指标，用以衡量在帮助引燃和维持触媒反应方面的成功程度。对于产生亏损的这一业务面来说，这些度量指标往往会涉及签约加入的群体成员的数量或群体成员所参与的交往的数量等这样的目标。

第六章

赢利路径与触媒框架

当微软公司进入视频游戏市场的时候,触媒模式已经完全建立起来。任天堂公司、索尼公司和其他一些企业已经解决了困扰着大多数新创触媒企业的"鸡和蛋"的问题。在围绕一个单一的平台吸引不同群体的能力得以实现之后,触媒创业家又不得不接着询问自己下一组问题:一个群体为另一个群体带来的正反馈依然强劲吗?我在吸引市场的其中一方的过程中需要承受的损失,会阻止我在一段合理的时间内实现整体上的利润吗?竞争者采取的行动是否会打破我已取得的触媒平衡?我能预见到市场上的新进入者的影响吗?

在企业形成过程的早期回答这些类型的问题,也就意味着需要创建一张赢利路线图——并在触媒框架之内完善这些要素(见表6-1)。由于市场的两方或更多方之间的初始触媒反应的创建难以正确把握,所以仅仅实现由触媒企业所制造的网络效应,很容易被误认为是最重要的商业成就。但触媒企业,就像任何其他企业一样,必须满足不断变化的市场中的所有需求。对获利能力的认真分析将迫使创业家检验这样的事实:他已经发起的触媒反应仅仅是不同参与者之间的一个有趣的经济关系,或是真正的、可持续经营的业务。

微软公司的经验表明,在进入一个既定的多面行业的过程中,即使是执行得最好的战略,也无法保证一定能获得相应的财务回报。Xbox团队把许多事情都处理得恰如其分。他们从历史中吸取了不少经验教训。他们从对已被证明如此成功的双面模式的挑战中一下子转变过来,效仿了给任天堂公司和索尼公司的增长以很大推动力的方法。他们准确地为产品定了价,并设法绕开了索尼公司对游戏分销商的独占。Xbox游戏机无论在玩游戏的人中还是在制作游戏的人中都大受欢迎。

表6-1 绘制赢利路线图

任　务	经验教训
研究行业历史	• 了解对商业前辈来说什么是奏效的,什么不奏效。 • 不要想当然地认为,在相关行业中对一个触媒企业起作用的因素,会对你的企业起到同样的作用。
运用预测以增强获利能力	• 对亏损作出现实的预测。评估风险。 • 确保触媒反应能够为长期利润的实现而持续存在。知道何时及时撤退。
预知竞争者的行动	• 对先行者而言:锁定对于一个成功的触媒反应来说至关重要的顾客。 • 对追随者而言:准备在招牌顾客身上作出重大投资。
协调内、外部的利益	• 不要把触媒企业的每一面分开管理。 • 为你的内部团队提供激励,促使其贡献于整体的获利能力,而不是部门的成功。 • 识别为实现赢利而必须承担的核心职责。 • 确定有助于发展和维持触媒反应的度量指标。

然而,尽管存在这一事实,即Xbox游戏机是由大概有史以来最有利可图的触媒业务——Windows软件平台的开发者所创造的,它却并没有达到微软公司最初的利润预期。尽管它是一项重要的战略资产,其经营亏损状态却似乎并无发生逆转的迹象。但是,正如美国运通公司的经历所显示的那样,由于规模效应和正反馈效应的作用,触媒可迅速地从无利可图的险境跨入利润丰厚的坦途。索尼公司在2006年圣诞节期间的一次失误(推出一种不受欢迎的游戏机,或带有软件或硬件缺陷的游戏机),或一款出自Xbox的独占游戏开发商之手的极其热门的游戏,可能会将一个现在看起来不太可靠的投资转变为一项非常有利可图的业务。

第六章

　　无论微软公司能否实现赢利,它的雄心勃勃的进入都提醒人们注意:即使那些似乎是牢固地扎根于其所在行业、在行业中遥遥领先的企业(在这一例子中,它们是任天堂公司、索尼公司和雅达利公司),预计也会受到来自不太可能发起挑战的各方的挑战。对触媒企业来说,这是一种反复出现的挑战。在下一章中,当我们看到一些传统的触媒企业如何已经看见互联网向新的触媒挑战者敞开了大门时,我们将更详细地对这种挑战进行研究。

第七章　策略性地同其他触媒企业展开竞争

> 每一面墙都是一扇门。
>
> ——拉尔夫·沃尔多·埃默森
> （Ralph Waldo Emerson）

2003年的冬天,一个拥有14 000部台式电脑的客户通常不会受到微软公司的总裁兼首席执行官史蒂夫·鲍尔默（Steve Ballmer）的注意,因为几乎全世界每一个重要的企业、政府机关和教育机构都使用着他所领导的公司授权使用的Windows软件。他肯定不会为了一份总计约3 600万美元的订单而失眠——那大约只相当于微软公司在2003财年从它的标准Windows操作系统中获得的年收入的1/3个百分点而已。[1]但是这位客户,即德国巴伐利亚州首府及德国第三大城市慕尼黑市,正在认真考虑从微软的Windows和Office软件转换到一种竞争性软件上去,这种竞争性软件是由志愿编程人员通过互联网开发并不断完善的开放源代码软件,有时称之为自由软件。微软公司的高层管理人员心里清楚,在开放源代码运动正在全球范围内向这位软件巨头发动的战争中,输掉这场小小的战役将使他们付出沉重的代价。

第七章

　　有人说鲍尔默从滑雪场急匆匆地去拜见了慕尼黑市的市长。还有人说他这趟去德国的商务旅行是早已预定好的。无论哪种方式,事实都是:鲍尔默花了45分钟亲自劝说慕尼黑市的市长选择微软公司的竞争性方案。而且,为赢得这笔生意,微软公司提供了很大程度的价格减让、免费的咨询服务以及其他优惠。但即使这样也无济于事:2003年5月28日,慕尼黑市议会以50对30票投票赞成将该市的软件转换为开放源代码产品——Linux操作系统和OpenOffice办公生产力套装应用软件。

　　当然,自由软件就如同谚语中所说的免费的午餐,并不是真正免费的。微软公司输给了两个跟它一样对赚钱感兴趣的公司。IBM公司与总部位于慕尼黑的SuSE Linux公司联手提供便于组装的开放源代码软件包,并提供使这些软件包有效运行的咨询服务。它们最初是以比微软公司的公开出价略高的价格加入竞标的,而到了最后,它们的报价远高于微软公司的报价。议会选择采用开放源代码软件,不是因为它是免费的,甚至也不是因为它更便宜,而是因为它认为开放源代码是未来发展的趋势,而且它认为,与依赖于微软公司相比,依赖于全球各地通过互联网开展工作的、不断变动的志愿编程者群体将使它获得更多的控制权。

　　意识形态在此次决策中发挥了一定作用。软件自由从哲学层面上看似乎与欧洲盛行的其他反资本主义运动相一致,譬如,与倡导保护环境的绿党(Green Party)相一致。此外,德国人以正基于开放源代码开创本土软件产业的SuSE Linux公司和其他德国公司为自豪。但是,一旦涉及到每天早晨启动计算机的问题,意识形态和党派倾向也只能到此为止了。如果与之相竞争的开放源代码软件不是很好的话,慕尼黑人是不会拒绝微软公司的越来越有吸引力的报价的。

　　微软公司与开放源代码软件的对抗是21世纪的最初几年中最引人注目的触媒冲突之一。这也提醒我们,即使是最为成功的触媒企业也不能免受竞争的威胁。事实上,触媒企业的冲突,即新触媒企业同现有触媒企业的较量,将是未来经济景观中的一个共同特征。表7-1显示了21世纪伊始几个触媒冲突的例子。

表 7-1 21 世纪的触媒冲突

行业	老触媒	新触媒	例子
软件平台	私有企业	Linux	微软公司的 Windows 操作系统与开放源代码操作系统 Linux 之间的冲突
零售业	购物中心	网上零售商	英国水石书店(Waterstone's books)与亚马逊网站(Amazon.com)之间的冲突
广告业	报纸、杂志、免费电视	互联网搜索引擎	《芝加哥太阳时报》(Chicago Sun Times)与 Craigslist 芝加哥网站(Chicago)之间的冲突;哥伦比亚广播公司和谷歌公司之间的冲突
付款类	一般用途的支付卡	移动电话支持的付款	JCB 信用卡与 i-mode 移动电话
旅游服务业	旅行社	基于互联网的旅游	托马斯·库克旅游公司(Thomas Cooke Travel)与 Orbitz 公司之间的冲突
广播电台无线电广播	地面广播	卫星广播,以互联网为基础的广播	清晰频道通信公司(Clear Channel)与 RealNetworks 公司的在线音乐服务商店 Rhapsody 之间的冲突

为竞争做好准备,并弄清它可能来自何处,构成了触媒框架的另一要素,如图7-1所示。在这一章,我们将更详细地考察触媒企业面临的竞争的特殊性。我们还要研究在诸如在线搜索、移动通信和零售等不同类型的行业中,触媒竞争是如何形成的。我们将会看到,以下任务的执行揭示出创业家可用以挑战今天根深蒂固的触媒企业的战术,同时也揭

第七章

图7-1 触媒框架:策略性地同其他触媒企业相竞争

识别平台社区	确立价格结构	设计成功的触媒组织	聚焦于获利能力	策略性地同其他触媒企业相竞争	试验和演进
• 识别相互需要的明显不同的群体	• 为准入和使用分别设立各自的价格	• 吸引彼此需要的多样的顾客群体	• 研究行业历史	• 理解触媒竞争的动态性	• 懂得何时当第一和何时做一个跟随者
• 确定它们为何相互需要,以及它们在多大程度上相互需要	• 设定价格以平衡来自两方的需求	• 促进交往	• 运用预测以增强获利能力	• 探寻来自于不同商业模式的竞争	• 控制增长 • 保持成果
• 估计还有谁正在服务于这一社区	• 起初的定价要为以后的缓慢增长留有余地	• 将交易成本减至最小	• 预知竞争者的行动	• 借力打力,发动攻击	• 为下一步做好打算
• 将多面商业模式与单面商业模式进行比较	• 为顾客的加入而报答顾客——有时候是这样 • 定价要考虑长期利润	• 触媒的设计要考虑到将来的发展演变	• 协调内、外部的利益	• 考虑合作	• 当心麻烦
弄清谁需要谁和为什么需要	**形成参与并使利润最大化**	**吸引顾客并推进交往**	**使面向长期利润的路径具体化**	**挑战现有触媒并对新触媒的威胁作出反应**	**推行进化型成长战略**

170

示出可帮助一个成功的触媒企业抵御新出现的威胁的经验教训。

1. **理解触媒竞争的动态性**。多属行为和交叉型触媒是触媒间竞争的两个独特而又重要的方面。它们既决定了触媒企业所面临的来自彼此的威胁，又决定了新进入者在一个由触媒主导的市场中的机遇。
2. **探寻来自于不同商业模式的竞争**。触媒企业面临的竞争常常并非来自模仿者，而是来自创新者。创新者或许会提供一种完全不同的产品，或者会提供一种运用不同的商业模式开发和分销的类似产品。
3. **利用杠杆作用以形成攻击力**。从另一行业中一个牢不可破的触媒组织的位置上攻击某一行业中的一个根深蒂固的触媒组织。利用在一个行业中逐步建立起来的社区来增加特色和服务，以便能够挑战另一行业中的竞争对手。
4. **考虑合作**。在某些情况下，不断发展的科学技术将使触媒的相互重叠成为可能，从而将创造出新的机会，或造成新的威胁。有时候，对于一个业已建立的触媒企业来说，与一个新触媒企业进行合作要比攻击它更好一些。

任务1：理解触媒竞争的动态性

美国广播公司（ABC）、哥伦比亚广播公司（CBS）和美国全国广播公司（NBC）这三大广播电视网通过无线电播送的晚间节目被大多数美国家庭收看了将近半个世纪，可它们现已目睹了触媒企业可能会多么迅速地失去其来之不易的顾客。仅2004年一年，这三大广播电视网的年龄在18岁到49岁之间的观众的份额便从31.3%下降至30.2%，而这部

第七章

分观众是最令广告客户垂涎的目标观众,广告客户又是这三大广播电视网的全部收入的提供者。[2] 图7-2显示了这三大广播电视网的收视率趋势。

图7-2　美国三大广播电视网(ABC、NBC和CBS)黄金时段的相对收视率,1997—2006年

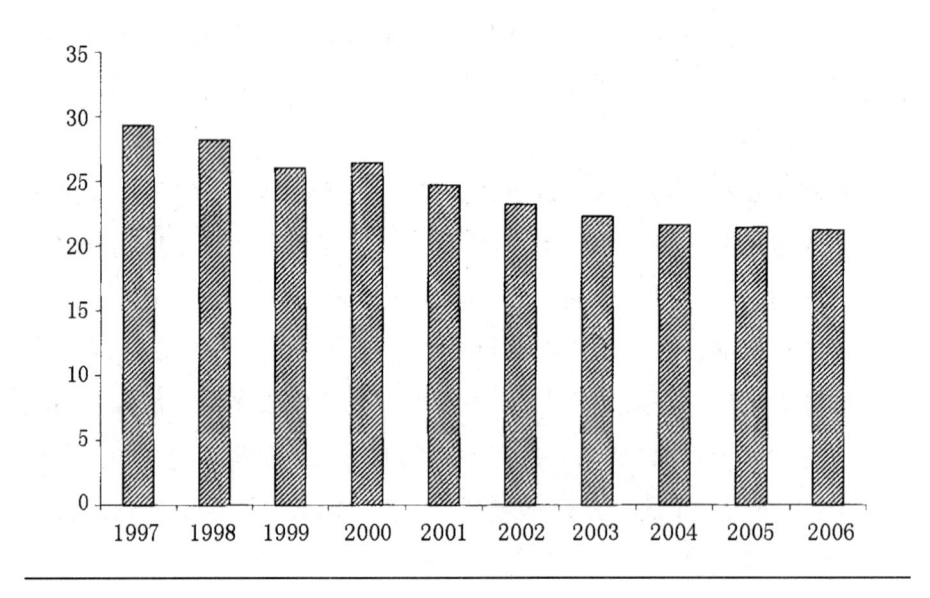

年份	收视率
1997	29.3
1998	28.2
1999	26.0
2000	26.4
2001	24.7
2002	23.2
2003	22.3
2004	21.7
2005	21.5
2006	21.3

资料来源:尼尔森媒体研究公司;"Television Broadcasting—Broadcast TV Fact Book." Bear Stearns, July 2006。

这部分观众中的许多人观看的是可通过有线电视收看到的其他电视网的节目,他们也观看光碟或他们已下载到其电脑上的一些东西。较年轻的观众,尤其是那些喜欢在他们的视频游戏机上玩游戏和到网上去冲浪的年轻观众,经常因为给他们的朋友发电子邮件或传递即时消息,或因为玩弄他们的其他小玩意儿而分心,即使当他们正在看电视时也是如此。

正如观众对于获取内容的途径有更多的选择，广告主对于使它们的广告触及合适的眼球和耳朵的途径也有更多的选择。那些希望接触Y一代——出生于1977年和1990年之间的5 600万美国人的广告主，推销从互联网接入服务到税务筹划、免费笑脸符号下载和在MySpace.com网站上的约会服务等的一切东西。它们还能够推断出其最可能的客户可能会进行的互联网搜索的种类，并为得到宣告这类搜索的网页空间而向诸如谷歌和雅虎等这样的受广告支持的搜索引擎支付费用。

美国广播公司（ABC）、哥伦比亚广播公司（CBS）和美国全国广播公司（NBC）正面临来自多方面的更为严酷的竞争。它们的阵痛显示了用于理解双面行业中的竞争动态性的两个强有力的概念：多属行为（multihoming）和交叉型（intersecting）触媒。

多属行为

当顾客在同一时间内使用两个或两个以上相互竞争的触媒组织的产品时，多属行为便发生了。当他们只使用一个供应商时，便是一种单属行为。广播电视网的情况就是如此，如图7-3所示。广告主和观众都是一夫多妻者。同样，大多数商家接受多个支付卡品牌，而许多消费者携带和使用多个不同的支付卡。计算机操作系统的供应商通常只在一面上面临着多属行为。人们在其个人电脑、视频游戏机或手机上使用一种以上的操作系统是不切实际的，或在某些情况下甚至是不可能的。然而，许多软件开发商为多个操作系统编写程序或游戏。例如，西门子公司在英国的子公司，即罗克庄园研究有限公司，为各种手机平台开发应用程序，这些手机平台包括Symbian操作系统、随身电脑操作系统和Palm OS系统。

第七章

图7-3 多属行为与广播电视公司

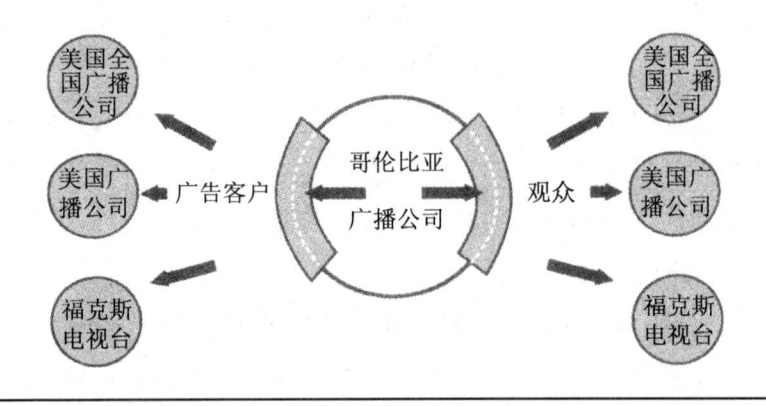

如果你想创建或投资于一个触媒企业的话,你就必须对多属行为加以关注。

当涉及对多面企业的依赖时,顾客往往会顺次作出两个决定:我应当加入这一"俱乐部"吗?对于这一"俱乐部",我应该多久才使用一次?一旦他们已经加入了某一俱乐部(大多数触媒组织以较低的准入费很轻松地做到了这一点),使用该俱乐部就是很自然的。但是,如果他们加入了多个触媒组织,那么他们便很容易从对一个触媒组织的使用转换到对另一个触媒组织的使用。持卡人可以把他们的美国运通卡从他们的钱包里挪走,就像把他们的维萨卡从他们的钱包里挪走一样容易。电视观众只要轻弹一下遥控器,便可从哥伦比亚广播公司的电视节目切换到探索频道(Discovery Channel)。多属行为减少了黏性,而许多单面公司是依靠黏性来维持其顾客的忠诚度的。

多属行为之所以值得重视,还有另外一个原因:它减少了正反馈的力量。触媒组织是通过让其中一方的较多的顾客来吸引另一方的越来越多的顾客而成长起来的。如果一方的顾客可以通过另一个触媒组织接触到另一方的顾客的话,那么这种吸引力要小得多。

对多属行为的理解使触媒企业需要接受下列两条经验教训。

经验教训

- 触媒企业,尤其是作为市场领导者的触媒企业,应当通过产品设计来限制顾客的多属行为。后面我们将会看到,eBay 公司利用其反馈论坛让买家和卖家对 eBay 网站非常忠诚。如果买家和卖家使用另一个拍卖网站,他们就会失去已经在 eBay 网站上积累起来的"信誉资本"。
- 触媒企业应当认识到,产生多属行为的顾客对价值主张是高度敏感的,因此,它们应当确保自己具有一个针对那些顾客的令人信服的价值主张。该条经验教训的实际含义是,当只有一方顾客存在多属行为时,在提高针对该方顾客的价格问题上就要特别谨慎。

交叉型触媒

触媒企业经常面临来自于像它们一样服务于相同的顾客群的多面企业的竞争。这些相互重叠的触媒往往具有类似的商业模式。它们经常采用相似的定价策略。美国广播公司(ABC)、哥伦比亚广播公司(CBS)、美国全国广播公司(NBC)和福克斯电视台(Fox TV)均以大致相似的方式为观众和广告主提供服务,并从广告主那里获取它们的利润,如图7-4所示。

触媒企业有时面临着来自单面企业的竞争。当 TiVo 数字视频录制器被首次推出的时候,TiVo 公司便成为广播电视公司所面临的最大威胁的来源之一。TiVo 数字视频录制器一开始是以一个带有硬盘驱动

第七章

图 7-4 相互重叠的触媒

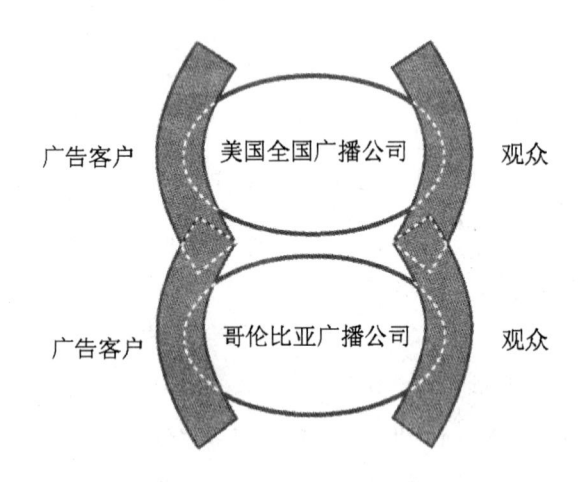

[图示：美国全国广播公司与哥伦比亚广播公司，左侧为广告客户，右侧为观众]

器的盒子的面目而出现的,它不仅能够将正在播出的电视节目错时播放,而且能够跳过给广播电视公司带来全部收入的广告。尽管 TiVo 公司现已发展成为一个具有自身的广告支持要求的触媒企业,但对于担心其收入流将基本消失的电视广告客户和内容创作商而言,它造成的绝不只是一丝的紧张。

然而,来自交叉型触媒的竞争可能更为复杂。假定触媒企业 1 决定把低于成本的价格提供给顾客群体 A,而从顾客群体 B 那里赚取其利润。然后,服务于顾客群体 B 和顾客群体 C 的触媒企业 2 出现了。触媒企业 2 决定把低于成本的价格提供给 B 这一方,而从 C 那一方赚取其利润。如果这两个触媒企业正在向顾客群体 B 提供相类似的服务,触媒企业 1 所采用的经营模式便不再有效:它对顾客群体 B 的开价将不能高过触媒企业 2 对顾客群体 B 的开价,因此将无法给顾客群体 A 以补贴。只有当触媒企业 1 能够向顾客群体 B 提供有差异性的产品时,

策略性地同其他触媒企业展开竞争

它才能生存下去。

举例来说,正如我们前面所指出的,地方性报纸对所有的分类广告均收取费用,并以刚好能补偿印刷和发行成本的价格把这些分类广告提供给读者(作为更多报纸内容的一部分),而在一些地区,Craigslist网站容许消费者免费张贴和浏览广告,而只向雇主收取费用(参看图7-5)。

图7-5 交叉型触媒与报纸的分类广告

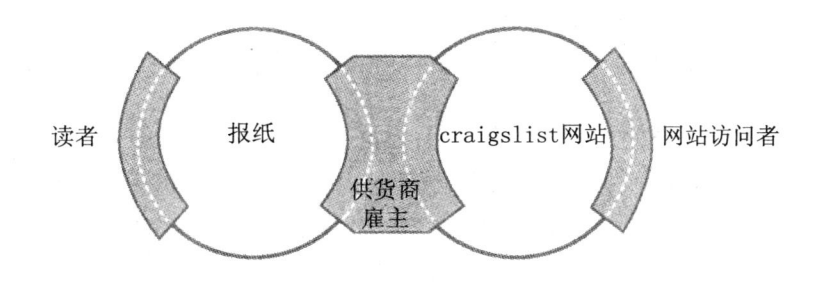

最近的一项研究显示,仅在2004年一年,Craigslist网站便从旧金山湾区的报纸上移走了大约5 000万到6 500万美元的广告收入(包括招聘广告收入)[3]。报纸上各种各样的内容已成为在线的形式。

正如这个例子所表明的,对其中一个顾客群体赔钱的需要是触媒企业脆弱性的一个真正来源,因为这要求从另一个顾客群体那里赚得所有的利润。只要触媒企业在与具有相同模式的其他触媒企业相竞争,这样做倒没有关系。可是,当它们与那些把更好的待遇提供给其创利顾客的企业发生碰撞时,这样做可能是致命的。这就为触媒企业提供了几条经验教训,以用于审视关于威胁方面的竞争态势。

第七章

经验教训

- 观察那些相互重叠的竞争性触媒正在做什么。就像在单面企业中一样,你需要观察你的直接竞争对手是如何对它们的价格和产品进行调整的。但要记住:相关价格和产品上的变动会通过正反馈作用而得到放大。小的变动可能会产生重大影响。
- 密切注意交叉型触媒。看看其他触媒企业是否正向你的顾客群体之一提供相似的服务。你需要非常密切地关注它们的价格与你的价格相比是怎么样的,以及它们的商业模式与你的商业模式是否相抵触。如果你的低利润顾客群体正是它们的高利润顾客群体,那么它们就不得不为此而担忧了。否则,不得不感到担忧的将是你。在那种情况下,能否生存下来,大概就看你能否将自己的提供物与它们的提供物区别开了。
- 提防单面竞争者。识别那些并非触媒,但是正在向你的顾客群体之一提供竞争性服务的企业。如果它们是在你的低利润顾客群体一端与你相竞争,你很可能会摧毁它们。但如果它们是在你的高利润顾客群体的一端与你相竞争,那么你将是脆弱的。就像对于交叉型触媒的情况一样,差异性也许是生存的唯一出路。

任务2:探寻来自于不同商业模式的竞争

理查德·斯托尔曼(Richard Stallman)看起来就像一个无家可归的人,他睡在公园的长凳上,把携带的衣服装在一个塑料袋里。他有着长长的、蓬乱的黑头发和络腮胡子,似乎很久都没有清洗过了。而他听起来可能就像一个寻找皈依者及抨击世间的邪恶的街头传教士。他还是

策略性地同其他触媒企业展开竞争

一个发起触媒反应方面的天才,史蒂夫·鲍尔默正是在他所发起的触媒反应的背景下被迫赶往慕尼黑的。

斯托尔曼并没有发明像通用支付卡这样的新产品,或像由广告支持的无线广播电台这样的新商业模式。他甚至对赚钱没有任何兴趣。相反,1985年,他提出了一个约定——一个依赖于版权法的、具有法律约束力的协议,从而在软件编程人员和世界各地的用户之中发起了一场触媒反应。

在计算机兴起之初,像IBM这样的公司是靠硬件赚钱的。大多数软件是由个别用户为特定的任务而定制的。那时候并没有软件方面的市场。程序员与他人分享他们的代码块,因为这样做他们会得到某种认可,帮助他们的朋友,而且不会因此而损失任何金钱。硬件公司也制作了一些供免费使用的软件,因为这样有助于促进硬件的销售。软件市场最终还是发展起来,当个人电脑开始流行之后它得到了迅速发展。软件公司以一种被称为目标代码的一连串的"0"和"1"的形式来发布它们的产品,这种形式对于计算机来说易于理解,但对于其他程序员来说却不能轻易解码。

斯托尔曼认为对软件收费是不道德的,并认为软件应当以人类可读的源代码的形式、而不是以难以捉摸的比特的形式予以发布。为追求其不为贪欲所感染的关于一个软件乌托邦的梦想,他创立了自由软件基金会(Free Software Foundation)。不过,他也认识到,如果别人能在不给予任何回报的情况下就将自己努力的果实摘走,人们是不会相互合作的。

通用公共许可协议(简称为GPL)是他为解决这一问题而创造出的杰出方案。在他人遵守通用公共许可协议的前提下,如果你把你自己编写的软件程序作为源代码提供给他人,这些受益者同样也必须在通用公共许可协议之下把他们对你的程序所作的任何修改散播出去。这样,对

第七章

于你的程序的任何改进都被返回到这一社区——而且远不止如此,因为志愿编程者社区以外的人也会从中受益。

通用公共许可协议(GPL)有助于在那些希望写出有用代码的编程人员和希望使用软件来帮助解决问题的最终用户之间激起触媒反应。通用公共许可协议(GPL)是在所谓的开放源代码运动中迄今为止最受欢迎的许可协议。截至2006年11月,共有29 000多个项目在这一许可协议之下得到开发。[4] 遵循通用公共许可协议(GPL)的热门程序被广为散发。例如,MySQL是一个与甲骨文公司的Oracle Database相竞争的数据库程序,目前安装了这一程序的计算机超过400万台。[5]

Linux操作系统——这一Windows操作系统的替代品,是开放源代码运动的最著名产品之一。莱纳斯·托瓦尔兹(Linus Torvalds)在斯托尔曼团队依据通用公共许可协议(GPL)编写并公布的代码的基础上写出了这个操作系统的第一个版本。托瓦尔兹把他的版本张贴在网上。很快,世界各地的编程员纷纷为这一操作系统自愿编写代码。他定期对这些自愿编写的代码进行审查——一些代码是对系统漏洞的纠正,另外一些是对系统的补充。在此基础上,他发布了吸收了所有有价值建议的Linux系统的新的正式版本。现在,有"仁慈的终身独裁者"之称的托瓦尔兹监管着Linux系统的发展,这个系统已经被大约11%的服务器安装,各个组织机构用这些服务器来管理它们的网络,处理它们的网站,并用这些服务器来运行大型应用程序。[6]

如今,Linux已成为一项伟大的事业,使得诸如IBM这样的公司花钱雇用许多"志愿者"来帮助改进它的源代码。但是,这不应该使我们忽视这样一个事实:一群通过互联网工作的、受托瓦尔兹和其他几位人士松散管理的个体编程者,已经编写出570万行代码,谷歌公司用这些代码来运行它的众多服务器,数字域公司(Digital Domain)曾用这些代码为电影《泰坦尼克号》(Titanic)创造了特殊效果,全世界数以千计的尖端企业每天都在使用这些代码,包含这些代码的 Linux 系统已被证明是对微软公司的利润流的一个最大威胁。

因此,鲍尔默急匆匆地赶往慕尼黑不是没有道理的。开放源代码不只是产生出好的软件。它所依据的商业模式与微软公司、Symbian 公司、苹果公司及其他一些靠制造软件平台来赢取利润的公司所遵循的商业模式是相冲突的。

微软公司在为它的 Windows 软件平台编写代码方面投入了大量的资金。由于遵循双面定价策略,它在很大程度上把该软件平台的服务无偿赠送给了软件开发商,并通过向电脑用户和电脑制造商收取其软件的许可使用费而赚取利润,而这反过来又使电脑用户有相应的应用软件可用。开放源代码社区却把它的产品既赠送给软件开发商,又赠送给电脑用户和电脑制造商。这就使得 Linux 系统和其他开放源代码软件成为争夺对价格敏感的顾客、包括争夺发展中国家的政府的强硬竞争者。这种"免费"模式也解释了 IBM 公司和其他硬件厂商对 Linux 系统所抱有的热情。它们的顾客需要硬件和软件平台。如果它们或它们的顾客能得到一种更便宜的软件平台(或者,如果像在慕尼黑的例子中一样,开放源代码的"社会"利益超过了基于 Windows 的替代方案的优势),那么它们就可以从它们的硬件上面获得更大的利润。

Linux 社区不为大多数人所关注地存在了许多年。但在 2005 年,即在托瓦尔兹第一次张贴出 Linux 代码之后的第 14 年,《商业周刊》(*Business Week*)的一期封面故事宣称:"Linux 系统有限公司:莱纳斯·托瓦尔兹曾经率领着一帮由软件怪才组成的乌合之众。现在情形不再是这样了。这里是一篇关于不寻常的 Linux 商业模式如何日益对微软公司构成威胁的内部观察。"[7]

微软公司与开放源代码软件之间的竞争,既为面临威胁的现有触媒企业提供了经验教训,又为想要同现有触媒企业进行较量的公司提供了

第七章

经验教训。对于像微软公司这样的既存企业来说,这些经验教训如下。

经验教训

- 从意想不到的地方探寻竞争。触媒企业应当对有着不同商业模式的其他触媒企业始终保持警惕——因为这些企业往往是最具威胁性的,并可能导致最残酷的交锋。当对价格敏感的公司和政府开始转向似乎更便宜的替代品时,微软公司毫无防备,只是在自由软件已经获得了相当大的发展势头之后才反应过来。

- 凡是向你的触媒社区成员提供了价值或能够提供价值的业务或技术,都要予以密切注意。当竞争者拥有的利润来源与你的利润来源不同时,或者当它们拥有超过你的技术优势时,其中的危险性尤其严重。微软公司与开放源代码之间的竞争,从根本上说是有着非常不同的成本和定价结构的商业模式之间的战争。

对于新进入者而言,经验教训有所不同。

经验教训

挑战一个既存触媒企业的秘诀是创新而不是模仿。开放源代码的创新性不在于软件,而在于用于协调世界各地成千上万的独立编程员的机制及用于解决搭便车问题的约定——尤其是通用公共许可协议(GPL)。自由软件基金会之所以成功,是因为它并没有像微软公司的其他竞争对手那样,试图从正面阻挡微软。

任务 3：借力打力，发动攻击

新的竞争也早已悄悄地靠近了报纸行业。但是，新竞争现在构成了致命的危险。正如图7-6所显示的，在2003年到2006年之间，10家最大的美国报业公司中的每一家的市值都在下降，总体下降幅度达40%，致使320亿美元的价值消逝一空，尽管主要股指一直处于上升趋势。[8]

图 7-6 2003—2006年报业公司市值的下降趋势

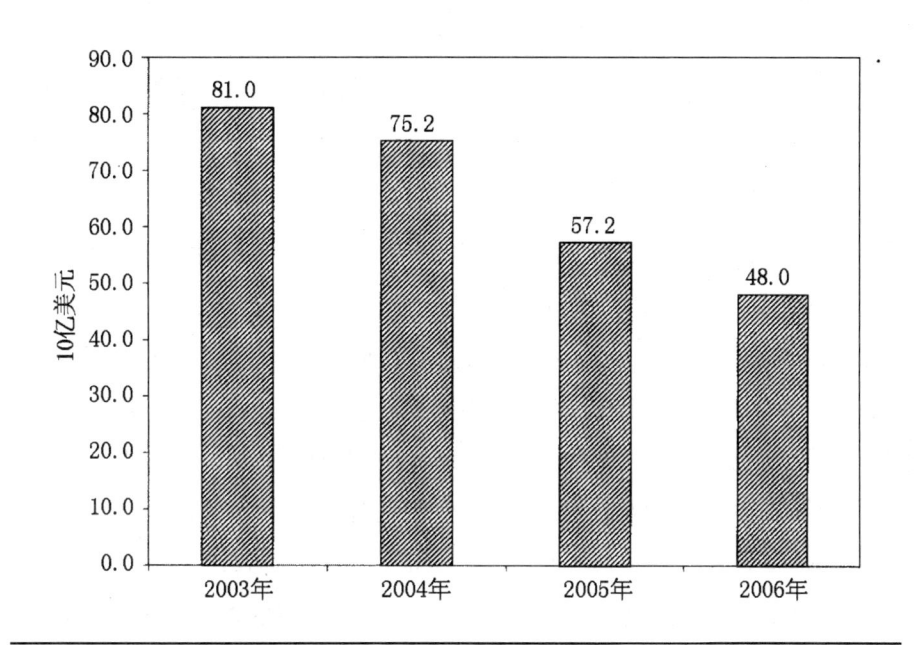

年份	10亿美元
2003年	81.0
2004年	75.2
2005年	57.2
2006年	48.0

资料来源：2003年—2005年的市值数据来自2006年的《彭博资讯》；2006年的市值数据截至2006年8月24日，由雅虎财经网站提供。
注：数据表示的是由雅虎财经网站予以排名的最大的10家报业公司的市值，排名数据截至2006年8月24日。

第七章

以网络为基础的竞争者通过三种方式严重破坏了报纸的以广告为基础的商业模式。报纸内容对读者的价值下降了,因为读者可以在网上得到其中大部分的内容,而且,无论读者何时想要得到这些内容,他们都可以得到。此外,网络广告降低了报纸作为一种用于展示广告、尤其是用于展示分类广告的传播媒介的价值。

对报纸的商业模式形成破坏的第三种方式是最有趣的。一些年轻的触媒企业不是靠提供预先组织好的内容来吸引广告受众,而是靠搜索引擎来吸引正在万维网上寻找东西的消费者,谷歌公司和雅虎公司正是这些年轻的触媒企业中最大和最著名的公司。另外,它们还设计出一种根据消费者是否"点击进入"了所呈现给他们的广告而对广告主进行收费的方式。广告主们知道,它们已经与一名点进了其广告的消费者建立了联系,而它们并不知道,它们已经与一名购买了刊有其广告的报纸的读者建立了联系。搜索引擎提供了印刷型报纸无法与之相匹配的价值。

因此,印刷型报纸——以及事实上所有传统的受广告支持的触媒企业,都面临着正在对其发动正面攻击的新的竞争者,这种新的竞争者视野广泛,并拥有一种将广阔视角与广告主连接到一起的更有效方式。广告支持的搜索引擎具有与传统触媒企业相同的商业模式,它们都是从同一方(广告主)那里赚得利润,并对同一方(观众)进行补贴。就报纸、杂志和电视而论,它们就是我们所称的"相互重叠的触媒"。

传统媒体被打得措手不及。一些传统媒体通过建立门户网站来借力打力地保护自己。《华尔街日报》(*Wall Street Journal*)是在这方面做得最成功的。早先的时候,它成功地建立了一个以收取订阅费为基础的网站。作为一个有价值的财经报道的领先提供商,它得以让人们为及时获得新闻而付费。而且,因为它并不依赖于分类广告,所以其广告收入不易受到基于网络的竞争的损害。而广告主们发现,该网站是用以触及《华尔街日报》的高端读者的一个极有用的辅助工具。

策略性地同其他触媒企业展开竞争

《纽约时报》(New York Times)也已设法巩固了它的地位。同大多数别的报纸的网络版一样,它发现订阅费把人们从它的网站上赶走了。但是,随着基于网络的广告变得更加受欢迎,至2006年,每天前来访问《纽约时报》网站的人约达150万人,这样的吸引力非常宝贵。[9]不过,该种对策的有效性仅限于这一实例。搜索引擎能够很容易地辨识出那些可能对一种特定的产品或服务有需求的人。一个寻找陶锅的网页浏览者或许也会对购买摩洛哥炊具感兴趣。大多数传统的媒体即使是带有网站,也无法像搜索引擎那样对消费者进行分类——它们在发动基本上未分化的吸引力方面要擅长得多。对于那些已被证明是用于把细分的读者社群与广告客户撮合到一起的有效的触媒的杂志来说,这种方法可能更奏效一些,正如我们第五章描述过的日本男性杂志《里昂》的例子。

在这里,强调积极的一面也许是一个更好的策略。那些不能承受正面攻击的触媒企业应当着重强调能将它们区别开来的特征。与以搜索引擎为基础的触媒相比,传统的媒体触媒是用于向大量受众传播重复性信息的更好载体。对于那些希望建立品牌地位的公司来说,或对于那些因为提供大多数人都消费的一种产品或服务而通过受众吸引力受益的公司来说,传统的媒体仍然占有优势地位。通过专注于这些优势,全国性的电视台和全国性报纸有着最好的生存机会。地方性电视台和都市类报纸面临的问题较为困难。它们一方面缺少某些杂志的如剃须刀般集中的焦点,另一方面缺少全国性媒体的触及面。郊区报纸和街坊报纸的兴起,部分地反映了聚焦于一点对于广告主而言的价值,波士顿地区的《剑桥纪事报》(Cambridge Chronicle)和《笔架山时报》(Beacon Hill Times)就是这样的例子。

面对触媒冲突的另一个生存策略是对定价和设计进行修正。重要的顾客群体中至少会有一个群体对传统的触媒不再那么看重,因为它们现在有一种新的触媒可供选择。传统的触媒在利润方面几乎必然会受

第七章

到打击。面临的挑战是尽量减少利润损失和防止整体性的毁灭。大多数传统的受广告支持的媒体以往并没有积极主动地遵循这一经验教训。随着时间的推移,更多的传统媒体可能会发现,由于其广告收入的不断下降,它们不得不提高针对读者的价格,其中一些媒体可能会返回到很早以前的报纸和杂志在很大程度上是靠订阅费来挣得利润的单面企业的时代。

通过对其他类型的触媒从中赚取利润的那一面顾客提供补贴,广告支持的搜索引擎也正在对其他行业发动侧面攻击。在这些战役中它们是"交叉型触媒":它们可以把产品和服务免费供人们使用,只要它们有源源不断的、足够的广告收入来弥补其投资成本。谷歌公司尤其是这样一支带来破坏性改变的力量,它使许多成熟的触媒企业及单面企业的领导者逐渐感受到了恐惧。

拉里·佩奇和谢尔盖·布林凭借一个用于建立与更新万维网索引的创新性的软件程序,创办了谷歌公司。怀揣这一软件及与之相伴的巨大的运算能力,他们靠乞求和借贷筹集到了创办公司的启动资金。自1998年始,谷歌公司得以向网络用户提供搜索结果,网络用户发现,相比于那些由其他门户网站提供的搜索结果,它所提供的搜索结果更为相关。佩奇和布林进而开始运用按点击率计费的方法出售广告,正如我们在第二章讨论过的。也许是在无意之中,他们发起了一个软件平台,该平台能够把不同的社群联系在一起,并向这些社群提供它们以前难以得到的价值。他们开启了一个规模庞大、比例均衡的触媒反应。2005年,谷歌公司的广告收入达到61亿美元,超过了纽约时报公司和道琼斯公司广告收入的总和。[10] 2005年12月,仅来自美国范围内的Google搜索就将近25亿次,这导致了美国范围内对于付费广告主的广告的点进次数高达16.5万亿次。[11]

每当谷歌公司想出一种将广告提供给顾客的途径时,它便看到了利润。这就是让许多行业中的商业人士夜不能寐的原因所在。微软公司的桌面专营权是目标之一。对微软公司而言,电脑屏幕是电脑用户与它的软件平台交互作用以及它帮助电脑用户组织他们的应用软件的地方。对谷歌公司而言,电脑屏幕是一种有价值的不动产,它可以直接在那里放置广告,或在那里放置能够把人们带到带有广告的网页上去的程序。因此,谷歌公司正在开发各种各样的软件程序,并且将这些软件程序免费赠送,这样做明显是希望增加它的广告宣传机会。它也在向软件开发商提供免费的软件服务。作为交换,当这些软件开发商的应用软件运行时,这些软件开发商不得不同意让谷歌公司在它们的应用软件上放置广告。可以想象,谷歌公司是在用可从电脑桌面上赚取的广告收入来资助基于Linux操作系统的个人电脑的发展。

举例来说,谷歌地图(Google Maps)是一个帮助人们通过他们的个人电脑和移动设备方便地寻找地址的软件程序。谷歌公司已经把该程序提供给了那些正在创造诸如识别犯罪现场或寻找餐馆等各种各样的应用软件的软件开发商们。通过利用它已经发展起来的触媒社区,这一搜索引擎巨兽正在运用典型的"借力进攻"策略来进入它可以在那里扩展其广告支持模式的相邻的市场。

谷歌公司的爆炸性增长让它的竞争对手大为震惊。大多数对手开始后知后觉地求助于"借力防卫"和"以模仿求生存"的反击策略。传统的媒体公司缺乏追求这些策略的技术能力,像雅虎和微软这样的技术娴熟的公司却与之不同,它们拥有丰富的技术能力。它们正投资于搜索引擎技术,以图超越谷歌公司的产品,它们也正在投资开发模仿性的、受广告支持的风险项目。与此同时,为了在这场竞赛中保持领先地位,佩奇和布林正不断地对其搜索和广告技术的改善进行投资。这些公司也都在鼓励软件开发商编写应用软件,并鼓励消费者使用这些应用软件——这是一个所有的软件平台为创建一个依赖于并因而受制于其平台的生

第七章

态系统而遵循的典型策略。

在零售部门也可以看到同样的现象。eBay 公司在创办十年之后，已拥有注册用户近 1.8 亿，这些注册用户所交换的商品总值超过 443 亿美元。[12] 如果没有一个像 eBay 公司这样的以拍卖为基础的电子零售商，其中一些物品可能永远都不会被卖掉。它们也许只是被长期地搁置在某个人的阁楼上或一个小商店的后房里，或者被丢弃在垃圾桶里。然而，渐渐地，eBay 网上许多商品的出售都构成了对现有零售商的竞争。这一新型的触媒企业，连同中国的阿里巴巴、雅虎日本公司以及众多其他的、较小的电子零售商一道，成为一场正在瓦解零售行业的整体范围的革命的背后力量。

eBay Motors 提供了一个关于这一门户网站是如何与传统的零售商相碰撞的例子。2005 年，有价值将近 140 亿美元的汽车和卡车被通过 eBay 网销售出去。[13] 如果 eBay 未能使汽车的买卖变得对它们来说如此容易的话，那么这其中的一些车辆只可能依赖汽车经销商个人买进和卖出。汽车经销商仍然存在，但它们正处于比以往任何时候都大的竞争压力之下。

与许多其他的新型触媒一样，软件平台是 eBay 力量的关键来源。该平台已经从 1995 年运行在皮埃尔·奥米迪亚（Pierre Omidyar）的家庭计算机上的几行代码，发展成为 2005 年运行在 9000 台服务器上的超过 600 万行代码。[14] 这些代码使 eBay 公司能够为买家和卖家提供数目越来越多的可用功能，从而使买家和卖家的交易更加便利。要编写出高效而又没有漏洞的代码，需要深厚的专业知识和艰苦卓绝的工作。不过，通过把好的代码更密集地使用在更多的计算机上，与通过建立更多的工厂或零售商店相比，扩张起来要容易得多。

起初，eBay 公司的软件平台将买家和卖家汇集到了一起。到 2000 年，eBay 公司决定引入另一个社群：能够编写可供 eBay 公司的买家和卖家使用、从而可以增加买家和卖家从 eBay 公司获得的价值的应用软件的软件开发者。它为软件开发者提供了进入其软件平台的权利，为他们提供了用于编写程序的工具，建立了一个用于测试他们的程序的实验室，并对最好的应用程序给予奖励。截至 2005 年，eBay 公司拥有经其注册的软件开发者 21 000 多名。他们已为买家和卖家编写出了 1 600 个应用程序。[15]

从阿里巴巴公司到雅虎公司，这些电子零售商们已经并正在借力进攻零售行业中的大部分领域。起初，它们帮助人们交易那些在报纸的分类广告栏中做广告的各类东西，或者，那些在集市上出售或在郊区美国人的旧货大甩卖现场中被出售的东西。这一在个人对个人交易领域中的核心力量逐渐建立起来之后，这些电子零售商又转向了企业对消费者交易领域和企业对企业交易领域。

作为回应，一些传统的零售商已经采取了借力防卫策略。它们创建了自己的电子零售网站。2005 年，沃尔玛公司经由其网站 Walmart.com 销售了价值超过 10 亿美元的商品。尽管这还不到沃尔玛公司该年 2 900 亿美元的总销售额的 1%，但必定会继续增长。[16]对许多大型零售商来说，这似乎是一个合理的对策。其他零售商则采取了以合作求生存的策略。他们已经意识到，eBay 公司提供的某些东西是它们所无法提供的。它们在 eBay 网上开设了虚拟商店，并正在利用 eBay 公司及软件开发者社群提供的工具来增加它们的销售。诸如顶峰赛车设备公司（Summit Racing Equipment）、今日设计者公司（Today's Designer）和国民音乐供应公司（National Music Supply）之类的零售商，正按照 eBay 公司的低价格、高顾客满意度的游戏规则销售它们的产品。然而，不少零售商会发现，它们在电子零售的世界中无法生存。

对于触媒企业的基本经验教训如下。

第七章

经验教训

密切注意那些能够提供更好的方法来服务于你的社区的新技术；在这些技术摧毁你之前，想办法拥有它们。无论是进攻还是防卫，首先应考虑能够最大程度地发挥出你的优势的策略。

任务4：考虑合作

与世界各地几十亿的其他人一样，你随身携带的东西可能既包括一部手机，又包括一张或多张支付卡。在未来几年的最剧烈的触媒冲突之一中，或者在最盛大的触媒婚姻之一中，这两样装备将成为主角。处于这一游戏中的游戏者们，面临着许多触媒企业在今后几年里将面临的问题：为求得生存，它们是应该相互攻击，还是应该相互合作？

大多数美国人拥有的仍然是那种仅在背面带有一道磁条的无声的支付卡。然而，正如我们在第五章中提到的，支付卡行业不仅正在推行由计算机芯片来取代磁条的智能卡，而且正在推行只要挥一下就可被专门的读卡器读取的无接触式信用卡。尽管存在我们曾讨论过的一些障碍，Frost & Sullivan 公司预测，到2009年，全世界发行的支付卡中有30%将是智能卡。[17]用智能卡来存储和提取信息将是可能的，在这些计算装置上加载和运行应用程序至少从理论上讲也将成为可能。

然而，作为一种支付装置，手机具有优于智能支付卡的多项优势。由于其尺寸较大，它自然是一台功能更强大的计算装置。它有一个使消费者能够键入并查看信息的键盘和屏幕——譬如，能够选择不同的信用卡账户或进行网上购物。它还可以与互联网互连互通，以便人们能够同步使用其账户，并能够在线从事其他金融交易。把智能卡和无接触式技术恰当地结合进一部手机之中,已被证明是相对容易做到的。

如果手机运营商借力进攻支付卡行业,那么一场触媒冲突会由此而产生。在日本,i-mode 即处于这种情形之下,正如我们在第五章提到过的。i-mode 的支付业务无需经过任何现有的支付卡系统。相反,对用户的赊账款的收取和对商家的还款都是通过 i-mode 的高效率的结算系统来进行的。日本消费者很少用信用卡来为所购之物融通资金。不过,i-mode 已经与银行展开了合作,为的是创造以手机为基础的信用卡。

如果支付卡系统与手机运营商结成伙伴关系,即如果它们选择以合作求生存的策略的话,那么一桩触媒婚姻会由此而产生。在过去的半个世纪里,支付卡行业已经在信用评分、欺诈侦测和风险管理方面积累了丰富的经验,这些经验可成为利润与灾难性损失之间的关键区分点。支付卡行业可以把它们的技术整合到手机之中,并逐步以手机来取代信用卡。手机运营商可能会允许其用户通过他们的手机来管理多个支付卡——甚至可能管理他们的银行账户。消费者可以在其手机上的这些不同的支付选项之间进行切换,正如当他们前去付款时,他们立刻从钱包中抽出不同的信用卡或伸手去拿他们的支票簿一样。

就像几个世纪以前来自不同国家的王室成员之间的联姻一样,支付卡系统与手机运营商的联合能够协调动机和减少冲突。然而,这将是一种充满了紧张气氛的婚姻。

手机运营商将会对它与消费者之间的关系有相当大的控制权。它们可以利用这一资产与特定的卡系统或发卡机构达成排他性的协议。譬如,我们可以设想,沃达丰公司与美国运通公司达成一项协议,凭此协议,沃达丰公司的用户可以使用他们的手机付款,但只能选择以他们的美国运通卡账户来付款。手机运营商也可以达成各种优先性的协议。譬如,Vivo 公司的手机也许会与已成立的巴西汇丰银行(HSBC Bank Brasil)的万事达卡账户连带推出,尽管用户将拥有在其手机上加载其他

第七章

竞争性信用卡的选择权。一个关键的战略性问题将会是，手机运营商是否会真正忠诚于一个单一的支付卡伙伴。

支付系统将与世界各地接受其信用卡品牌的数以百万计的商家密切结合在一起。它们可以利用这一资产从手机运营商那里获得有利的排他性交易。例如，万事达卡国际组织可与某手机运营商订立排他性协议，该手机运营商的用户于是将能够在任何有能力接受非接触式装置的万事达卡的商家运用其手机来为所购之物付款。

这些互有抵触的触媒企业是否应该发动进攻？或者，如果它们寻求合作的话，应该谈判达成什么样的协议？当触媒企业在对这些方面作出评估的时候，它们应当考虑多面企业的几个特点。

第一，它们从不同的顾客方赚取利润。支付系统从商家那里赚钱，而手机运营商从手机用户那里获利。手机运营商可以利用这一事实来考虑，它们是否能够资助建立它们自己的商家受理网络。这就是i-mode在日本所做的。创建它们自己的受理网络的威胁甚至可以让它们获得相对于支付系统的更有利的地位。

第二，它们具有不同的竞争优势。大多数手机用户只使用一家手机运营商：他们是单属的。用户不会轻易地转换运营商。大多数持卡人拥有多张信用卡：他们是多属的。持卡人可轻易地变换使用不同的信用卡，并可轻易地以一张信用卡代替另一张信用卡。通过与手机运营商订立排他性协议，支付卡系统可以把它们的顾客粘得紧一些；通过出售其独有的顾客资产，手机运营商可以取得额外的收益。

第三，它们在有着不同的进入壁垒的相异的市场条件下经营。一些国家只有一个唯一的支付系统，但有多个手机运营商。例如，在法国，一个支付系统囊括了大多数的信用卡交易，但存在多个相互竞争的手机运营商。另一些国家，如韩国和日本，有一个占支配地位的手机运营商，但有多个相互竞争的支付卡系统。而还有一些国家，如美国，既存在多个相互竞争的手机运营商,又存在多个相互竞争的支付卡系统。一个受自然的和法定的进入壁垒所保护的占支配地位的触媒企业,往往处于发动攻击或进行名义上的合作的更好的位置。在日本,NTT DoCoMo 公司成功地建立起一个基于手机的支付系统,这部分是因为它面对的是一个弱小的支付卡行业。

经验教训

在对是进攻还是合作进行决策的过程中,触媒企业需要判别其竞争对手的利润来自市场的哪一方,需要了解顾客是否会产生多属行为,还需要对进入壁垒作出评估。

策略性地竞争与触媒框架

触媒在经济进步中起重要作用的历史至少有3 000年了。它们是将买方和卖方汇集在一起、并使从劳动分工中获得益处成为可能的乡村市场的起因。它们是使贸易伸展到越来越大的地理区域的首个货币的起因。它们创造出诸如拍卖行和交易所之类的、使买方和卖方更容易聚集在一起的机构。它们催生了用于传递产品和价格信息的广告的快速发展。从电报到移动电话,从邮件到大众媒体,它们一直是更好的和更宽阔的通信工具的来源。

从历史上看,过长的周期把许多重大的触媒创新隔离开了。这种状况在20世纪末发生了改变。新的触媒如快速发射的子弹般一连串地产生出来。它们已经把经济推进到一个被伟大的奥地利经济学家约瑟夫·熊彼特(Joseph Schumpeter)称之为"创造性毁灭"的时期。其结果是,决定如何同一个现有的触媒相较量,或如何对付一个想要取代自己

第七章

的市场地位的触媒,是多面企业的家常便饭。这就是为什么我们认为策略性地进行竞争是触媒框架的一个基本要素的原因,如表7-2所示。

表7-2 策略性地同其他触媒企业相竞争

任 务	经验教训
理解触媒竞争的动态性	• 密切注意多属行为和交叉型触媒,密切注意它们对竞争态势造成影响的方式。
探寻来自于不同商业模式的竞争	• 从意想不到的地方探寻竞争。 • 凡是能够向你的触媒社区成员提供价值的企业都要加以注意。
借力打力,发动攻击	• 密切注意那些能够提供更好的方法来服务于你的社区的新技术。 • 在技术摧毁你之前想办法拥有它们。
考虑合作	• 判定竞争者的利润来自市场的哪一方。 • 了解顾客是否会产生多属行为。 • 在决定是合作还是进攻之前,要对进入壁垒作出评估。

对竞争性威胁作出反应,或自身变成竞争性威胁的一个来源,有助于说明一个触媒在它的整个生命周期中是如何发展演变的。这种发展演变,以及触媒企业可用以扩展其业务范围的方式,是下一章的重点,下一章描述的是触媒框架的最后一个要素。

第八章　试验和演进

> 能够生存下来的物种,不是那些最强壮的,也不是那些最聪明的,而是那些对变化作出最积极的反应的物种。
>
> ——查尔斯·达尔文(Charles Darwin)

美国的读者都知道,霍华德·斯特恩(Howard Stern)是广播电台和电视台的"煽情快嘴"。美国联邦通讯委员会(FCC)曾因他所主持的广播节目的下流和淫秽而对其处以罚款。他因为对妓女、同性恋者和那些经常赤身裸体地在各种舞台上表演的成人电影明星的采访而出名。他不是第一个认识到性和淫秽是可以买卖的艺人,但他也许是在电视广播中将这一点发挥得最淋漓尽致的人。2005年期间,他主持的广播节目每天大约有1 200万听众,他主持的电视节目平日每天平均有100万观众。播放他的节目的广播和电视公司每年从力图把广告信息送达他的观众的广告客户那里赚得数百万美元的利润,毫不奇怪的是,他的很多观众是年龄介于18岁到34岁之间的男性。[1]

然而,到了2006年,人们再也不能在传统的广播电台上听到斯特恩的声音了。这不是因为美国联邦通讯委员会查封了他的节目,也不是因为他的广告客户想从其"坏小子"的形象中摆脱出来,而是因为他成了美

第八章

国第二大卫星广播公司——天狼星卫星广播公司的我们所称的"招牌"战略的核心。为获得对他的广播节目的5年的独家播出权,天狼星卫星广播公司付给他的报酬超过5亿美元,外加以绩效为基础的额外报酬。美国人只有向天狼星卫星广播公司订阅,才能收听到斯特恩的广播节目。

通过带来将有助于引发触媒反应的大量听众,斯特恩可证明他所得到的高薪的合理性。他的节目将帮助天狼星卫星广播公司争取到更多的订户,而更多的订户又将帮助该公司为其所有插播广告的频道吸引更多的广告客户。把巨大的赌注压在这样一个招牌战略上是否值得,现在下结论还为时过早。但这种做法已经促进了增长:自宣布与斯特恩达成协议的时间起,到斯特恩的广播节目首次播出的时间止(从2004年10月至2006年1月),天狼星卫星广播公司在这一段时间里增加了260万用户——15个月间实现了400%的惊人增长。[2]

天狼星卫星广播公司和它的较大竞争对手XM卫星广播公司,在建立这种用于向无线电设备传送音乐、体育和娱乐节目的新方法方面都显示出了耐心。20世纪90年代早期,它们开始致力于它们的冒险事业。XM卫星广播公司于2001年11月推出了其全国范围内的卫星广播服务,而天狼星卫星广播公司于2002年7月推出了同样的服务。虽然它们仍然是其面前有很多成功的机会和失败的可能的新手,而且其股票价格一直像坐过山车般时起时落,但它们却构成了从美国地面广播公司那里夺走相当大的听众份额的威胁。

天狼星卫星广播公司和XM卫星广播公司认识到在发现如何引发一个触媒反应的过程中试验的重要性,以及采取一种渐进式的、而不是突飞猛进式的增长策略的重要性。这种方式的试验和发展是触媒框架中的最后一个要素,如图8-1所示。

图 8-1　触媒框架：试验和演进

识别平台社区	确立价格结构	设计成功的触媒组织	聚焦于获利能力	策略性地同其他触媒企业相竞争	试验和演进
• 识别相互需要的明显不同的群体	• 为准入和使用分别设立各自的价格	• 吸引彼此需要的多样的顾客群体	• 研究行业历史	• 理解触媒竞争的动态性	• 懂得何时当第一和何时做一个跟随者
• 确定它们为何相互需要，以及它们在多大程度上相互需要	• 设定价格以平衡来自两方的需求	• 促进交往	• 运用预测以增强获利能力	• 探寻来自于不同商业模式的竞争	• 控制增长 • 保持成果
• 估计还有谁正在服务于这一社区	• 起初的定价要为以后的缓慢增长留有余地	• 将交易成本减至最小	• 预知竞争者的行动	• 借力打力，发动攻击	• 为下一步做好打算
• 将多面商业模式与单面商业模式进行比较	• 为顾客的加入而报答顾客——有时候是这样 • 定价要考虑长期利润	• 触媒的设计要考虑到将来的发展演变	• 协调内、外部的利益	• 考虑合作	• 当心麻烦
弄清谁需要谁和为什么需要	**形成参与并使利润最大化**	**吸引顾客并推进交往**	**使面向长期利润的路径具体化**	**挑战现有触媒并对新触媒的威胁作出反应**	**推行进化型成长战略**

第八章

在本章中，我们关注于一个触媒创业家为确保成功的增长而应该从事的几项关键工作。

1. **懂得何时当第一以及何时做一个跟随者**。不要忽视缓慢起步和逐步发展所带来的好处。在你已经作出重大的、不可逆转的投资之前，对定价、设计和其他策略调整起来就更容易一些。与此同时，仔细考察一下成为一个市场先驱可能带来的好处。

2. **有控制地增长**。将企业发展战略限定在你的期限和时间框架之内。这常常意味着采用这样一种商业模式：该商业模式允许你在扩展平台（如地理性的扩展）的同时保持着对定价、设计和其他可用于利用触媒反应的力量的关键性策略的控制。

3. **保持成果**。当看到你的成功后，其他创业家将把你的经验教训作为其发展的阶梯。充当第一并不能保证成功。保持执着才会有所帮助。

4. **为下一步做好打算**。准备一个当你的平台达到饱和时可派上用场的计划，并考虑从这个平台上发展其他的触媒产品。

5. **当心麻烦**。作为一个触媒，你将会发现监管人员可能不理解你所做的事情，如果你变强大了，他们会对你产生怀疑。在麻烦到来之前，要帮助监管人员理解你的商业模式是如何让你的所有顾客群的境况变得比以前更好的。

任务1：懂得何时当第一以及何时做一个跟随者

XM卫星广播公司比天狼星卫星广播公司几乎抢先一年占领市场。自2006年起，它处于明显的领先地位。它能将这种领先地位保持住吗？XM卫星广播公司的投资者们不应该从触媒的历史中得到安慰。

试验和演进

成为第一名和行动迅速并不能保证一个触媒企业的成功。谷歌公司很晚才进入搜索引擎行业,它当时曾试图把它的技术出售给既定的业内竞争者。后来经某人点拨说"见你的鬼去吧!",谷歌公司很快超过了那些竞争对手。一些读者可能还记得,苹果公司出品的 Apple Newton 是世界上第一款个人数字助理(PDA)产品。但 Apple Newton 归于失败,而 Palm 公司的 Palm Pilot 产品在苹果公司先行一步的几年之后引燃了对于 PDA 产品的触媒反应。天狼星卫星广播公司的招牌战略则帮助其缩小了同 XM 卫星广播公司之间的差距。在斯特恩宣布加入之时,天狼星卫星广播公司的用户数是 XM 卫星广播公司的 1/5,而当斯特恩的节目播出一个月之后,天狼星卫星广播公司的用户数上升为 XM 卫星广播公司的 3/5。

不过,如能成为先期到达市场的第一个触媒,则可在某些方面给自己创造相当大的优势。

举例来说,美国商业新闻社(Business Wire)开启了那些希望把新闻通稿和其他资料供应给报社和通讯社的公司之间的触媒反应。洛瑞·洛基(Lorry Lokey)于 1961 年 10 月在美国旧金山创办了这家向媒体供应新闻通稿的公司。从不起眼的小业务做起,它已发展成为一个使公司能够向遍布世界各地的 60 多家主要新闻机构分发消息并允许世界各地的新闻机构使用这些消息的综合性平台。在只有一个强有力的竞争对手的情况下,洛基的公司已经主宰了他于近半个世纪以前创建的这个行业。2006 年年初,伯克希尔·哈撒韦公司(Berkshire Hathaway)收购了美国商业新闻社这一私人所有的公司。

我们在成功的触媒企业的演进过程中所看到的,证实了两个看似相互矛盾的古老谚语中的智慧:"早起的鸟儿有虫吃"和"欲速则不达"。

成为市场上的第一个触媒将会有很大的优势。触媒反应通过不同的顾客群体之间的正反馈而得以触发。任何率先启动了这些反馈并以

第八章

最快的速度增加其转速的触媒企业都将使后进入的竞争对手举步维艰。美国商业新闻社利用正反馈效应促使大多数内容销售商来分销它的资料。这对于进入这一行业的其他企业是一种挑战。

规模经济(如图8-2所示)和陡峭的学习曲线也能为先动者带来优势。这些优势对于那些诸如卫星广播公司之类的依靠制造商来制造组件的触媒企业来说尤为重要,对于那些诸如以软件平台和实体交换为基础的、承受着很大的固定成本、且平均固定成本可随着顾客基数的增大而下降的触媒企业来说也尤为重要。通过率先进入和快速成长,一个触媒企业可确保较低的生产成本,而较低的生产成本赋予它优于后进入者和较小的进入者的有利条件。数字研究公司(Digital Research)的CP/M操作系统是20世纪70年代末软件平台业的最早进入者之一。该公司和其他早期进入者的失败在一定程度上是因为它们没有快速成长起来:它们把软件的价格定得太高,以至于不能利用潜在的规模经济和正反馈效应。

图8-2 规模经济

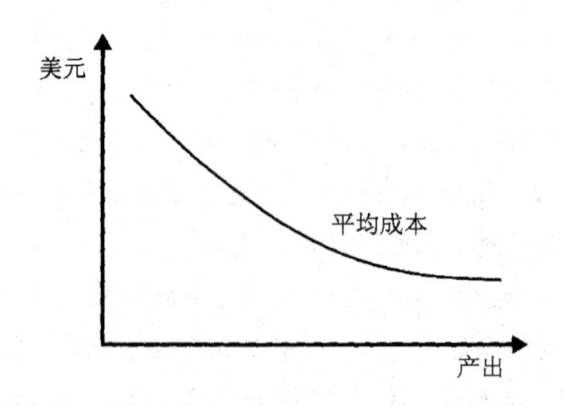

试验和演进

最早进入的触媒企业也可建立起一种能发挥其长处的商业模式,从而会使那些盲目模仿的触媒企业更难以与之相竞争。如果先动者决定通过提供低价甚至通过提供奖励来鼓励某一方顾客参与这一触媒反应,第二个进入者和更迟的进入者将会发现,如果不提供相同的待遇,它们是很难进入的。这意味着先动者可以就为哪一方顾客提供补贴作出决定,这种决定在某种程度上是根据它在服务于该方顾客方面是否具备一种其竞争对手将不具备的特别的优势而作出的。在存在稀缺资产(有人会对"稀缺资产"这一描述是否适合霍华德·斯特恩提出不同意见)的行业,最先进入的企业能够以有利的条件夺得那些稀缺资产。先动者还能够创造出各种形式的"转换成本",这些转换成本使其顾客在市场上出现了新的替代品的时候也不愿意离开。

因此,那些强调"网络效应"的领袖及附和他们的投资银行的分析师是正确的:成为第一名且快速发展能够帮助企业获得主导性的地位。然而,他们没有认识到,除了产生正反馈和利用规模经济之外,一个成功的触媒战略还包含许多要素。他们也没有意识到,对于一个试图寻求恰当的平衡以利用触媒反应的力量的年轻触媒企业来说,试验和学习多么重要。

这就是我们必须考虑另一个陈腐的谚语"欲速则不达"的原因。有趣的是,许多成功的触媒企业并不是其所在市场上的先锋,而是那些未能把生意做对的另外的企业的快速跟随者。美国运通公司、谷歌公司、索尼公司、Palm公司和《华尔街日报》的网络版都是第二个进入或更晚地进入、但从那些走在前面的企业那里学到了宝贵经验的公司的例子。

在触媒的经营中,匆忙往往会导致若干问题。大概最令人尴尬的问题是,在建立一个用于引发触媒反应的平台方面花费了一大笔钱,但却面临一个或多个关键顾客群体并不光顾这一平台的局面。这就是众多互联网初创企业之一Zethus公司身上所发生的事。Zethus公司当时

第八章

看到了在挑战传统的房地产经纪人方面存在的财富。在高盛集团的支持下,它试图为零散的商业地产界创建一个网上交易所。其想法是,像商业地产巨头高纬公司(Cushman and Wakefield)那样的经纪人将在这样的网上交易所张贴场地招标公告,确认租户的类型、位置要求和租赁期限。然后,业主会在接下去的 24 小时之内进行投标。这个想法很好,但是几乎没有人参与进来。大多数商业经纪人看不出它们将能从这一系统中得到什么,而没有经纪人的参与,商业业主也不会签约加入。Zethus 公司没有认真调查其所规划的社区的任一重要的参与方是否在它的交易所中看到了价值。商业地产是以对物业、业主和租户的详尽了解为基础的,同时是建立在人际关系的基础之上的。网上招标在这一点上并没有增加价值。所以,Zethus 公司的基于按交易额的一定百分比收取费用的商业模式没有运转起来,因为很少有人想使用它的服务来完成交易。Zethus 公司从未卖出去一项产品,尽管它有高盛集团这样的蓝筹股的支持,该公司还是在 2001 年 3 月提交了破产申请。它很快消逝了,因为它没有弄清楚它的社区的主要方真正想要的是什么。如果它显示出更多的耐心,也许就可以认识到其商业策略中的问题并对其作出调整。

速度过快也使得定价问题修复起来较为困难。考虑这样一个触媒:它向一方要价过低而向另一方要价过高,并试图迅速扩张。许多被收取低价的社区成员签约加入,结果却获知该触媒企业提供不了多少价值,因为被收取高价的社区成员很少到场。此外,被收取低价的社群已经习惯于期望付出一个低价。当出于维持生存的需要,试图让这一社群支付较高的价格时,该触媒企业可能会遇到困难。

例如,1996 年,在线观点杂志《石板》以一个免费网站的面目而诞生,并拥有像美国电报电话公司(AT&T)、福特汽车公司(Ford Motor Company)和富达投资有限公司(Fidelity Investments)那样的大牌广告客户。在接下去的三年中,《酷评》在收取订阅费和将内容供人们免费阅读之间变来变去,摇摆不定。毫不奇怪,《酷评》的网站访问量大幅度地上升和下降,其广告成交量也是如此。它的竞争者,即被滥用的广告和用户社群的保护人,是《沙龙》(Salon)杂志。《沙龙》刚开始创办时是免费的,并将这种免费方式一直保持了下去,这使得在经营模式上时而免费、时而不免费的《酷评》很难(如果不是不可能的话)吸引到访问者或广告客户。一旦《酷评》的管理层意识到它正"把 90% 的时间花费在几乎没有人看的内容上……致使访问量过于稀疏而不能吸引较多的广告客户",它便实行了永久免费的政策。[3]

一方面是担当第一名并快速行动,另一方面是做一个有条不紊的跟随者,我们从这两者之间的权衡中吸取了几条经验教训。

经验教训

- 当正反馈效应和规模经济是如此重要,以至于这类行业最终将由一家触媒所主导的趋势很明显的时候,触媒还是争当第一名并快速行动为好。以正确的商业模式进行经营的第一名触媒将全面占领该触媒领域。
- 当由于产品的差异,或由于正反馈和规模经济的作用不充分,为触媒社区服务的企业显然可存在多家时,触媒还是做一个有条不紊的跟随者为好。要从鲁莽的早期进入者的错误中吸取教训。
- 当用于引发和维持一个可获利的触媒反应的合适的社群是什么、定价和设计策略是什么尚不清楚的时候,触媒还是缓慢而有条不紊地发展为好。在实施扩张之前,最好保持小的规模,并把事情做正确。

第八章

任务 2：有控制的增长

像所有的企业一样，触媒也有增长的欲望。但对于需要在其社区的多重顾客之间保持微妙平衡的公司来说，仅仅是力图尽可能快地增长并不总是一个切实可行的解决办法。一个触媒企业的任务之一就是要确定，为驱动和控制它的增长，它应该追求什么样的策略。在这里，我们考察三种可选择的策略：可扩展的增长、合作性增长和复制。

与用于向美国公众传递娱乐信息的许多其他技术相比，卫星广播的发展速度更快，如图8-3所示。

图 8-3　各种不同的娱乐和传播媒体的采用速度

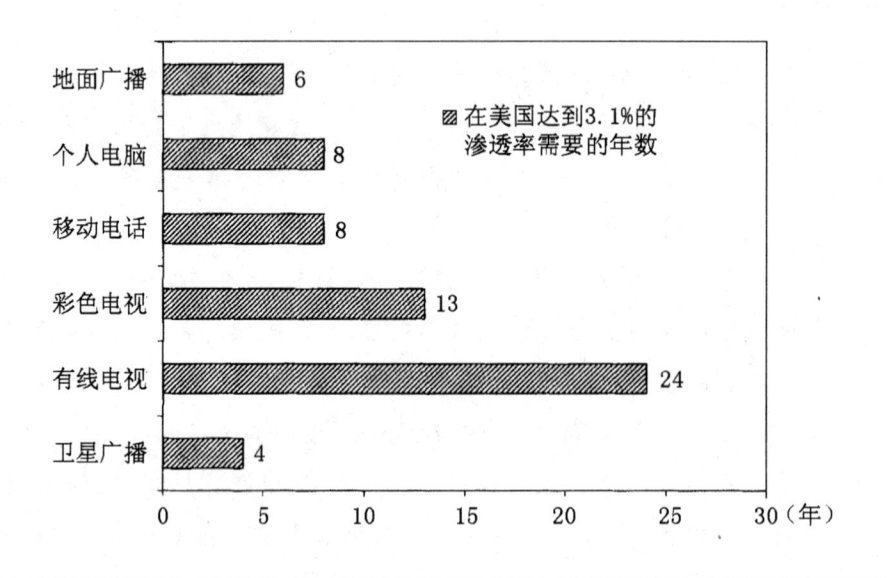

媒体	在美国达到3.1%的渗透率需要的年数
地面广播	6
个人电脑	8
移动电话	8
彩色电视	13
有线电视	24
卫星广播	4

资料来源：市场平台动态公司的内部研究成果。

试验和演进

从 2001 年到 2005 年,天狼星卫星广播公司和 XM 卫星广播公司共获得了 900 万用户。当我们剔除人口规模较小的因素之后发现,商业地面广播达到同样的渗透程度用了 6 年时间,有线电视用了 24 年时间,移动电话用了 8 年时间。然而,这两家卫星广播服务的先驱在创建有助于推动持续的赢利性增长的社区方面,都干得有条不紊。

为理解它们的增长策略,思考一下这些传统的广播公司的竞争对手期望成就的成熟企业的样子是有帮助的。它们将从支付年费的用户及为影响这些用户而付费的广告客户那里获得利润。它们可能会依赖于第三方来建造适用于家庭和汽车上使用的无线电设备。如果它们的卫星广播节目足够受大众欢迎,它们将能够依靠汽车制造商把卫星收音机作为一项选择性配置,甚至还可能作为一项标准设备而包含在大多数车型之中。与试图通过把技术许可给制造商使用而赚钱相比,它们更有可能发现,最好是不收取一分钱的许可费,以便使卫星收音机的价格尽可能地保持便宜。如果它们成为稳定、成熟的企业,天狼星卫星广播公司和 XM 卫星广播公司大概将不必为其他突出的内容付出同霍华德·斯特恩付出的一样多的价钱。招牌式的内容在引燃一个新的反应方面要比在维持一个健康、成熟的反应方面更为重要。为实现这一愿景,XM 卫星广播公司和天狼星卫星广播公司将需要在以卫星广播为中心的触媒社区的成长和变得更加忠诚的过程中相对缓慢地增长。

它们不能从这一处如水花般地飞溅到那一处。作为年轻的企业,天狼星卫星广播公司和 XM 卫星广播公司不能指望以下这些群体来帮助维持一个触媒反应。无线电设备制造商在为消费者制造卫星收音机方面并没有太大的兴趣。因为订阅卫星广播服务的消费者很少,所以对无线电设备制造商来说,已有充足的理由证明低廉价格的合理性、面向大众市场的规模来生产卫星收音机是没有多大的商业意义的。因此,天狼星卫星广播公司和 XM 卫星广播公司不得不与制造商缔结关系,以便

第八章

为它们的服务生产必需的硬件,并随着它们的发展,为其生产更先进的卫星广播接收装置。到 2006 年年初,有各种各样的卫星广播产品可供消费者使用。同样地,它们不能指望汽车制造商来设计能提供方便和有吸引力的消费者界面的仪表板,方便和有吸引力的消费者界面将是卫星广播区别于地面广播的一个重要因素。因此,它们不得不以免费提供的设计来帮助汽车制造商,即使它们的产品帮助汽车制造商卖出了更多的汽车。到 2005 年年底,美国可供出售的新车中有超过 38.3% 的汽车把卫星广播列为一项选择性配置,有 520 多万名汽车司机在他们的车上配备了内置式的天狼星或 XM 卫星广播接收器。[4]

  天狼星卫星广播公司和 XM 卫星广播公司采用的是可扩展的增长策略。它们从规模适中的用户群和广告客户群开始起步。主要凭借令人鼓舞的正反馈效应,它们希望随着时间的推移,它们获得的用户和广告客户的数目越来越多。它们也希望看到,感兴趣于帮助维持其生态系统的制造商的数目越来越多,并期望当那种情形发生的时候,放弃对其业务的硬件方面的大部分的经营控制权。2006 年夏天,这两家卫星广播公司都面临着使企业继续增长和实现赢利的挑战。这不应该被认为是对它们的触媒商业模式和对它们所追求的可扩展的增长的一种批判。这可能仅仅是严酷的市场竞争的结果。

  万事达卡国际组织和维萨国际组织通过合作性策略建立了全球性的信用卡体系。20 世纪 60 年代中期,美国的许多银行曾尝试创办银行卡项目,但收效甚微。有几家银行认识到,它们只有联合在一起,才能延伸到足够远的地理距离和得到足够的资本,从而与美国运通公司和大莱俱乐部相抗争。它们一致同意,它们的任何一个签约商家都将接受由该联合体的任一成员发行的信用卡,它们的任何一个签约持卡人都可在由该联合体的任一成员所服务的商家使用他们的信用卡。1966 年,万事达卡在全美范围内第一个做到了这一点。5 年之后,维萨卡效仿了这一高度成功的模式。在美国,通过让更多的银行加入它们的协会,这两个信用卡体系都获得了增长。它们进而让海外的银行或银行协会加入到它们的联合体之中。截至2005年,万事达卡国际组织和维萨国际组织在世界范围内各有2万多个银行成员。[5]

像许多联合体一样,万事达卡和维萨卡一直在同成员之间的紧张状态作斗争,其成员在某些方面相互竞争,但在其他方面又为了它们的更大利益而相互合作。它们在某种程度上类似于政治体制,在政治体制中,政府机关彼此之间的相互制衡被用以防止多数人或少数人的暴政。它们实施了许多规则,这些规则强制成员遵守有益于提升品牌的标准和惯例,并防止某些成员在联合体付出努力的过程中出现机会主义行为和搭便车行为。

其他触媒遵循的是复制策略。它们仅仅是为不同的地区增加它们自身的复制品。截至2006年8月,Craigslist网站在只有少数几个雇员的情况下,已经为世界各地的300多个城市创造了其分类广告、房地产列表、娱乐指南和其他网上服务的复制品。8分钟约会公司采取了类似的方法。该公司于2001年在波士顿创立,至2006年11月,其约会服务遍及美国的80多个城市。[6]

纵观已使它们的业务获得增长的成功的触媒企业,我们看到了如下两条经验教训。

经验教训

- 选择最适宜的增长策略。触媒企业应当判定一下,其业务的性质是适合于采用一个可扩展的平台呢,还是适合于采用一个合作性的或可复制的平台。
- 在增长过程中,触媒企业要保持对社区关系、设计和定价的控制。

第八章

这对于一个可扩展的平台来说是容易做到的,因为这种平台一般是以集中控制为条件的。对于合作性的和可复制的平台来说,这是比较难以做到的,这样的平台必然要求把在某些方面的控制权让与他人。

任务3:保持成果

正如我们在上一章所看到的,竞争,特别是经常以模仿的形式发生的竞争,对于一个触媒企业来说始终是一个威胁。但是,这并不意味着先进入的触媒在使潜在的挑战者难以入侵方面就无计可施。

阿里巴巴公司不是第一家从把中国的小企业连接成全球性的供应链中看到了机会的企业。但是,凭借超过900万的注册用户,它是已经在网上做到了这一点的最大的一家企业。像许多其他的互联网企业一样,阿里巴巴公司通过提供免费的服务来建立它的用户群。然而,通过识别用户甘愿为之付费的增值服务,它在别的企业未能成功的地方取得了成功。

由于看到了不仅是创建一个规模大的、而且是创建一个可信赖的网上交易市场的机会,阿里巴巴公司于2002年推出了"诚信通"服务项目。该项目利用第三方信用调查机构来验证和核实用户的身份和其他信息(主要是中国的小型供应商)。"诚信通"是阿里巴巴的交易历史和反馈系统的一种延伸,随着时间的推移,这些交易历史和反馈系统建立起买家和卖家在网上的信誉,这种信誉实际上是一笔交易一笔交易地建立起来的。这些类型的历史性反馈系统不能被新的竞争者所轻易复制,并可建立起针对新进入者的高进入壁垒。尽管该认证服务需要每个用户付出将近300美元,但用户纷纷前来注册。

许多触媒企业利用知识产权来保护自己,正如在我们的高科技时代里许多其他类型的公司所做的一样。从 NTT DoCoMo 公司的 i-mode 系统,到微软公司的 Windows 操作系统,再到索尼公司的 PlayStation 游戏机,知识产权对于我们已经考查过的许多双面公司来说是必不可少的。即使是诸如支付卡之类的较老的行业,也受到充分的法律保护,从而使得新的模仿者很难进入市场。除了它们已作为商标注册的全球品牌之外,美国运通公司、万事达卡国际组织和维萨国际组织共持有 150 多项专利,涵盖了从维萨卡的"自动付费的智能供给电表"到万事达卡的"卡夹与卡的组合体"的每一样东西。

对触媒企业而言,另一个最可靠的保护源来自于简单地通过我们在前面几章中已经看到的一些技巧来维持社区的力量。天狼星卫星广播公司与诸如霍华德·斯特恩那样的、别的竞争者无法模仿的招牌内容订有排他性的合同。其他的触媒,如 eBay 公司,已经打造出诸如信用评价系统这样的业务特色,信用评价系统对社区来说极其有价值,即便是别的企业能够创造出类似的工具。维持信任和使服务、尤其是网上服务易于使用的能力,可成为针对不太知名的市场进入者的一种重要的屏障。

为一些触媒企业以及许多其他类型的企业所使用的最后一个策略,就是投资于差异化——要么通过提供竞争者不能轻易匹配的物品或服务来差异化,要么通过投资建立将带来长期利益的声誉来差异化。当纳斯达克股票市场于 1971 年开始交易的时候,它是世界上第一个采用电子交易的股票市场。然而,大多数消费者并不了解这一点。他们更有可能看到那些强调有多少科技公司在纳斯达克上市和把纳斯达克极力宣扬为"下一个百年的股票市场"的广告,尤其是在互联网企业繁荣期间。纳斯达克也是第一个向一般公众做广告的股票市场,为了维持和加强其相对于其市区的主要竞争对手纽约证券交易所的市场地位,它已积极推行了差异化策略。

第八章

拥有早期进入的优势是很美好的。要想把领先的优势保持住，触媒企业应当留心所有成功的企业已经获知的几条经验教训。

经验教训

- 保护你的知识产权。许多触媒企业不得不在新技术方面作出投资，以建造它们的平台，并使成员交互作用。触媒企业应该确保它们已利用专利、版权和商标对它们的知识产权进行保护，并在专利、版权和商标所不能保护的地方依靠商业秘密进行保护。
- 保证你的社区关系的牢固性。触媒企业是通过博得多个顾客群体的拥护而创造价值的。提供优异的价值也许是任何企业能够确保其顾客保持忠诚的最重要的途径。但触媒企业也可依赖于排他性的合同——天狼星卫星广播公司与霍华德·斯特恩以及 XM 卫星广播公司与美国职业棒球大联盟所签订的就是这样的合同。它们还可努力确保顾客正获得他们在别处无法获得的有价值的东西。eBay 公司的信用评价系统为卖家提供了一项资产——他们将不能够在 eBay 公司的新竞争对手那里得到的声誉记录。
- 保证差别性因素的存在。当正反馈效应和规模经济不能对你的投资形成保护，或者你正在向一个更大的触媒企业发起挑战时，这一点尤为重要。你必须找到一种向触媒社区的某些细分区域提供价值的、其他企业将很难比得上的方式。

任务 4：为下一步做好打算

日本电话电报公司（NTT）将其子公司 DoCoMo 公司打造成为日本

一流的移动电话运营商,对于后者,我们在上一章曾经讨论过。到 1996 年,日本居民中有 16% 的人拥有手机,这些手机中的 40% 是来自 DoCoMo 公司。[7] DoCoMo 手机的市场渗透率呈现出爆炸性增长的态势。从那时起,几乎用不了多久,每一个日本人都将拥有一部手机。著名的 S 形产品生命周期曲线的停滞期出现在即。自那以后,增长将从何处而来呢?

DoCoMo 公司认识到,它需要寻找另一个 S 曲线去攀登。让人们彼此多打电话是做到这一点的一个途径。通信量越多,收入就越多。但人们可以花费在电话交谈上的时间却只有那么多。

图 8-4 i-mode 对 DoCoMo 公司的手机服务收入的影响

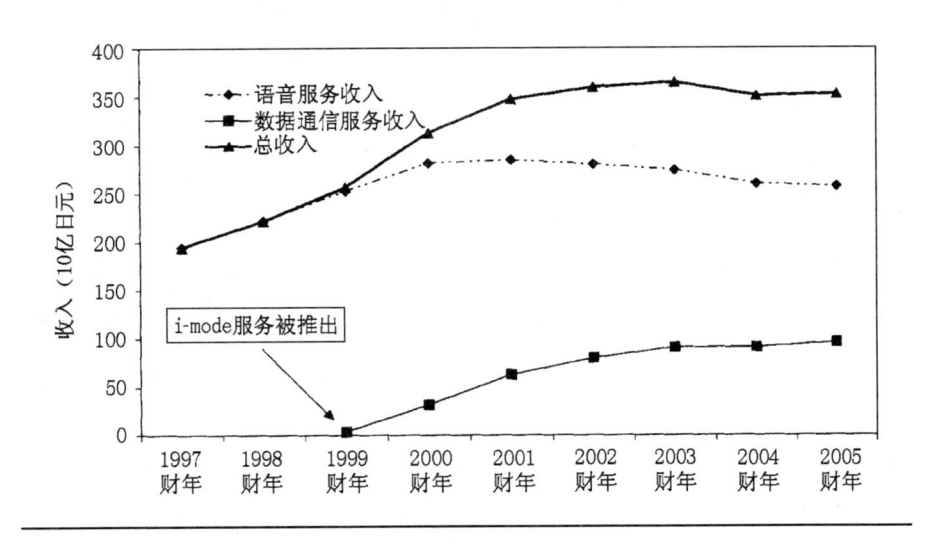

资料来源:NTT DoCoMo 公司 2001 年年度报告,"日本 NTT DoCoMo 公司——投资者关系——年度/季度业绩",NTT DoCoMo 公司的网站。http://www.nttdocomo.co.jp/english/corporate/investor_relations/business/fiscal_e.html;摩根士丹利证券研究,关于 NTT DoCoMo 公司的投资报告,各期。

正如我们在第三章中讨论过的,通过开发一种以电话为基础的、称

第八章

之为 i-mode 的门户网站，DoCoMo 公司引燃了第二场触媒反应。它创造了一个基于互联网标准的软件平台。该软件平台使得内容提供商很容易把它们的内容供这一新型的门户网站所使用。同时，它还建立起一个由创建了特定站点的内容提供商组成的社区，这些特定的站点将会使 i-mode 服务大受欢迎。这些内容提供商能够使用 DoCoMo 公司的方便的计费系统，并可把从 i-mode 的用户那里得到收入的 90% 以上保留给自己。手机用户纷纷涌向这些内容，这些内容包括手机铃声、个人信息管理软件、占星术、移动银行、新闻、游戏和体育信息。图 8-4 显示了 DoCoMo 公司的语音和数据通信服务的收入，从中可以看出，i-mode 服务是 DoCoMo 公司近几年来所有增长的来源。

我们在 DoCoMo 公司的经历中以及其他地方所看到的是，对于那些想要了解如何演进和试验以维持增长的触媒企业而言，有下列几条经验教训。

经验教训

- 检查一下你的触媒业务是否将要到达一个在你现行的商业模式下将不可能产生进一步的增长的停滞期。触媒是通过使各个顾客群体的更多成员参与到其平台中来和使这些顾客更多地彼此交往而增长的。触媒应当预见到这些增长源何时将会减弱。DoCoMo 公司在 20 世纪 90 年代中期就认识到，以其当时的商业模式，它不能指望有更多的顾客或更多的顾客交往来推动它在日本市场上移动电话收入的未来增长。在美国，具有 50 年历史的信用卡行业在 2000 年初到达了它的停滞期。几乎每一个想拥有信用卡的人现在都拥有了多张信用卡，而信用卡借款方面的增长已呈缓慢爬行的状态。截止到 2006 年，信用卡发卡机构看来似

试验和演进

乎并没有为转移到另一个S曲线而作出打算,该行业正在变成一个低利润率的、规模驱动型的商品型行业。地面广播电台被动地注视着其变得日趋平缓的增长曲线,使自身在新的卫星触媒面前极易受到伤害。

- 检查一下能够为触媒反应添加燃料的新的产品特征或产品线的延伸(见"八达通卡的演进")。建立在软件平台基础之上的触媒企业已经把这一方法吸收为其商业模式的一部分。它们每隔几年便会增添一些新的特征,以吸引更多的软件开发商和用户。作为为多个顾客群体的成员增加由代码支持的更多服务的结果,软件平台中的代码的行数大约每两年就会增加一倍。

八达通卡的演进

八达通卡最初是作为香港大运量客运系统的一个方便的售检票系统而被推出的,如今它已扩大成为一种被广泛使用的电子现金产品,在16岁至65岁的香港居民中享有95%的普及率。

凭借超过140万张的卡流通量,开始时作为交通卡使用的八达通卡现在已被370多家商户和运输经营者所接受,并被学校、公共建筑和文娱康体设施作为一种出入卡和计时装置而使用。[8] 图8-5追踪了八达通卡的发展演变过程。

八达通卡也是可充值的;有多于22家的银行为其提供便利的充值服务,每张八达通卡最多可充值500港元(约合64美元)。[9] 这一多功能卡对商家和持卡人来说有一个吸引人的价值主张:它是快速的、高效的和安全的。它最近甚至推出了一个完整系列的属于八达通品牌的物品,如八达通智能钥匙(key fobs)、八达通手表和八达通手

213

第八章

> 机——其中的每一项物品只要挥一下即可作付款之用。它还推出了一项奖励计划,为在参加了该计划的零售商店内购物的持卡人提供现金返还奖励。

图 8-5　一个触媒企业的演进:八达通卡

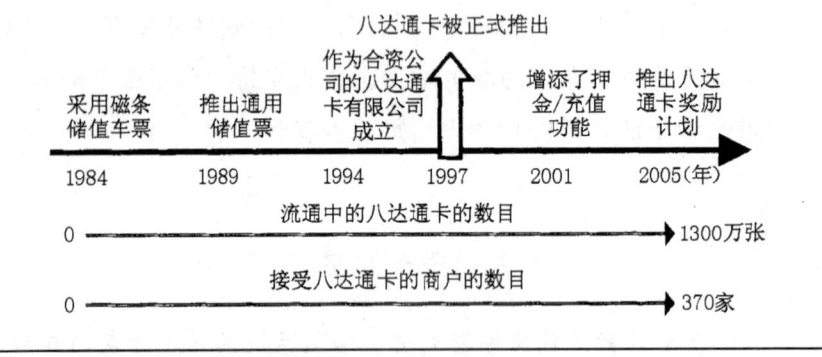

1984	1989	1994	1997	2001	2005(年)
采用磁条储值车票	推出通用储值票	作为合资公司的八达通卡有限公司成立	八达通卡被正式推出	增添了押金/充值功能	推出八达通卡奖励计划

流通中的八达通卡的数目 → 1300万张

接受八达通卡的商户的数目 → 370家

- 为下一个 S 曲线作好打算。这不是从新特征和产品线延伸中寻求增量式的增长,而是要考虑如何充分利用你的触媒社区来开启一个全新的触媒反应。显然,这是最艰难的挑战,很少有触媒能成功地做到这一点。但是,不妨想一想在其 150 年的历史中已经克服了至少三个 S 曲线的美国运通公司。该公司以邮递服务起家,建有一支专司邮件递送的驿马车车队和小马快递骑手队伍。19 世纪末,它创造了旅行支票。它使商家接受了旅行支票这种支付形式,并使消费者将旅行支票用做支付手段。在过了半个世纪多一点以后,它开始涉足记账卡业务。而当记账卡业务增长放缓的时候,它又启动了信用卡业务,在一段艰难的挣扎之后,美国运通公司的信用卡业务已变得相当成功。即便如此,信用卡行业

试验和演进

看起来已经演变成熟；关于这方面的更多信息，请参看"信用卡的中年危机"。

信用卡的中年危机

信用卡已经失去了其诸多的活力。在早期，这一创新性的产品允许消费者去做他们曾经只是梦想过的事情：今天购物，明天付钱。无论对发卡机构还是对消费者来说，这都是一个重大的创新。发卡机构过去期望消费者用他们的信用卡达成借款，并期望从这些应收款的融资中收获可观的利润。而消费者正是那样做的——2004年，美国消费者对信用卡发行机构的欠款超过7 000亿美元，这个数额大约是20年前的8倍（以不变美元计）。[10]

然而，这种借款上的快速增长在几年前戛然而止。驱动借款增加的历史性因素已步入常规发展的轨道，而发卡机构看起来对此毫无准备。不是致力于产品创新和发展市场，信用卡业似乎已变得停滞不前。偷取份额现在成了最重要的事情。各个银行争先恐后地把邀请信塞入消费者的信箱，以图把顾客从竞争对手那里吸引过来，但直邮广告的回报已呈急剧下降趋势。总的来说，信用卡借款并没有太大的增长，与之相伴的融资费当然也不会有太大的增长。信用卡发行机构可以依靠交换费收入（由商家的开户行按付账金额的一定百分比支付的费用）来保持它们的信用卡业务的赢利性。虽然交换费的收费标准近几年来有所提高，但这种提高却不能因而也不会永远继续下去。相反，最近发起的集体诉讼将会使银行担心，它们的交换费收益可能就要开始下跌。

考虑到竞争的加剧和信用卡借款的增长减缓，银行已经尝试着

第八章

> 创造新的收入来源。但它们不是想办法去提高它们产品的吸引力，而是去附加或修改收费标准及信用卡的其他一些特征，如宽限期的长度和滞纳金的收取标准。其中的一些改变对持卡人来说并不是那么透明。其结果是被激怒的消费者、几起诉讼案和政府监察力度的增加。
>
> 信用卡行业已到了中年期，看来该是为其生命的下一个阶段制订计划的时候了。具有讽刺意味的是，在其青年时期推动这个行业发展的创新的力量几乎消失殆尽。为了避免电冰箱、烤面包机和其他产品在它们的生命周期的后期停滞不前的命运，信用卡发行机构现在必须审查一下，在寻求增强其原有价值主张途径的同时，是否存在利用它们的信用卡资产发展其他种类的业务的新途径。铸就了信用卡业务的原有价值主张是：信用卡是一种易于实用的、安全的付款和借款的方式。

任务 5：当心麻烦

在 21 世纪之前，没有人懂得，包括拍卖行、视频游戏、旅行支票、杂志、房地产、股票市场和单身酒吧在内的多种多样的行业都是触媒，这些触媒通过把不同的顾客社群联系在一起而创造价值。当人们试图了解这些行业是如何运营的时候，他们往往对其进行孤立的思考。由于以那样的方式来看待这些行业，他们自顾自地从事着一些对精通传统企业运营方式的见多识广的人来说看起来十分奇怪的实践。

可惜的是，人类的本性使我们不信任异样的和我们不理解的事物。因此，触媒企业与政府当局之间一直有着比正常情况下更多的摩擦，更不用说与媒体的摩擦了，政府和媒体动不动就从不符合传统模式的商业实践中看到欺诈行为。微软公司与美国反垄断当局的争执就是一个很好的例子。

美国政府认为，微软公司尽管没有从软件开发商那里得到任何收入，却花费数百万美元来劝说软件开发商为其 Windows 操作系统编写许许多多的应用软件，它的这种行为是有问题的。政府争辩说，在这一工作上的成功给予微软公司一种相对于其他操作系统供应商的不公平的优势。政府没有认识到的是，操作系统是一种不仅服务于软件开发商社群、用户社群和硬件制造商社群，而且还可能服务于其他群体的触媒。所有的操作系统都是通过鼓励应用程序开发商和其他各方来制造有益于消费者的互补性产品而进行竞争的。微软公司可能在它所采取的其他行动上越过了界线——法院发现它的一些行为带有垄断的性质，但是，鼓励软件开发商编写应用程序，过去是而且现在仍然是为这一操作系统所服务的诸多社群创造价值的触媒反应的一个不可或缺的部分。

像触媒这样复杂的企业经常会发生复杂的商业道德问题。给广播电台的贿赂就是一个例子。在美国，音乐出版商有时付钱给广播电台，以便让其播放某些特定的歌曲。这种早在 20 世纪 60 年代就被发现和公开揭露的做法导致了一项法律的出台，该法律声明这样的"贿赂"是一种刑事犯罪。然而，从经济的角度讲，有人可能会争辩说，为播放而付费只不过是广播电台从事的另一种形式的广告活动——为歌曲所做的广告。在无线电广播的早期发展阶段，音乐出版商免费为电台提供音乐，以期这样做将会促进消费者对唱片的购买。随着无线电广播变得越来越流行，音乐出版商们认为，它们有权对它们的音乐收取版税，而且，它们能够运用版权法来迫使广播电台为所播的音乐而付费。不过，音乐出版商有时仍然具有对那些版税打折的动机，并可能干脆转而向广播电台付费，以使电台愿意播放将会推动唱片销售的音乐。

这并不否认给广播电台的贿赂提出了一个道德问题——21 世纪初

第八章

期广告支持的搜索引擎类触媒一直设法解决的问题是同样的,而广告支持的报纸在类似的问题上已经努力了数十年之久。在内容和广告宣传之间应该有严格的区分吗?谷歌公司规定,广告收入不应该影响到它给出的搜索结果:你不能通过付费来得到在搜索结果中的更靠前的位置,尽管你可以通过付费成为一个在搜索页面的顶部被清楚地标示的赞助商链接,或在搜索页面的右边有一个被清楚地标示的广告。同样地,许多报纸在它们的编辑业务方面和广告业务方面搞"政教分离"。

我们对触媒的研究表明,这种分离有着充分的商业理由,这些商业理由可能也是合乎情理的。触媒在不断地平衡它们为其所服务的每一个社群提供的价值。让广告客户对搜索结果、广告宣传或音乐选择产生影响,这虽然有利于广告客户,但可能会降低内容对于用户的价值。就报纸和搜索引擎这类产品而言,其可信性与否对用户来说是非常重要的。我们怀疑,给广播电台的贿赂对广播电台听众的影响的严重性要小得多,而且我们怀疑,广播电台当时认为,增加的广告收入在某种程度上使其值得偏向于播放某些歌曲。

当政府当局看到触媒企业对顾客施加规则或约束,从而限定了顾客所能做的事情的范围之时,它们往往会产生相当大的怀疑。支付卡附加费就是一个很好的例子。从这一行业的初期开始,支付卡系统就已禁止商家因持卡顾客用卡付款而不是用现金或支票付款而向他们征收额外的费用。

这一无附加费条款使得商家不太愿意接受支付卡付款方式,但却使持卡人更愿意用支付卡来付款。支付卡系统发现,这是一个最恰当的平衡。商家和持卡人双方都会把这一无附加费条款作为它们在决定是否接受和使用支付卡时的考虑因素之一。诸如澳大利亚和英国等几个国家的政府监管机构,已经迫使支付卡系统允许商家对支付卡付款收取附加费。大多数商家并不这样做,但时常有这样的商家,它们的确附加了相当大的额外费用——大到超过了它们为接受该卡所付出的代价,从而剥削那些没有任何其他付款方式的顾客。

大多数国家的政府不会在一开始就注意到企业,直到企业规模变大、实力变强。对于触媒企业来说情况往往是这样。因此,如果你只是一家刚刚起步且规模不大的触媒企业,你不必太过担心监管部门会因你看上去有所不同而跟踪你。但是,随着你的成长壮大,留心下面的经验教训,做好这方面的准备对你来说是有帮助的。

经验教训

- 帮助媒体、立法者、监管机构和其他有影响力的人理解你的企业是如何运营的。
- 向这些有影响力的人表明,你并不是那么与众不同——你遵循的是所在行业中常见的策略,并且,这些策略也被很多其他行业的触媒企业所采用。
- 认识到某些做法——如定价低于成本、涉及排他性的交易、让广告影响到内容决策,以及对你的顾客施加限制等,可能会招致对你的详细审查。
- 依赖于透明和诚实。如果你是一个经纪人,要确保客户知道谁在为你的服务而付费和你代表的是哪一方。如果你是处在广告支持的媒体行业中,要确保消费者了解广告是如何影响到对内容的决策的。

试验、演进与触媒框架

触媒是自然增长的企业。社群之间的正反馈为这种增长提供了燃

第八章

料。触媒也是天生不稳定的企业。只有当它们保持平衡的时候,才会成功。就像骑自行车的人一样,触媒企业只有通过不断调整其运动轨迹,才能在向前移动的同时保持直立。它们必须不断地试验,以使触媒反应继续进行下去。同时,面对来自竞争性单面和多面企业的几乎可以肯定的威胁,它们必须在演化中不断发展。表8-1中对如何做到这一点进行了总结。

表8-1 试验、演进与触媒框架

任　务	经验教训
懂得何时当第一,何时做一个跟随者	·当正反馈效应和规模经济至关重要时,要争当第一名并快速行动。 ·当正反馈效应不充分,并且为触媒社区服务的企业可有多家时,应当做一个跟随者。
控制增长	·选择最适宜的增长策略。 ·采用一个可扩展的、合作性的或可复制的平台。 ·在增长过程中,要保持对社区关系、设计和定价的控制。
保持成果	·保护知识产权。 ·保证社区关系的牢固性。 ·保证差别性因素的存在。
为下一步做好打算	·检查一下你的触媒业务是否将要到达一个停滞期。 ·检查一下产品的新特征或产品线的外延伸。 ·为下一个S曲线做好打算。
当心麻烦	·确保监管当局理解你的业务。 ·向监管当局表明,你的做法在触媒行业中如何常见。 ·要认识到,正常的触媒业务实践也有可能受到详细的审查。 ·依赖于透明和诚实。

试验和演进

TiVo公司很好地说明了触媒企业面临的挑战。TiVo公司首创了一种其软件可录制电视节目并能去除商业广告的数字视频录制器（DVR）。许多电视迷喜欢上了它，就像蜜蜂喜欢酿蜜一样。其先进的软件使节目的制作比起传统的录像机来要方便得多，而躲避商业广告的功能就如同梦想成真。美国的一家名为DIRECTV公司的卫星电视节目提供商及数家有线电视公司认为，对于它们的顾客来说，这是一种有吸引力的产品。TiVo公司不再把这种数字视频录制器直接分销给消费者，而是通过它的盟友间接卖给消费者。

TiVo公司很早就认识到，它拥有一个平台，该平台不仅能够消除使人分心的电视广告，而且还能够提供对观众和广告主双方来说都将更有价值的另类的广告。随着用户基数的增大，TiVo公司开始插入广告，观众如果对这些广告感兴趣，就可以选择观看。TiVo公司能够为捷豹公司提供一个将一段5分钟长的、关于其全新捷豹XK敞篷跑车的视频作为一个选项供消费者选择观看的机会。如果消费者想看到这个视频的话，他们可以点击一下TiVo视频菜单上的"品牌标签"。相对来说，很少有消费者会这么做，但他们将以远高于平均水平的兴趣作为开始，并且，他们将能看到比标准的30秒钟的节目间插播广告更多的广告形式。来自广告主的长时间视频片段在TiVo视频菜单上的"展示"文件夹中也能看得到，用户还能够在那里观看电影或电视节目的预告片。因此，TiVo公司看到了其作为一个既能从广告主那里获得收入又能从电视观众那里获得收入的双面企业的未来。

虽然该公司拥有一批专注的或许甚至是狂热的追随者，但它尚未获得利润。它有超过440万的用户，但那还不到美国家庭总户数的4%。[11]它很难把它的用户范围扩大到专心致志的电视虫以外。同时，它正面临着来自多方面的竞争。有线电视和卫星电视提供商正在推出它们自己的数字视频录制器，以较低的价格与TiVo公司相竞争。例如，TiVo公

第八章

司的最大盟友,即已向 TiVo 公司的大约 64% 的用户交付过数字视频录制器的 DIRECTV 公司,除供应 TiVo 公司的产品之外,也开始提供它自己的数字视频录制器。而诸如科学亚特兰大公司(Scientific Atlanta)和摩托罗拉公司(Motorola)之类的大型消费电子产品制造商,正在通过购买其其他设备的有线电视公司出售它们自己的数字视频录制器。它们对将这一领域让给 TiVo 公司持抵制态度。与此同时,许多竞争者正在基于与 TiVo 公司推行的盒子没有联系的软件技术开发视频点播和网络电视产品。2005 年,Comcast 公司开始提供免费的视频点播服务,Verizon 公司也于同一年开始测试经由其光纤网络提供的、以互联网为基础的电视服务(包括点播服务)。

  TiVo 公司正处于一个其触媒反应要么实现腾飞要么就此消失的风口浪尖上的时期。它正在积极地致力于扩展它的软件技术,以便人们能够用手机来控制他们对电视节目的录制。在吸引那些正在寻找喜欢观看它们的广告的电视观众、并因此可能为之付费的广告主方面,TiVo 公司处于有利地位,正如谷歌公司已经为报纸广告所做的。在背面和侧面都面临竞争对手的情况下,TiVo 公司能否以足够快的速度吸引足够数量的广告客户和观众,仍然有待观察。

第九章　破解触媒密码

> 我会不顾一切地奔向南极——只要上帝愿意且冰隙允许。
>
> ——埃德蒙·希拉里爵士（Sir Edmund Hillary）

如果认为触媒仅仅是一种由技术和互联网所推动的风行一时的商业模式，那就是错误的。正如我们在本书中所极力表明的那样，就在我们亲眼见证了这个时代触媒行业的异乎寻常的繁荣的时候，触媒却早已存在了数千年。今天，我们对触媒企业的运作方式和兴旺之道的理解比以往任何时候都要深刻。经济学家最近的工作已允许我们不仅把触媒视为一种有趣的商业安排，而且视为一套精心构建的关系，这种关系已成为经济增长和实现利润的强大引擎。我们不仅可以把这种理解应用于当代的电子化和虚拟化经营的企业，而且可应用于其成功从未得到充分解释的历史悠久的公司。

事实上，一些最有启发性的触媒企业的寿命有几百年之长。它们之所以表现出令人难以置信的持久性，不只是因为它们有良好的管理，也不是因为它们仅仅出现得恰逢其时。许多企业之所以经久不衰，是因为它们已经破解了触媒密码。

第九章

经久不衰的触媒企业

1744年,塞缪尔·贝克(Samuel Baker)拍卖掉一批藏书中的457本。这"几百本涉及到优雅文学的各个分支的稀有和珍贵的书籍"售得826英镑(以今天的美元计,合210 048美元),贝克先生无疑从中得到了相当大的一笔佣金。1778年贝克去世后,他的一个外甥约翰·索思比(John Sotheby)继承了其公司的部分所有权。此后的80年间,索思比家族在把该公司发展成为书籍和手抄本方面最重要的拍卖商之一的过程中发挥了决定性的作用。

与许多触媒企业一样,位于拍卖的简单外观之后的是错综复杂的关系。在英国、欧洲及新成立的美国发展一个关于买家和卖家的社区是十分关键的。

索思比和他的合伙人与那些购买了珍本书籍但没有能够获得足够的买家(手边没有足够的买家)的商人进行合作。由于向人夸耀自己的珍本书和彩色稿本是19世纪的超级富豪们生活方式的一部分,他们便对在工业革命期间发家致富的许多人士大献殷勤。声誉也是很重要的。索思比拍卖行以其在评估珍本书籍、手稿、印刷品以及其专营的其他物品的价值和真实性方面的敏锐性而著称。

索思比拍卖行在19世纪中期不是最顶尖的拍卖行,从那时起再过100多年,它似乎也不会成为最顶尖的拍卖行——它远远落后于由詹姆斯·克里斯蒂(James Christie)创立并以他的名字命名的这家更时尚的拍卖行,该拍卖行的第一次拍卖包括几捆干草、大量的马德拉白葡萄酒和一些红葡萄酒。克里斯蒂是他那个时代的许多著名艺术家的朋友,他的拍卖行不久便专门从事艺术品的拍卖。事实上,多年来,这两家公司一直保持着一个友好的合作约定。克里斯蒂拍卖行将会把珍贵的书籍送交给索思比拍卖行,而索思比拍卖行将会把艺术品运送给克里斯蒂拍卖行。

20世纪初,当索思比拍卖行产生了新的所有者和管理层的时候,这个约定终止了。索思比拍卖行开始在艺术市场上与克里斯蒂拍卖行进行较量,巨大的触媒冲突出现于这两家公司之间。近年来,这两家拍卖行从拍卖成交额来看已经不相上下。2004年,索思比拍卖行的拍卖成交额最高,但2005年克里斯蒂拍卖行夺得第一宝座。它的拍卖成交额达到18亿英镑,而索思比拍卖行的拍卖成交额略低一些,为16亿英镑。2005年,索思比拍卖行所拍卖的每件拍品的平均价格约为37 500美元——这一数值远远高于克里斯蒂拍卖行20 100美元的平均价格。[1]令人遗憾的是,在20世纪90年代,这两家公司的领导人在价格上串通一气。他们在美国受到了刑事指控,这就是为什么于1983年投资买下索思比拍卖行的艾尔弗雷德·陶布曼(Alfred Taubman)身陷囹圄的原因。两家公司后来都恢复了元气。

当然,今天,索思比拍卖行和克里斯蒂拍卖行都发现自己受到了一个既没有像它们那样的历史、又没有像它们那样的血统的新的触媒企业的挑战,这个新的触媒企业就是eBay公司。历史在这里提醒我们,在触媒的世界里(如同在单面企业的世界里),无论是一个先行者还是一个快速追随者都无法保证自己的成功。正如我们在表9-1中所看到的,一个令人印象深刻的创新者首先解决了对每一触媒企业都极为重要的"先有鸡还是先有蛋"的问题,结果却被做得更好的追随者迅速取代,在触媒企业的发展史中,这样的情形屡见不鲜。此外,正如我们在支付卡、视频游戏和电视网络行业所看到的,新的竞争者可将创新者和快速追随者一并取而代之。在视频游戏市场,索尼公司对雅达利公司和任天堂公司就是这样做的——就像Xbox目前正试图剥夺索尼公司的市场领导者的地位一样。

第九章

表 9-1 著名的追随者

类别	第一家企业	快速追随者	2006年的市场领导者[a]
支付卡	大莱俱乐部	国家信用卡公司（National Credit Card）	维萨国际组织
视频游戏	雅达利公司	任天堂公司	索尼公司
个人电脑操作系统	CP/M操作系统	IBM公司的DOS操作系统	微软公司的Windows操作系统
电视网络公司	全国广播公司（是1939年美国第一家推出固定时间电视播放的电视公司）	哥伦比亚广播公司（在1939年时情况也是如此）	哥伦比亚广播公司
日报	《宾夕法尼亚晚邮报》	《宾夕法尼亚分组信息与每日广告报》	《今日美国》
波士顿市中心的购物区	波士顿下城十字区	波士顿纽伯里街	波士顿科普利广场
拍卖行	索思比拍卖行	克里斯蒂拍卖行	eBay拍卖网站

资料来源："全国广播公司"，广播通信博物馆网站，http://www.museum.tv/archives/etv/N/htmlN/nationalbroa/nationalbroa.htm；Daya Kishan Thussu，"International Communication：Continuity and Change，"Business & Economics，2001；"The Nation's First Daily Newspaper Began Publication"，America's Story form America's Library Web Site，http://www.americasstory.com/cgi-bin/page.cgi/jb/revolut/newspap_2；and Edior & Publisher International year Book 2004（New York：Editor & Publisher Co.，2004）

a. 截至2006年1月份的全球市场状况，根据2005年的销售额得出的报告。

1776年，《宾夕法尼亚晚邮报》（*Pennsylvania Evening Post*）是第一份报道了美国正准备宣布脱离英国而独立的报纸，从而把读者和广告客户的目光一同聚集到了它的页面上。然而，尽管该报抢先刊载了这一具有历史意义的独家新闻,并创造了强有力的触媒模式,一家名为《宾夕法尼亚分组信息与每日广告报》(*Pennsylvania Packet and Daily Advertiser*)的竞争对手出现了,该竞争对手进而成为美国第一份真正成功的日报。今天,这两家报纸都不复存在了。当今最主要的印刷报纸触媒企业是《今日美国》(*USA Today*),该报不针对或基于任何特定的地方社区,一改最大众化的日报沿用了两个多世纪的版面风格。不过,该日报以内容吸引读者,反过来又吸引希望接近这些读者的广告客户,从而使自身成为一个非常强大的触媒企业。其他著名的追随者如表9-1所示。

触媒的时代

就报纸而言,即使那些最为成功的报纸,最终也发现自己正与其他触媒——广播,以及后来的电视产生冲突。虽然它们已经证明它们可以有利可图地和平共存,它们却仍然在为创建一个强有力的社区而竞争,这种社区的一头是广告客户,另一头是读者、听众和观众。广播、电视和报纸代表的是一种经历了很长时间才形成的触媒冲突。毕竟,在其生命的前几百年中,报纸只不过是彼此之间相互竞争。在索思比拍卖行和克里斯蒂拍卖行感受到来自eBay的竞争之前,它们已经安然度过了200多年的时间。

但是,在我们这个时代,这种类型的触媒碰撞将会发生得更加频繁。触媒企业正以不断增加的速度快速形成,并正在相互之间以及与历史较悠久的触媒企业进行交锋。技术上的变革已经使创造遍布全球的多样化社群之间的触媒反应的条件变得成熟起来。通信成本的降低、计算机能力的提高以及与互联网相关的创新,已经使利用隐藏的力量把截然不同的群体结合为一个触媒社区的工作变得日益可行。这些方面的技术进步也使得以具有高度可扩展性的虚拟平台来代替易于挤塞的实体平

第九章

台成为可能。

25年前,固定电话是人们和企业互相交谈的主要方式。那时候打电话是昂贵的。1981年,在伦敦和香港之间的一段10分钟的电话通话需要花费12.37英镑(以2005年美元计,合43.60美元)。[2]从诸如意大利这样的工业化国家到诸如中国这样的发展中国家,许多国家的电话系统是不完善的。如今,移动电话在世界大多数地区得到广泛应用。许多世界上最贫穷的人也有使用手机的机会,尽管他们还没有购买手机。在伦敦和香港之间的一段10分钟的通话只需花费5英镑(以2005年美元计,约合9美元)。[3]

通信成本的显著减少对于促进全球范围内企业和个人之间的交往有着广泛的影响。窥一斑而知全豹。移动电话本身已成为一个平台,消费者和企业可通过这一平台相互认识并从事交易活动。移动电话本身已成为一个消费者和企业可凭之相遇并从事交易活动的平台。许多人从可下载的手机铃声的惊人增长中认识到了这一点。2006年,消费者在下载手机铃声方面的花费超过54亿美元,譬如,下载绿日乐队(Green Day)演唱的时长15秒的《美国白痴》(American Idiot)(见图9-1)。

现在,手机已成为一种消费者可从中购买和赏玩越来越多的音乐、视频及游戏的场所。这些无处不在的计算设备对众多企业提出了挑战,这些受挑战企业的范围从诸如维珍唱片公司这样的零售商到诸如德国有线集团这样的有线电视系统。

计算机处理和记忆能力的指数式进步是众所周知的。而用于围绕着计算设备来启动和维持触媒反应的软件代码的力量较少受到歌颂。你可以在你的手机上播放《美国白痴》,因为你的手机装有一个软件平台——大概是Symbian操作系统,该软件平台帮助软件开发商编写手机铃声应用程序,并使你能够下载和播放最喜爱的歌曲。

图9-1 分服务类别的全球移动音乐市场收益,2006年和2011年

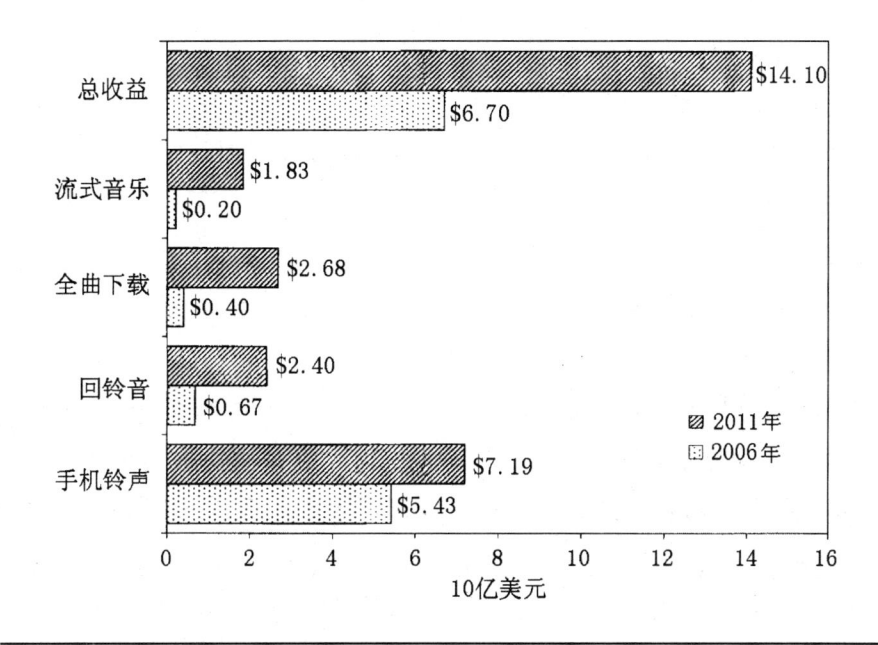

类别	2011年	2006年
总收益	$14.10	$6.70
流式音乐	$1.83	$0.20
全曲下载	$2.68	$0.40
回铃音	$2.40	$0.67
手机铃声	$7.19	$5.43

(单位:10亿美元)

资料来源:Bruce Gibson,"Mobile Music:Ringtones,Full Track Downloads & Streaming,2006-2011,"Juniper Research,August 2006。

汽车可能是下一个可发挥触媒的作用的地方(见"触媒引燃新市场:汽车行业")。汽车上装有计算机芯片和软件的历史已经有10多年了。现在,公司正在开发能够为司机和乘客提供许多服务并能为司机可自行下载的应用程序提供支持的软件平台。例如,微软公司正致力于开发一种能够提供"可扫视信息"的软件,"可扫视信息"即不要求司机将其目光从路面上移开就能看到的信息。一个抬头显示仪将会利用挡风玻璃来显示地图,甚至可显示当司机在行车时经由其手机拨打进来的电话的来电显示信息。

第九章

触媒引燃新市场：汽车行业

　　一个星期一的早上你即将出发去约见一个新客户。当你坐进驾驶室，把车驶向高速公路时，一个半透明的地图出现在挡风玻璃上。这张地图是根据你的指示制作出来的，而你的指示是凭借蓝牙技术从你的黑莓手机发送给汽车的 GPS 系统的；该地图还能计算距离，并能根据你的行驶速度估算旅行时间。几分钟后，一个声控警报告你前面有交通故障并建议你改道行驶。令人高兴的是，它还告诉你，你不会因此迟到。汽车仪表板上的 iPod 扩展插口让你能够用最喜爱的交响曲来平静一下你在约见客户前的紧张心情。当你驶进停车场时，你在达拉斯的同事打电话告诉你说，他们已对你的介绍材料作了最新补充，并正在把你与客户约见时可以使用的新版本发送给你。幸运的是，你选择的是一辆带有移动宽带连接功能的汽车；不到两分钟，你就通过中央仪表板上的一个扩展插口连接上了互联网，并得以将新版本下载下来。

　　听起来像是天方夜谭？如果汽车制造商找对了路，这就不会是天方夜谭。汽车制造商们正在为把交通工具与内容连接融合在一起而做着协调一致的努力，目的是为了重振销售业绩和提供差异化的产品。位于这种转变背后的触媒就是那些正帮助制造商将消费娱乐技术和信息技术加以改造、以使其适用于车载系统的软件平台。

　　不过，要得到所有各方的支持，就意味着需要让制造商相信，消费者希望得到这些功能，并愿意购买带有这些创新性功能的汽车（且愿意为这些创新性功能付更高的价钱）。这一情形下的触媒企业，亦即软件平台，将起到把各方汇集到一起的作用。它可帮助说服软件开发商编写应用程序，如编写地图和语音激活式应用软件，它还使电

> 脑、MP3播放器之类的即插即用设备的使用成为可能,这些即插即用设备使制造商可以相对高效地提供这些选项。也许有人会说,触媒企业已经得到了顾客的支持;许多为车内使用而正被改编的应用软件是那些消费者已经欣然接受并经常使用的应用软件。

每一种装有计算机芯片的装置都具有挑战现有触媒企业或单面企业的潜力。正如我们在第七章讨论过的,非接触式芯片是应用于支付卡的一种新近出现的技术,它正在引发触媒企业之间的碰撞。正如我们已讨论过的,在日本,i-mode 已经在其手机上安装了非接触式芯片,并已发展成一种可与现有信用卡系统相匹敌的支付系统。其他地方的移动运营商是否会与信用卡系统联手,以致使手机仅仅成为人们用其万事达卡来付款的另一种方式,或是否会运用这种新技术去创造具有替代性的支付系统,这一点还有待观察。

在通信、计算机处理和计算机存储方面的成本的极大降低,是位于互联网扩张背后的因素。但是,今天我们在探寻万维网的巨大资源方面的能力,主要是创新的结果——诸如统一资源定位符(URL)和网页往复排序这样的创新——就像人类历史上许多最重要的创新一样,它们在事后看来似乎是微不足道的。万维网是新兴触媒企业的主要滋生地,这些新兴触媒企业正与老的触媒企业发生冲突,新兴触媒企业相互之间也在发生着冲突。

破解触媒密码

本书描述了一个框架,如果小心使用这一框架的话,就可开办并维持有利可图的触媒企业。更难描述的是,关于触媒企业的创意从何而

第九章

来。我们已学到的经验教训是,一个关于双面平台的良好经营理念的确定,并不足以创办一个新企业,更别说推进和维持一个新企业了。触媒企业的创建需要时间和耐心。有些创意是偶然发现的;其他一些创意只是在持续不断地试错之后才显现出来。许多在创造一个触媒反应和创办一个充满活力的多面社区方面取得成功的企业,结果却发现它无法获得长期稳定的利润。一些触媒企业在突然腾飞之前,不得不忍受多年的不确定性和对设计及定价的不断调整。

美国运通公司起初从事的业务有些杂乱无章。19世纪中叶,它依靠铁路、船只、马车和马匹,横跨不断扩大的美国疆域,从事有价值物品的运送服务。由于一时的灵感,它开发出旅行支票,旅行支票使它的业务发生了转型,并最终将其转变成一家强大的金融公司。

据传说,美国运通公司的总裁J. C. 法戈(J. C. Fargo)到欧洲去度假时,发现尽管他在美国拥有很高的社会地位,却在说服银行兑现他的信用证方面大费周折,而信用证是19世纪后期到国外旅行的人获得当地现金的标准方式。他回来之后,便指示他的一个重要雇员马塞勒斯·弗莱明·贝里(Marcellus Fleming Berry),来开发某种能为他及普通的旅行者解决这一问题的东西。贝里想出的主意就是旅行支票。旅行支票有固定的面额,通过让购买者在购买旅行支票时签名、在兑现旅行支票时再次签名的方式加以对证核实;对于主要的货币,在支票正面的正中央标有兑换率(兑换率在当时是固定的),以便使毫无戒心的游客得到正确数额的当地货币。

对于旅行者来说,这似乎是一个完美的解决方案。但对于一个想要出具这种旅行支票的企业来说,仍然存在一个巨大的障碍。在对让消费者购买这种支票抱有任何希望之前,美国运通公司必须让银行和商家——一些银行和商家远在数千英里以外——来接受这种支票。它面临着一个典型的"先有鸡还是先有蛋"的问题,而这类问题是所有触媒业务的核心问题。

精明的是，美国运通公司没有因为向商家或银行偿付它们兑现的支票而收取它们的费用，甚至还为它们提供了免受欺诈的保证。凭借这一富有吸引力的模式，美国运通公司与欧洲和美国的银行及商家积极签署了合约。当它得到足够多的旅馆和银行的加盟之后，它就能够给消费者一个看起来可信的理由。美国运通公司的旅行支票于1891年首次推出之时，消费者的认购金额不足1万美元。一年后，消费者的购买金额达到近5万美元，4年后，达到将近200万美元——这在当时可谓是数额巨大。[4]

美国运通公司已经引燃了银行、商家和旅行者之间的触媒反应——而且是一个非常有利可图的触媒反应。假设你的高曾祖父在去巴黎作3个月的旅行之前，提前一个月购买了100美元的旅行支票。美国运通公司便赚得了这100美元中尚未支用的那一部分的利息。另外，美国运通公司得以保存高曾祖父任一没有用完的金额——也许他还余下10美元，准备留到下一次旅行时再用，而他却从未有过下一次旅行。

这个天真的产品促使美国运通公司成为一个金融服务和旅游业的巨头。虽然由于提款机和信用卡已经变得无处不在，旅行支票正接近其有效市场寿命的终点，但100多年来美国运通公司一直保持着对这一触媒产品的领导者地位。就在2005年，美国运通公司还卖出了197亿美元的旅行支票。[5]

在过去的几十年中，其他公司从其存在时间只有旅行支票寿命的一小部分的行业中收获了更多的收入。比尔·盖茨从创办于20世纪70年代的一家公司中赚得的财富，当属世界上最大的一笔财富。有些人认为他只不过是在正确的时间选择了正确的行当。他少年时便学会了计算机编程，恰在微芯片革命使计算机编程成为一项极为宝贵的技能之前。他在编写有效代码方面非常有天赋，并且还是一个精明的谈判者。

第九章

　　也有些人指出，他的成功是由于这样的事实：他敢作敢为（有人说是冷酷无情），决意取胜。然而，比尔·盖茨之所以赢得了他在历史上的地位，并赢得了为其非凡的慈善事业提供资助的巨大财富，最重要的是因为他拥有对这种为汇集软件开发商、硬件制造商和用户之间的相互吸引的力量而必需的商业模式的洞察力。他破解了触媒企业的密码。

　　观察一下今天的微软公司或任天堂公司、美国运通公司、六本木新城，人们很难立即看到，它们的存在仅仅是由于一个创业者将两个或两个以上的顾客群体联系在一起，并利用了这些顾客群体之间的相互吸引的力量。成功的触媒反应看起来如此自然，以致局外人对贯穿于它们的创造和培育过程的错综复杂的努力、微妙的平衡以及反复试错根本没有认真思考过。

　　触媒密码叙述起来很简单：探索如何通过把人或企业汇聚在一起而创造价值；为这一社区提供一个稳妥可靠的环境；帮助那些可能相互吸引的人或企业找到对方并帮助他们彼此交往；运用价格和设计来平衡社区中各方的利益。

　　然而，我们试图在本书中说明的是，触媒密码的实施是复杂的——特别是在获利机会和风险均为最大的崭新环境下。在我们对数十个触媒企业的研究中，我们注意到那些对于最为成功的触媒企业十分有益的关键特性和任务。我们在本书中描述的触媒框架，不是一本用于创建成功的触媒企业的菜谱。触媒企业的复杂性和多样性远不是一本菜谱所能涵盖的。相反，该框架是一个指南，创业家和投资者可以运用该指南来理解构成触媒企业基础的特殊的动态性，并来理解他们常常会面临的独有问题。

　　我们希望，本书中的经验教训能够帮助准触媒企业及其投资者引发和保持既有益于社会、又给予它们一个建立有力且持久的企业的机会的、强有力的触媒反应。不过，正如一张地形图并不能向一名渴望征服一座不易攀爬的山岳的登山者提供完备的信息一样,一般性的经验教训对于那些渴望创建另外的触媒企业的人来说只有限的价值。实际上,本书的最根本的要旨是,触媒反应本质上是难以启动、难以维持并从中获得利润的。那些想要成功的创业家必须找到使触媒社区的不同成员的利益协调一致的恰当的平衡。

虽然无论在理论上还是在实践中这都不是那么简单,但是,这就如同打棒球,许多人打过棒球或依然在打,而其中一些人打得非常好。

补 充 阅 读

Baxter, William, "Bank Exchange of Transactional Paper: Legal and Economic Perspectives." *Journal of Law and Economics* 26, no. 3 (1983): 541–588.

Brandenburger, Adam, and Barry Nalebuff. *Co-Opetition : A Revolution Mindset that Combines Competition and Cooperation*. New York: Currency Doubleday, 1996.

Eisenmann, T. G. Parker, and M. van Alstyne. "Strategies for Two-Sided Markets." *Harvard Business Review*, October 2006.

Evans, David S. "The Antitrust Economics of Multi-Sided Platform Markets." *Yale Journal on Regulation* 20, no. 2 (2003): 325–381.

Evans, David S., and Richard Schmalensee. *Paying with Plastic : The Digital Revolution in Buying and Borrowing*. 2nd ed. Cambridge, MA: MIT Press, 2005.

Evans, David S., Andrei Hagiu, and Richard Schmalensee. *Invisible Engines : How Software Platforms Drive Innovation and Transform Industries*. Cambridge, MA: MIT Press, 2006.

Hagiu, Andrei, "Multi-sided Platforms: From Microfoundations to Design and Expansion Strategies." Harvard Business School Working Paper, November 2006.

补充阅读

Rochet, Jean-Charles, and Jean Tirole. "Defining Two-Sided Markets." *RAND Journal of Economics* (forthcoming).

Rochet, Jean-Charles, and Jean Tirole. "Platform Competition in Two-Sided Markets." *Journal of the European Economic Association* 1, no. 4 (2003):990–1209.

Shapiro, Carl, and Hal R. Varian. *Information Rules: A Strategic Guide to the Network Economy*. Boston: Harvard Business School Press,1999.

注　释

第一章

1. David S. Evans and Richard Schmalensee, *Paying with Plastic: The Digital Revolution in Buying and Borrowing*, 2nd ed. (Cambridge, MA: MIT Press, 2005).

2. 同上。

3. 仅指通用型信用卡。见"U.S. Credit & Debit Cards Projected," Nilson Report, issue ♯865, September 2006；银行利润数字来自 Burney Simpson, "Bank Card Profitability," Credit Card Management, May 2005, 26–28。

4. Richard V. Heiman, "Worldwide Software 2004.2008 Forecast Summary," IDC report ♯31785, August 2004, Table 18.

5. Al Gillen & Dan Kusnetzky, "Worldwide Client and Server Operating Environments 2004.2008 Forecast: Microsoft Consolidates Its Grip," IDC report ♯32452, December 2004, Tables 1 and 2.

6. David S. Evans, Andrei Hagiu, and Richard Schmalensee, *Invisible Engines: How Software Platforms Drive Innovation and Transform Industries* (Cambridge, MA: MIT Press, 2006).

注释

7. 这些都是以当时的美元数字表示的。本书中的数字没有根据通货膨胀因素进行调整,除非特别指出。

8. 是截至2006年3月31日的财年中的出货量。"Cumulative Production Shipments of Hardware / PlayStation®2," Sony Computer Entertainment Inc. website,http://www.scei.co.jp/corporate/data/bizdataps2_e.html.

9. 由于与PlayStation 3游戏机的开发有关的巨大的研发成本,索尼公司游戏部门的营业收入从2004财年的432亿日元减少到2005财年(截至2006年3月31日)的87亿日元(7 500万美元)。见Sony SEC filing Form 20-F (FY 2005), http://www.sec.gov/Archives/edgar/data/313838/000114554906001253/k01183e20vf.htm♯113。

10. Carl Shapiro and Hal R. Varian, *Information Rules：A Strategic Guide to the Network Economy* (Boston：Harvard Business School Press,1999).

第二章

1. 源自汤姆·贾菲(Tom Jaffee)2006年11月8日发给市场平台动态公司的特里·谢(Terry Xie)的电子邮件。

2. "What is 8 Minute Dating?" 8minuteDating website, http://www.8minutedating.com/howItWorks.shtml.

3. Aristotle, *Politics* (328 BC). See Brent Dean Robbins, "Phenomenology, Psychology, Science & History：A Reading of Kuhn in Light of Heidegger as a Response to Hoeller's Critique of Giorgi," *Janus Head*, Vol. 1, no. 1 (Summer 1998), http://www.janushead.org/JHSummer98/BrentRobbins.cfm.

4. "Catch of The Day A Tuna That Reels In ＄646,700," *South China Morning Post*, December 30, 2005.

5. 筑地鱼市场与政府和私人企业之间是一种合作关系。东京都政府拥有该市场的所有权并负责维护这一市场。日本农业部、林业部和渔业部监管着筑地鱼市场和其他鱼类批发市场的经营行为。许多不同类型的私人企业使该市场得以运转,包括拍卖行、货摊摊主和码头经纪人。见 Theodore C. Bestor, *Tsukiji: The Fish Market at the Center of the World* (Berkeley: University of California Press, 2004)。

6. 当然,这并不是真正免费的午餐。交易是要消耗资源的。例如,筑地鱼市场占用稀缺的东京不动产;需要相当数量的雇员来从事鱼类的卸货、分类和分销工作;并要求拍卖行对这一过程进行经营和管理。另一个例子是,2005 年,纽约证券交易所为支持经它达成的 14 万亿美元的交易,发生了 10 亿美元的年度成本。见 "New York Exchange Annual Highlights 2005," NYSE Group, Inc website, http://www.nyse.com/pdfs/NYSE_AH_05_WEB_FINAL.pdf。

7. Guy Kawasaki, "Official Bio," About Guy page, http://www.guykawasaki.com/about/indes.shtml.

8. Bryan Glick, "7 Days—Chemdex Fell Through Lack of User Support," *Computing*, March 1, 2001.

9. 交易所是比仅仅将买方和卖方匹配在一起更为复杂的双面平台。见 Bernhard Friess and Sean Greenaway, "Competition in EU Trading and Post-trading Service Markets," *Competition Policy International* 2, no. 1 (Spring 2006); and George Chacko and Eli Peter Strick, "The International Securities Exchange: New Ground in Options," Case 203063 (Boston: Harvard Business School, March 2003)。

注释

第三章

1. Warren St. John, "Mr. Mover, Meet Ms. Shaker," *New York Times*, August 28, 2005.

2. "Traffic Rank for Youtube.com," Alexa.com website, http://www.alexa.com/data/details/traffic_details? & range = max & size = large&compare_sites = myspace.com&y = r&url = youtube.com#top.

3. Jessi Hempel and Paula Lehman, "The MySpace Generation," *BusinessWeek*, December 12, 2005, http://www.businessweek.com/magazine/content/05_50/b3963001.htm? chan = technology_ceo + guide + to + technology.

4. Rhys Blakely, "Google-eBay tie-up is 'biggest yet'," *Times Online*, August 29, 2006, http://technology.timesonline.co.uk/article/0'20411 − 2332902,00.html.

5. Anick Jesdanum, "Myspace Plans New Restrictions For Youths," Associated Press, June 21, 2006, http://www.forbes.com/home/feeds/ap/2006/06/21/ap2829384.thml.

6. Wendy Davis, "Financial Services Companies Claim 28% Of September Web Ads," *Online Media Daily*, October 13, 2006, http://publications.mediapost.com/index.cfm? fuseaction = Articles.showArticleHomePage&art_aid = 49547.

7. 股票和债券数量数字来自 "London Stock Exchange: Trading Services", London Stock Exchange website, http://www.londonstockexchange.com/en-gb/about/cooverview/whatwedo/tradingservices.htm；交易数字来自 London Stock Group PlcAnnual Report

2006,http://www.londonstockexchange-ir.com/lse/finperformance/reports/results/ar06/ar06.pdf。

8. 这一术语是由亚当·勃兰登堡(Adam Brandenburger)和巴里·纳莱巴夫(Barry Nalebuff)在其著作《竞合:一场将竞争与合作结合在一起的革命思维》(New York:Currency Doubleday,1996)中创造出来的。

9. Estee Lauder Companies Inc. SEC filing Form 10-K (summary),for the fiscal year ended June 30,2006,http://biz.yahoo.com/e/060825/el10-k.html.

10. "Cosmetics Queen Estee Lauder Dies," BBC News website, April 25, 2004, http://news.bbc.co.uk/1/hi/world/americas/3658375.stm.

11. "I-mode FAQ," *WestCyber Corporation*, 2000, as quoted in Tom Worthington, "Issues in the Wireless Internet," http://www.tomw.net.au/2001/wi.html.

12. NTT DoCoMo SEC filing Form 20-F, for the fiscal year ended March 31,2006, http://www.nttdocomo.co.jp/english/corporate/investor_relations/referenc/form/pdf/200606.pdf.

13. Julia Augwin, Peter Grant and Nick Wingfield, "Hot-Button Topic: In Embracing Digital Recorders, Cable Companies Take Big Risk—Viewers Flock to the Devices, But Advertisers May Flee; Debating Ad-Skip Feature—Time Warner's 'Meteorite'," *Wall Street Journal*, April 26,2004.

14. Pui-Wing Tam and Mylene Mangalindan, "Pets.com's Demise: Too Much Litter, Too Few Funds—Pet-Supply Site Sought Money Bur Couldn't Find Backers; 'It's Sad,' Says the Founder," *Wall

注释

Street Journal, November 8, 2000.

15. Raymond Fisman, Sheena Ivengar, Emir Kamenica, and Itamar Simonson,"Searching for a Mate: Theory and Experimental Evidence"(research paper 1882, Stanford Graduate School of Business, Stanford, CA, January 31, 2005).

16. *Nilson Report*, various issues.

17. "Debit in the U.S.," *Nilson Report*, issue ♯833, May 2005.

18. "U.S. General Purpose Cards: 2004," *Nilson Report*, issue ♯828, February 2005; "Debit in the U.S.," *Nilson Report*, issue ♯833, May 2005.

19. Apple Inc. earnings and press releases, 2001–2006.

20. 2001年的市值数据下载自彭博资讯网站；纳斯达克股票市场的数据及2006年市值数据（截至2006年8月23日）下载自雅虎财经网站。

21. 目前，许多公司为iPod音乐播放器生产互补产品——从比苹果公司自身所供应的质量更好的耳机到与该音乐播放设备配套使用的家庭音乐系统。不过，苹果公司并没有直接鼓励这些生产商来这样做，而且不向它们提供任何服务。因此，这些互补性的产品并不构成单独的一方，相应地，它们没有使苹果公司成为一个双面企业。

22. "PalmSource: Partners: Licensees," PalmSource website, http://www.palmsource.com/partners/licensee.html.

第四章

1. 该公司是以我们在研究过程中采访过的一家新创公司为基础的。我们已对具体细节进行了掩饰，以防止机密信息的泄露。

2. American Express Corp. 2004 Annual Report, http://www. onlineproxy.com/amex/2005/nonvote/ar/AXP-annual04.pdf.

3. 索尼公司对在其PS2游戏机平台上播放的每份游戏收取3—9美元。对于一款售价为29.95美元的游戏(如截至2006年10月2日亚马逊网站上公布的、由电艺公司开发的"NHL 07"游戏的价格)来说,特许权使用费等于售价的10%—30%。索尼公司的特许权使用费信息来源于:Adam M. Brandenburger, "Power Play (C): 3DO in 32-bit Video Games," Case 794-104 (Boston: Harvard Business School, 1995)。

4. Steve McClellan, "Fox Breaks Prime-Time Pricing Record," *Adweek*, September 12, 2005, http://www.adweek.com/aw/search/article_display.jsp?vnu_content_id=1001096022.

5. "Christie's—How to Buy—Buyer's premium," Christie's website, http://www.christies.com/howtobuy/buyers_premium.asp.

6. "Crossroads Guitar Auction Realizes $7,438,624 at Christie's New York," Christie's press release, June 24, 2004, http://www.christies.com/presscenter/pdf/06252004/guitars_062404.pdf.

7. "Symbian OS Phone Shipments Reach 14.4m in 2004," Symbian press release, May 10, 2005, http://www.symbian.com/news/pr/2005/pr20051857.html.

8. "Fast Facts," Symbian website, http://www.symbian.com/about/fastfacts/fastfacts.html;截至2006年10月27日,Handago.com网站上可用于Symbian操作系统的软件共有6 778种。

9. "Microsoft Corp.: Windows 3.0 is here," Microsoft press release, May 22, 1990.

10. Lisa Picarille, "IBM Drags Feet on OS/2 Pitch," *Computer World*, April 17, 1995.

注释

11. 在美国,接受保险公司的或有佣金的做法导致了对于一些保险经纪人的法律诉讼,这些保险经纪人被起诉在某些情况下不向它们的受雇公司透露所接受的这些佣金,并操纵保险公司对受雇公司的出价。几家大的保险经纪人同意停止这种做法,并只从它们的受雇公司接受报酬。见 J. David Cummins and Neil A. Doherty, "The Economics of Insurance Intermediaries" (working paper, Wharton School, University of Pennsylvania, Philadelphia, PA, May 20, 2005)。

12. 当然也有例外。当自动取款机网络被首次启用时,如果 A 银行的一名客户从由 B 银行经营的自动取款机中取款,则 A 银行向 B 银行支付费用。随着这种网络的成熟以及从安装更多的自动取款机中获得的系统收益的减少,该网络改变了其定价模式,B 银行转而向 A 银行支付费用。

13. Michael Capozzi, "Insurance Marketplaces Among Dot Com Casualties," *Risk & Insurance*, June 1, 2001.

14. Craig Bicknell, "Death of a Digital Divide Bridge," *Wired News*, July 20, 2000, http://www.wired.com/news/business/1,37651-0.html.

15. Nick Wingfield, "Microsoft Scraps Slate Subscriptions, Offers Magazine For Free," *Dow Jones Business News*. February 12, 1999; George Anders, "Free for All—Eager to Boost Traffic, More Internet Firms Give Away Services," *Wall Street Journal*, Jul 28, 1999; David Carr, "Washington Post Company Buys Slate Magazine," *New York Times*, December 22, 2004.

16. "MobiTV Tops One Million Subscribers; Paying Users More than Double In the Last Six Months!" MobiTV press release, April 4, 2006, http://www.mobitv.com/press/press.php? i = press/release_

040406_01.

第五章

1. Jim Frederick, "TomorrowLand: Tycoon Minoru Mori Wants to Make Tokyo a More Livable City," *Time* (Asia Edition), August 4, 2003, http://www.time.com/time/asia/magazine/article/0,13673,501030811-472908,00.html.

2. Dan Jones, "RIM to Go Symbian?" *Unstrung*, September 5, 2006, http://www.unstrung.com/document.asp?doc_id=102926&print=true.

3. Rowena Vergara, "Rockford Joins Bigger Cities on Marketplace Craze Craigslist," *Rockford Register Star*, August 16, 2006, http://www.rrstar.com/apps/pbcs.dll/article?AID=/20060816/BUSINESS04/108160021/1017/BUSINESS04.

4. Alesix Swerdloff, "Bungalow 8 Owner Gives Yale a Class on Class," *Yale Herald*, October 24, 2003, http://www.yaleherald.com/article.php?Article=2537.

5. 欲了解更多详情,见 David S. Evans and Karen L. Webster, "The Architecture of Product Offerings" (working paper, Market Platform Dynamics, Cambridge, MA, February 2006); and David S. Evans, Andrei Hagiu, and Richard Schmalensee, *Invisible Engines* (Cambridge, MA: MIT Press, 2006), ch. 11。

6. Malcolm Gladwell, "The Terrazzo Jungle: Fifty Years Ago, the Mall Was Born. America Woule Never Be the Same," *New Yorker*, March 15, 2004.

注释

7. Philip Brasor, "Leon For Men, Nikita For Women: Women Get Their Own Killer Matchmaking Magazine," *Japan Times*, October 10, 2004.

8. Ibid.

9. "Customer Service Home—Answer—How do I change or cancel my airline ticket?" Orbitz website, https://faq.orbitz.com/cgi-bin/orbitz_faq.cfg/php/enduser/std_adp.php?p_sid=LJKNfmji&topic=&p_prodcode=&p_faqid=2425.

10. 有关万事达卡的数据来自"MasterCard WorldWide: Corporate Overview," MasterCard website, http://www.mastercard.com/us/company/en/docs/Corporate%20Overview.pdf; 有关维萨卡的数据来自"About Visa," Visa USA website, http://usa.visa.com/about_visa//about_visa_usa/index.html。

11. "Estimating the number of Linux users," The Linux Counter website, March 2005, http://counter.li.org/estimates.php; 截至2006年10月27日,www.inuxsoft.cz 网站上可用于 Linux 系统的应用软件有10 460个。

12. Greg Gatlin, "Advertising, Not Sales, Drives Moves By Atlantic," *Boston Herald*, August 5, 2003; David Carr, "A Magazine's Radical Plan: Making a Profit," *New York Times*, August 4, 2003.

13. "Five-Year Ad-Revenue Summary: Monthly Magazines ($/000s)," *MIN Media Industry Newsletter*, January 2, 2006.

14. 2005年,全球范围内通过通用型信用卡进行的交易活动达757亿次。见"Global Cards—2005," *Nilson Report*, issue #853, March 2006。

15. "Electronic Money Usage Soaring," *Nikkei Weekly*, March 6,

2006;"Cashless Payments: Contactless Cuts Out Cash And Cards," *Electronic Payments International*, February 28, 2006.

第六章

1. Dan Nystedt, "Microsoft Sees 15 Million Xbox 360 Sales by Mid-2007," *IDG News Service*, July 21, 2006, http://www.itworld.com/Tech/5051/060721xbox/.

2. Microsoft Corporation SEC filing Form 10-k for the fiscal year ended June 30, 2006.

3. Dean Takahashi, "Opening the Xbox: Inside Microsoft's Plan to Unleash an Entertainment Revelution," (Roseville, CA: Prima Lifestyles, 2002).

4. "Microsoft Playing Out of the Box," *Hartford Courant*, November 4, 2001; "Game on! Sony, Nintendo and Microsoft Get Ready to Rumble in the Battle for North America's $8-Billion Video-Game Market," *Winnipeg Free Press*, November 10, 2001; "Game Wars," *Tampa Tribune*, November 19, 2001.

5. David S. Evans and Richard Schmalensee, *Paying with Plastic: The Digital Revolution in Buying and Borrowing*, 2nd ed. (Cambridge, MA: MIT Press, 2005).

6. Schelley Olhava, "The Console Plays: Worldwide Videogame Hardware Forecast, 2001. 2006," IDC report #28282, November 2002.

7. Based on the operating income (loss) data of Microsoft's Home and Entertainment Division results from Microsoft Corp. SEC filing From 10-K, for the fiscal year ended June 30, 2006.

注释

8. 当大莱俱乐部向美国运通公司的主地盘及作为其旅行支票利润之源的旅行和娱乐行业扩展时,美国运通公司是一个显然的竞争对手。美国运通公司的旅行支票项目向与大莱俱乐部所服务的社区相同的基本社区——商家和消费者提供了一种支付工具,在说服商家和消费者双方的参与方面,美国运通公司已拥有专门的知识。很容易看出,成功的大莱卡如何能够侵蚀旅行支票业务。我们从美国运通公司的历史中获知,正如西部联盟电报公司(Western Union)决定不进入电话业务领域一样,因为这将对其电报业务造成自我蚕食,美国运通公司差一点决定不进入支付卡领域,因为这样做可能会蚕食其旅行支票业务。见 Peter Z. Grossman, *American Express: The Unofficial History of the People Who Built the Great Financial Empire* (New York: Crown Publishers, 1987)。

9. Schelley Olhava, "The Console Plays: Worldwide Videogame Hardware Forecast, 2001.2006," IDC Report ♯20282, November 2002; Schelley Olhava, "Worldwide Videogame Hardware Forecast, 2001.2006," IDC Report ♯26906, April 2002.

10. Todd Bishop, "Microsoft One Step Ahead with Xbox 360 in Stores," *Seattle Post-Intelligencer*, May 12, 2006.

11. Richard Digby-Junger, "Munsey's Magazine," *St. James Encyclopedia of Popular Culture*, http://www.findariticles.com/p/articles/mi_g1epc/is_tov/ai_2419100844.

第七章

1. Byron Acohido, "Linux Took on Microsoft, and Won Big in Munich," *USA Today*, July 14, 2003, http://www.usatoday.com/money/

industries/technology/2003-07-13-microsoft-linux-munich_x.htm.

2. "Season-to-Date Broadcast vs. Subscription TV Primetime Ratings：2004-2005,"TVB. org. http：//www. tvb. org/rcentral/ViewerTrack/fullSeason/fs-b-c. asp? ms=2004-2005. asp.

3. "Craigslist Costs Newspapers,"CNN. com，http：// money. cnn. com/2004/12/28/technology/craigslist/.

4. 根据网站 freshmeat. net 的统计，截至 2006 年 11 月 9 日，通用公共许可协议下的开发项目有 29 629 个。见"Freshmeat. net：Statistics and Top 20,"Freshmeat. net，http：//freshmeat. net/stats/。

5. Russel J T Dyer，*MySQL in a Nutshell*，(Sebastopol, CA：O'Reilly Media, 2005).

6. 以 2004 年的发货比例为基础。Al Gillen, Mila Kantcheva, and Dan Kusnetzky, "Worldwide Client and Server Operating Environments 2005－2009 Forecast and Analysis：Modest Growth Ahead," IDC report ♯34599, December 2005.

7. Steve Hamm, "Linux, Inc.：Linus Torvalds Once Led a Ragtag Band of Software Geeks. Not Anymore. Here's an Inside Look at How the Unusual Linux Business Model Increasingly Threatens Microsoft," *Business Week*, January 31, 2005.

8. 根据从彭博资讯网站下载的市值数据。

9. "Key Traffic Statistice for NYTimes. com and Boston. com—April 2006 Report," New York Times Digital website, http：//www. nytdigital. com/learn/pdf/NYTDApr06. pdf.

10. "Google Announces Fourth Quarter and Fiscal Year 2005 Results," Google Investor Relations website, http：//investor. google. com/releases/2005Q4 . html；纽约时报集团的广告收入是 23 亿美元，

注释

见 The New York Times Company SEC filing Form 10-K for the fiscal year ended December 25, 2005；道琼斯公司的广告收入是9.6亿美元，见 Dow Jones & Company Inc SEC filing Form 10-K for the fiscal year ended December 31, 2005。

11. Alice LaPlante, "Google's Achilles' Heel," Information Week website, January 23, 2006, http：// www. informationweek. com/news/showarticle. jhtml? articleid = 177103024.

12. eBay Inc. , SEC filing Form 10-K for the fiscal year ended December 31, 2005.

13. "eBay Analyst Day—Final," *Voxant FD（Fair Disclosure）Wire*, May 4, 2006.

14. Tony Waltham, "'Bot' networks on the rise, according to Symantec report," *Bangkok Post*, October 19, 2005.

15. Thomas Claburn, "eBay Makes Access to Its Web Services Free," Information Week website, http：// informationweek. com/story/showArticle. jhtml? articleID = 173602719.

16. "Walmart. com 2005 Sales Top $1 Billion," InternetRetailer. com, http：// www. internetretailer. com/internet/marketing-conference/255804548-walmartcom-2005-sales-top-1-billion. html.

17. Frost and Sullivan, "World Banking（Financial & Loyalty）, Smart Card Market, F268-33," 2004；*Nilson Report*, issue ♯843, October 2005.

第八章

1. Larry McShane, "Howard Stern Bids Farewell to His Fans,"

Associated Press, December 16, 2006, http：// www. breitbart. com/ news/2005/12/16/D8EHB45O3. html; Andrew Wallenstein, "Howard Stern Redefines Video-On-Demand," *Hollywood Reporter*, November 28, 2005, http：// www. msnbc. msn. com/id/10239045/from/RL. 4/; Chris McGann, "Stern's Listeners Coule Tip The Race, Some Analysts Say," *Seattle Post-Intelligencer Reporter*, August 7, 2004, http：// seattl-epi. nwsource. com/tv/185305_stern06. html.

2. Sirius Satellite Radio earnings releases, various issues, 2004 – 2006.

3. George Anders, "Free for All：Eager to Boost Traffic, More Internet Firms Give Away Services—No-Charge Policy Has Users Flocking to Egreetings; Will Revenue Follow? —'Spoiling' Another Industry," *Wall Street Journal*, July 28, 1999.

4. "Satellite Radio Option on Vehicles More Than Tripled Past Three Years," Autobytel Inc. press release, January 30, 2005, http：// www. autobytel. com/content/home/help/pressroom/pressreleases/ index. cfm/action/template/article_id_int/167; "Clear Channel Answering Satellite Radio With HD Rollout," *Business First of Columbus*, December 5, 2005, http：// www. bizjournals. com/columbus/ stories/2005/12/05/daily3. html? from_rss = 1.

5. 万事达卡国际组织有25 000个银行成员，而威士国际组织有21 000个银行成员。见"MasterCard WorldWide：Corporate Overview," MasterCard website, http：// www. mastercard. com/us/company/ en/docs/Corporate% 20Overview. pdf; "About Visa," Visa USA website, http：// usa. visa. com/about_visa/about_visa_usa/index. html.

6. 源自汤姆·贾菲(Tom Jaffee)2006年11月8日发给市场平台

注释

动态公司的特里·谢(Terry Xie)的电子邮件。

7. 截至1996年6月,日本有1 260万手机用户,而DoCoMo公司在1996年4月拥有手机用户500万。见:"What On Earth? A Weekly Look at Trends, People and Events Around the World," *Washington Post*, January 25, 1997; "NTT DoCoMo Subscribers Top 50 Million," NIT DoCoMo press release, November 10, 2005, http：//www.nttdocomo.com/pr/2005/000699.html.

8. "Octopus—Business—Statistics," Octopus website, http：//www.octopuscard.com/corporate/why/statistics/en/index.jsp; "About Us," Octopus Cards website, http：//www.octopuscards.com/consumer/general/global/en/aboutus.jsp.

9. "Octopus—Consumers—AAVS," Octopus website, http：//www.octopuscards.com/consumer/payment/reload/en/aavs.jsp.

10. *Nilson Report*, various issues.

11. "TiVo Announces Second Quarter Results," TiVo press release, August 30, 2006; 根据美国人口普查局2005年3月的人口普查数据,美国共有11334.3万户家庭。http：//www.census.gov/population/socdemo/hh-fam/cps2005/tabH1-all.csv.

第九章

1. "Market News: Cut-Throat Christie's and Hirst in Mexico," The Telegraph newspaper online, March 14, 2006, http：//www.telegraph.co.uk/arts/main.jhtml? xml=/arts/2006/03/14/bamarket14.xml.

2. 源自埃伦·帕顿(Ellen Parton)2006年3月28日发给LECG咨询集团经济咨询公司的劳拉·吉(Laura Gee)的电子邮件。

3. 依据英国移动运营商"3"公司英国网站上公布的英国移动运营商"3"公司海外通话按月收费定价标准。http：// www. three. co. uk/ explore/coverage/abroadPayMonthly. omp？ plan = paymon&cid = 31486.

4. Peter Z. Grossman, *American Express：The Unofficial History of the People Who Built the Great Financial Empire*（New York：Crown Publishers,1987）,94.

5. American Express Corp. SEC filing form 10-K for the fiscal year ended December 31,2005.

作 者 简 介

戴维·S.埃文斯(David S. Evans)和理查德·施马兰西(Richard Schmalensee)对关于双面企业的新经济学进行了开拓性的研究,并为这一主题的学术和商业文献作出了广泛贡献。这两位长期合作伙伴曾一起撰写了《看不见的发动机:软件平台是如何驱动创新和改变行业的》(Invisible Engines: How Software Platforms Drive Innovation and Transform Industries)及《用塑料卡付款:购物和借款方面的数字革命》(Paying with Plastic: The Digital Revolution in Buying and Borrowing),这两本书被称做是该领域中的"权威性著作"。

戴维是伦敦大学的教授和芝加哥大学的讲师,是80多篇学术论文的作者。他是市场平台动态公司的创立者,该公司是一家帮助触媒企业开发有利可图的产品、顾客及商业策略的战略咨询公司。在他的咨询工作中,已帮助若干世界领先的既有触媒企业和触媒挑战者设计出长期增长和获利的战略。他定期与遍及数字媒体、高科技、移动通信、金融服务和软件业等行业的许多公司的执行董事会和高级管理层交换意见,以帮助他们利用不断变化的行业、市场和技术环境所提供的机会。他是世界各地为数众多的新型触媒企业的顾问。

戴维·S.埃文斯拥有芝加哥大学经济学学士学位和博士学位。

作者简介

理查德是麻省理工学院斯隆管理学院的院长,也是该校的管理学和经济学教授。作为前总统经济顾问委员会的一名成员,理查德是产业组织经济学方面及把产业组织经济学应用在政府政策和商业策略领域的世界一流的学者之一。作为11本著作和100多篇学术文章的作者或共同执笔者,他在广告经济学、定价经济学、产品捆绑经济学及双面企业战略方面作出了具有重大影响的工作。理查德是市场平台动态公司的董事长,并任职于多家其他公司的董事会。他就战略问题为全世界的触媒企业提供建议。

理查德·施马兰西拥有麻省理工学院经济学学士学位和博士学位。

译　后　记

当本书的翻译工作圆满画上句号的时候，正值5月，草长莺飞，风光旖旎。可像是刚刚跑完一段漫长的马拉松赛的我，来不及享受这大自然的清新气息，就又投入了新的工作。在紧张、繁杂的教学、科研和教研室管理工作中，在抚育幼子的琐碎和劳累中，要抽身翻译此书，着实不是一件容易的事。但那份逐字逐句耕耘的乐趣、攻克难关后的满足感，以及与作者以书为媒在思想上心领神会的惬意，又是非此所不能体会的。

刚接到本书原著时，便被书的主题和思想所深深吸引。作者以化学上的触媒（或称催化剂）为比喻，为我们提供了理解平台企业的崭新视角，使纷繁多样的商业实践在我们面前一下子变得清晰起来。触媒企业把两组或多组相异的顾客群体吸引到一起，通过引发和维持这些不同群体之间的反应而创造价值。触媒企业与传统企业的最大不同表现在，它是双面或多面的，亦即它拥有多重顾客，它的一头是A顾客群，另一头是B顾客群，它把不同但潜在地彼此需要的顾客群体连结在一起，使企业与顾客之间的关系呈现出多维的、非线性的状态。

阅读和翻译本书，犹如翻阅一本行业百科全书。从古老的乡村集市到现代拍卖网站，从传统媒婆到新近出现的高速约会提供商，从报纸杂

译后记

志到互联网搜索引擎,从手机、游戏机到无接触式信用卡,从美国摩尔购物中心到东京六本木新城……这些形形色色的行业和企业都是触媒,它们繁荣发展的关键都在于有效破解了触媒密码。

从关系营销的角度讲,触媒企业不仅看到了企业与顾客间关系的重要性,更看到了顾客与顾客间关系的重要性。触媒企业通过巧妙管理其不同性质的顾客群体之间的关系而赢得利润。所以,从某种程度上说,触媒密码本质上是管理顾客关系的艺术。放眼当今商贸界,有多少业务因关系而展开,又有多少组织因关系而生存。除书中提到的行业和企业外,现实中还有何种经营活动可用触媒的眼光去加以分析和解释?还有何种价值将从复杂的企业—顾客关系和顾客—顾客关系中喷薄而出?这些都是值得我们在本书的启发下进一步思索和探究的。

本书的翻译完成不单单是我独自努力的结果。青岛理工大学商学院企业管理专业研究生张保星、赵法敏和张记分别为我提供了第六章、第七章、第八章的初译稿;我的爱人修玉峰帮我考证和确定了书名的译法,并扫描、整理了原书中所有的图表,做了若干辅助工作;另外,我的同事俞以平和孟雁为我提供了关于书中涉及到的一些行业和地域知识的背景资料,并在本书翻译过程中多次接受了我的咨询和请教。

最后,尤其要感谢商务印书馆的金晔编辑。她以其特有的细心、耐心和关切之心,鼓励我迈过了一程又一程。人生得此信任足矣!译稿虽已寄出,但那份缘分,那份友谊,却永远留在了心间。

陈英毅

青岛理工大学商学院副教授、硕士生导师

2009 年 5 月于青岛理工大学黄岛校区